Chatrooms auf dem Weg in die Neuzeit

Chatrooms at the Dawn of the Modern Era

I0889489

V&R

Felicitas Heimann-Jelinek

Glaubensfragen

Chatrooms auf dem Weg in die Neuzeit

Questions of Faith

Chatrooms at the Dawn of the Modern Era

Ausstellungskatalog des Ulmer Museums
und des Museum of the Bible

Exhibition Catalogue of Ulmer Museum
and Museum of the Bible

Mit einem Vorwort von With a Preface by

Gabriele Holthuis, Ulmer Museum und
and David Trobisch, Museum of the Bible

Vandenhoeck & Ruprecht

museum of the Bible

Stadt Ulm
Ulmer Museum
ulm

Inhalt

Contents

Glaubensfragen
Grußwort des Schirmherrn

Die Universitätsstadt Ulm hat heute rund 120.000 Einwohner, von ihnen haben fast 40% internationale Wurzeln mit über einhundert Herkunftsländern. Viele weitere sind erst in den letzten Monaten aus ihren Heimatländern zu uns geflüchtet. In unserer gemeinsamen Stadt leben heute in Frieden Katholiken und Protestanten, Russisch-Orthodoxe, Methodisten, Freikirchler, Adventisten, Zeugen Jehovas und die Pfingstgemeinde, liberale und orthodoxe Juden sowie Muslime, und unter ihnen wiederum sowohl Sunniten als auch Schiiten und Aleviten miteinander, um nur wenige Beispiele für eine weitaus größere religiöse Vielfalt zu geben. Viele Kirchen und Gemeindehäuser, eine Synagoge und mehrere Moscheen stehen allen gläubigen Ulmern zur Ausübung ihrer jeweils religiösen Praxis zur Verfügung.

Voraussetzung für eine harmonische Stadtgesellschaft, wie Ulm sie darstellt, ist ein gutes Miteinander. Darauf sind wir stolz, aber dafür arbeiten wir auch jeden Tag. Die Ausstellung „Glaubensfragen" kommt deshalb zur rechten Zeit, denn sie widmet sich einem ungebrochen aktuellen Thema, dargestellt am Beispiel der Religionen in Süddeutschland im Mittelalter. In ihr wird sichtbar, dass die multikulturelle und vor allem multireligiöse Gesellschaft keine Neuheit unserer Gegenwart ist, sondern eine Realität, mit der und in der wir schon lange leben – und: dass uns mehr verbindet als trennt.

Materielle Zeugnisse aus Kunst und Kultur belegen dies eindrucksvoll, und mehr noch: sie zeigen auf, wieviel Austausch es gab, wie sehr sich die unterschiedlichen Glaubensgemeinschaften gegenseitig beeinflussten und zwar jenseits aller kulturellen, religiösen, rechtlich und sozio-politischen Grenzen.

Es versteht sich von selbst, dass ich mit Freude und Überzeugung die Schirmherrschaft für dieses kulturübergreifende Projekt übernommen habe. Nicht zuletzt deshalb, weil auch ich als Oberbürgermeister dieser Stadt im Verlauf meiner nunmehr 24 Jahre langen Amtszeit mich stets für eine städtische Offenheit und Liberalität eingesetzt habe. Dazu leiste ich sogar alljährlich zu unserem historischen Verfassungsfest einen Schwur. Mit diesem Schwur verpflichtet sich jedes Oberhaupt dieser Stadt seit dem Jahr 1397, "Reichen und Armen ein gemeiner Mann zu sein in den gleichen, gemeinsamen und redlichen Dingen ohne allen Vorbehalt". Im Anschluss an diese Schwörrede erinnert uns die Schwörglocke des Ulmer Münsters daran, dass wir ohne den Beistand Gottes vieles nicht erreichen könnten.

Mein Dank geht an die drei Kooperationspartner dieses Projekts: an das Museum of the Bible in Washington, namentlich vertreten durch Prof. Dr. David Trobisch, an das Ulmer Museum, vertreten durch seine Direktorin Dr. Gabriele Holthuis und an die Kuratorin der Ausstellung und Autorin des vorliegenden Katalogs, Dr. Felicitas Heimann-Jelinek aus Wien. Sie haben es geschafft, viele verschiedene Unterstützer und Leihgeber für dieses Projekt zu gewinnen und mit ihnen gemeinsam einen internationalen chatroom zu schaffen.

Ich wünsche Ausstellung und Katalog den verdienten großen Erfolg.

Ivo Gönner Oberbürgermeister der Stadt Ulm

Questions of Faith
Welcome Address by the Patron of the Exhibition

The university city of Ulm has around 120,000 inhabitants, 40 percent of which have international backgrounds from over one hundred countries of origin. During the last months, many more have fled to us from their home countries. Peacefully coexisting in our shared city today are Catholics, Evangelicals and other Protestants, Russian-Orthodox, Methodists, Adventists, Jehovah's Witnesses, Pentecostals, liberal and orthodox Jews, as well as Muslims, among them Sunnis, Shiites, and Alevites, just to convey a few examples of a much greater religious diversity. Many churches and parish halls, a synagogue, and several mosques are available to all the faithful of Ulm for carrying out their respective religious practices.

A prerequisite for a harmonic civic society such as that of Ulm is a sound sense of togetherness. We are proud of that, but we also work hard for it every day. The exhibition *Questions of Faith* has come to us in a timely manner because it is dedicated to a continuously relevant issue, exemplified by the medieval religions in southern Germany. In it is visible the fact that the multicultural, and above all multi-religious, society is not a novelty of our present day, but a reality with which and in which we have lived for a long time already–and: that it connects us more than it separates us.

This is impressively documented by material witnesses from art and culture, and, what is more, these witnesses reveal how much exchange took place, and how much the various faith communities influenced each other even beyond all cultural, religious, legal, and socio-political boundaries.

Needless to say, it is with pleasure and conviction that I have assumed the patronage for this cross-cultural project–not least because as the Lord Mayor of this city during my 24 years in office, I have always championed civic openness and liberalism. To this end, every year I make an oath at the celebration of our historic constitution. With this oath, every leader of this city since 1397 has pledged "commonality with the rich and the poor in all honest matters without any reservation." In connection with this pledge, the Oath Bell of the Ulm Minster is a reminder that many things cannot be accomplished without the support of God.

I would like to thank the three cooperating partners of this project: Museum of the Bible in Washington, DC, represented by Prof. Dr. David Trobisch; the Ulmer Museum, represented by its Director, Dr. Gabriele Holthuis; and the curator of the exhibition and the author of this catalogue, Dr. Felicitas Heimann-Jelinek from Vienna. They have succeeded in gaining the support of many wide-ranging contributors and lenders for this project, and establishing together with them an international chatroom.

For the exhibition and its catalogue, I wish well-deserved and great success.

Ivo Gönner Lord Mayor of the City of Ulm

Chatrooms auf dem Weg in die Neuzeit
Grußwort der Kooperationspartner

Es ist einiges, das die drei abrahamitischen Religionen – Judentum, Christentum und Islam – miteinander verbindet: Sie alle glauben an den einen Gott, an Sünde, an Gebote und an Erlösung; und sie haben sich mit den Heiligen Schriften und den Auslegungen der jeweils anderen Religionen intensiv und kritisch auseinandergesetzt. Wenn sie nicht direkt miteinander diskutieren konnten, so taten sie dies auf literarischer oder visueller Ebene.

Heute sind alle drei monotheistischen Religionen in tausenden unterschiedlichen Glaubensgemeinschaften organisiert; viele bestanden schon im Mittelalter, andere entstanden erst in der Neuzeit. Dennoch und erstaunlicherweise bleiben die Erzählungen um den Stammesvater Abraham das Element, das sie alle vereint und das sie im Auf und Ab der Geschichte zu Dialog und Auseinandersetzung gezwungen hat.

Diese kulturelle Auseinandersetzung mit dem Gemeinsamen und dem Trennenden am Übergang von Mittelalter zur Neuzeit ist das Thema, dem sich das Ulmer Museum und das Museum of the Bible in dieser Ausstellung gestellt haben.

Die Ulmer Juden waren für den gesamten süddeutschen Raum von großer Bedeutung; neben Regensburg bildete die jüdische Gemeinde in Ulm seit dem 13. und insbesondere im 15. Jahrhundert ein Zentrum jüdischer Gesellschaft und Kultur. Dabei spielte die jüdische Buchkunst eine herausragende Rolle. Bereits aus dem frühen 13. Jahrhundert sind jüdische Mäzene bekannt, die wertvolle illuminierte Handschriften in Auftrag gaben. Im 15. Jahrhundert lässt sich eine Schreiberwerkstatt in Ulm nachweisen.

Heute befinden sich illuminierte hebräische Handschriften aus Ulm in den bedeutendsten internationalen Bibliotheken, Museen und Sammlungen, u.a. in Mailand, Oxford, Parma, London, Budapest, Washington und München. Beispiele sind in der Ausstellung zu sehen.

Das späte Mittelalter war auch die kulturelle Blütezeit der Kaufmannsstadt Ulm und mit Blick auf das Christentum durchaus konfliktbeladen. Ein hoher Anteil des Vermögens aus den reichen Patrizierfamilien floss in Klöster, religiöse Stiftungen und Bruderschaften. Ende des 14. Jahrhunderts entschied sich die städtische Oberschicht für die Investition in den Neubau einer Pfarrkirche. Bis heute bleibt das Ulmer Münster mit seinem immer noch weltweit höchsten Kirchturm sichtbares Zeichen für das Erstarken des Bürgertums und dem mit ihm einhergehenden gesellschaftlichen Wandel.

Um 1490 gab es in Ulm 35 Kirchen und Kapellen und die religiöse Bindung in der breiten Bevölkerung und insbesondere die Hoffnung auf Seelenheil blieb nicht nur bestehen, sie wurde sogar „von oben" verordnet: Für die Einwohner war der Besuch der Heiligen Messe verpflichtend, und nicht selten waren im Ulmer Münster zu den hohen Festtagen alle 15.000 Stehplätze besetzt – das entspricht genau der Gesamtbevölkerungszahl der mittelalterlichen Stadt.

Auch wenn die Gläubigen zunehmend romkritisch wurden, so waren sie doch nicht kirchenfeindlich, und Wallfahrt, Reliquienkult und Heiligenverehrung blieben lange Zeit fester Bestandteil religiösen Lebens.

Die reformatorischen Bewegungen gingen – wie überall – auch in Ulm von den Abweichlern der römischen Kirche aus, dazu gehörten neben den Anhängern Zwinglis und Luthers später auch die Täufer und die Spiritualisten. Aus ihnen erwuchs eine Gegenbewegung, nach der in Ulm die Reformation zuerst nach der radikalen Prägung Zwinglis eingeführt wurde. Erst später näherte man sich der Lehre Martin Luthers an und die Stadt erhielt eine lutherische Kirchenordnung.

Zu den zentralen Sammlungsschwerpunkten des Ulmer Museums gehört entsprechend die Kunst und Kultur vom 14. bis zum frühen 16. Jahrhundert. Prominente Maler und Bildhauer arbeiteten in ihren Werkstätten für die kirchlichen und weltlichen Auftraggeber in Ulm und weit darüber hinaus. Gregor und Michel Erhart, Hans Multscher, Martin Schaffner, Jörg Syrlin d. Ä., Daniel Mauch, Niklaus Weckmann, Bartholomäus Zeitblom, Jörg Stocker u.v.a. begründeten die sogenannte Ulmer Schule. Bis zur Reformation fanden allein im Innern des Münsters – neben dem prunkvoll geschnitzten Chorgestühl – bis zu 60 Altäre ihren Platz, allein 52 waren Stiftungen reicher Patrizierfamilien.

In dieser Umbruchszeit setzten sich christliche Gelehrte auch produktiv mit nichtchristlichen Religionen auseinander. Sie studierten die Sprachen und übersetzten die Heiligen Schriften. In unserer Ausstellung wird dies z. B. durch einen gedruckten Psalter in hebräischer, lateinischer, griechischer und aramäischer Sprache aus dem Jahr 1516 bezeugt. Auch wenn in der behandelten Zeit keine Muslime in der Region ansässig waren, wurden der Koran und die islamischen Wissenschaften aufmerksam wahrgenommen und rezipiert. Selbst in der christlichen Kunst findet die Geschichte Mohammeds ihren Niederschlag; die Ausstellung zeigt dazu einen aufschlussreichen Kupferstich von Lucas van Leyden, ausgeliehen von den Kunstsammlungen der Veste Coburg.

Seit etwa sechs Jahren bemüht sich das Museum of the Bible, Handschriften, Drucke und Kunstwerke zu sammeln, die die konfliktreiche Geschichte der jüdischen und der christlichen Bibel dokumentieren. In den letzten beiden Jahren wurden Ausstellungen im Vatikan, in Jerusalem, in Havanna und Santiago (Kuba), Buenos Aires, Los Angeles und mehreren Großstädten in den USA gezeigt. Ein großangelegter Museumsbau an der Museumsmeile in Washington, DC mit über 40.000 Quadratmetern Nutzfläche soll im November 2017 eröffnet werden. Ähnlich wie damals das Ulmer Münster wird auch dieses Museum nicht von der öffentlichen Hand finanziert, sondern ausschließlich durch Spenden von Privatpersonen und Firmen getragen. Ziel ist es, in einer offenen und einladenden Atmosphäre die biblische Literatur, die Geschichte ihrer Überlieferung und die Wirkung auf Kultur und Gesellschaft ungeschminkt und mit hohem wissenschaftlichen Anspruch darzustellen.

Das Ziel der Ulmer Ausstellung, über Kontroversen der Vergangenheit Konflikte der Gegenwart zu beleuchten, ist auch eines der Ziele des Museum of the Bible. Eine Zusammenarbeit mit dem Ulmer Museum stellte also eine willkommene Gelegenheit dar, auch eine Auswahl aus den ungefähr 40.000 Handschriften und seltenen Drucken unserer Museums-Sammlung beizusteuern.

Kuratorin der Ausstellung im Ulmer Museum und Autorin des vorliegenden Katalogs ist Felicitas Heimann-Jelinek. Wir danken ihr für ihr überzeugendes Konzept, ihre engagierte Begleitung, ihre kreativen Anregungen und die vertrauensvolle Zusammenarbeit. Die exklusive Ausstellungsarchitektur lag in den Händen des renommierten Architekten Martin Kohlbauer; Herstellung und Aufbau erfolgten durch die Museom Service GmbH. Ergebnis dieser befruchtenden Zusammenarbeit ist eine attraktive Präsentation, die – angereichert durch unterschiedliche Medienstationen – vor allem an ein junges Publikum adressiert ist. Für das Konzept der interaktiven Medienstationen danken wir Rudolf Jelinek sowie Conceptual Art Technologies für die Realisierung derselben.

Vorausgegangen war die Entdeckung der Bedeutung der jüdischen Buchkunst im mittelalterlichen Ulm während der Vorbereitung zur Ausstellung „5773. Eine neue Synagoge für Ulm" im Sommer 2012. Zu den wichtigsten Leihgebern damals gehörte der befreundete Judaikasammler und -forscher William L. Gross. Er wies auf jüngere Forschungsarbeiten auf diesem Gebiet hin, gab den Impuls, sich diesem Thema zu widmen und vermittelte auch den Kontakt zwischen uns – dem Museum of the Bible und dem Ulmer Museum.

Allen Leihgebern gilt unser großer Dank für die wohlwollende Bereitschaft, ihre wertvollen und seltenen Leihgaben zur Verfügung zu stellen. Viele davon sind erstmals in Deutschland zu sehen; einzigartig ist die gemeinsame Präsentation von Exponaten, die heute weltweit verstreut sind und die alle ihren Ursprung im süddeutschen Raum haben.

Ein weiterer Dank geht an die Mitarbeiterinnen und Mitarbeiter der beiden kooperierenden Museen.

Ihre fachlichen Kompetenzen eingebracht haben insbesondere die Kuratorin für Alte Kunst im Ulmer Museum, Eva Leistenschneider, die beiden Restauratorinnen Evamaria Popp und Stephanie Bosch, Angelika Miller von der Öffentlichkeitsarbeit, die Registra Esther Siegmund-Heineke, die beiden Haustechniker Manfred Paller und Helge Schmid sowie die beiden Gebäudemanager Burak Eker und Jürgen Oehme. Externe Unterstützung vor Ort erhielten wir von den Landesdenkmalpflegern Sarah Krix, Otto Wölbert und Jochen Ansel, von der hiesigen Münsterhütte durch die Münsterbaumeister Michael Hilbert und Dietmar Rudolf, von der Papierrestauratorin und Buchbinderin Petra Buchschuster und vom Buchbinder Andreas Schäffler. Durchgehend bei der Sache blieb unser junger Praktikant Claude Dürr. Zum museumspädagogischen Vermittlungsteam im Ulmer Museum gehören Andrea El-Danasouri, Marianne Erath, Christine Söffing, Ulrike Häufele, Tabea Frey, Oliver Schütz und Adelbert Schloz-Dürr. Rabbiner Schneur Trebnik danken wir für seine Bereitschaft zu einem gemeinsamen Rundgang durch die Ulmer Synagoge. Die Koordination des gesamten Begleitprogramms liegt in den guten Händen von Catarina Stönner.

Zu den unverzichtbaren Kollegen aus dem Team des Museum of the Bible gehören Daniel C. Arnold, Norm Conrad, Karen S. York, Jeff K. Schneider, Corinna Ricasoli und Roland Werner.

Wir bedanken uns darüber hinaus bei all unseren Partnern aus Religion, Wissenschaft, Medien und Kultur, insbesondere bei Jörg Pesch und dem Vandenhoeck & Ruprecht Verlag für die Aufnahme unserer Publikation in ihr Programm.

Den vorliegenden Katalog sowie die Gestaltung aller Print- und digitalen Medien übernahm Maria-Anna Friedl. Alle Ausstellungs- und Katalogtexte sind in deutscher und englischer Sprache gedruckt und fast alle ausgestellten Exponate im Katalog abgebildet. Rudolf Jelinek und Daniela Schmid danken wir für das Lektorat sämtlicher Ausstellungs- und Katalogtexte. Die deutschen Texte wurden von Stephen Trobisch ins Englische übersetzt und von Stacey L. Douglas und Jared Wolfe lektoriert. Ganz herzlichen Dank ihnen allen.

Die Schirmherrschaft für das gesamte Projekt übernahm der Ulmer Oberbürgermeister Ivo Gönner. Wir beide danken ihm für seine spontane Bereitschaft, die Idee und Verbreitung unseres Themas zu unterstützen.

In einer Zeit, in der Kulturen global zusammenstoßen, hoffen wir, dass das Gemeinsame alles Trennende überwinden wird. Wir sind davon überzeugt, dass die Auseinandersetzung mit der biblischen Literatur damals wie heute einen wichtigen Beitrag leisten kann.

David Trobisch Museum of the Bible   Gabriele Holthuis Ulmer Museum

Chatrooms at the Dawn of the Modern Era
Welcome Address by the Cooperating Partners

There are several aspects connecting the Abrahamic religions of Judaism, Christianity, and Islam with each other: they all believe in one God, in sin, in commandments, and in salvation. Also, they have thoroughly and critically engaged in exploring the holy writings and the interpretations of each other's religions. When a direct conversation with each other was impossible, they engaged in literary or visual exchanges.

Today all three monotheistic religions are organized in thousands of various faith communities, many of which existed already in the Middle Ages, others emerging only in the modern era. Nevertheless, and quite amazingly, the accounts around the progenitor Abraham have remained the element which unified them, and which forced them to have dialogues and debates throughout the ups and downs of history.

This cultural interaction of commonalities and discordances during the transition from the Middle Ages to the modern era is the subject chosen by the Ulmer Museum and Museum of the Bible for this exhibition.

The Jews in Ulm were of great importance for the entirety of southern Germany. Next to Regensburg, the Jewish congregation in Ulm formed a center of Jewish society and culture from the 13th, and particularly during the 15th century. The Jewish art of manufacturing books played a predominant role in this. Already in the early 13th century, Jewish patrons were known to have commissioned valuable illuminated manuscripts. In the 15th century, a scribal workshop can be detected operating in Ulm.

At present, illuminated Hebrew manuscripts from Ulm are held in the most prominent international libraries, museums, and collections in Milan, Oxford, Parma, London, Budapest, Washington, and Munich, among others. Examples of these are featured in the exhibition.

The late Middle Ages was a time of cultural prosperity for the merchant city of Ulm, but one that was also fraught with conflict regarding Christianity. A substantial share of the assets of rich patrician families was used for monasteries, religious foundations, and confraternities. At the end of the 14th century, the city governance decided to invest in the new construction of a parish church. To this day, the Ulmer Minster–its steeple is still ranked the highest worldwide–remains a visible symbol of the strengthening of the middle classes and the concomitant societal changes.

Around 1490, Ulm had 35 churches and chapels. The religious bond of the greater population, particularly the hope for salvation, was not only present, it was even mandated "from above." Inhabitants were obliged to attend the Holy Mass, and it was not rare to find the standing room capacity of 15,000 fully occupied in the Ulmer Minster at important festivals–which corresponds exactly to the total population of the medieval city.

Even if the faithful became increasingly critical of Rome, they were not anticlerical. Pilgrimage, worship of relics, and veneration of saints remained integral elements of religious life for a long time.

Reforming movements emanated in Ulm–like everywhere else–from the dissenters of the Church of Rome, among which were followers of Zwingli and Luther, and later on also Baptists and Spiritualists. Out of them grew an opposition movement, after which, in Ulm, the Reformation was first introduced in accordance with Zwingli's radical character. Only later did Ulm embrace Martin Luther's teaching and the city receive a Lutheran ecclesiastical order.

Representing the pillars of the collection at the Ulmer Museum are the artistic and cultural exhibits from the 14th to the early 16th century. Prominent painters and sculptors labored in their workshops for clerical and secular contractors from Ulm and far beyond. Gregor and Michel Erhart, Hans Multscher, Martin Schaffner, Jörg Syrlin the Elder, Daniel Mauch, Niklaus Weckmann, Bartholomäus Zeitblom, Jörg Stocker, and many others founded the so-called "Ulmer School." Until the Reformation, the interior of the minster included–alongside the magnificently carved choir stalls–up to sixty altars, fifty-two of which were endowed by rich patrician families.

During this time of change, Christian scholars productively engaged themselves in exploring non-Christian religions. They studied the languages and translated the holy writings. Our exhibition witnesses these efforts, for example, through a 1516 psalter printed in the Hebrew, Latin, Greek, and Aramaic languages. While Muslims did not live in the region during that era, the Qur'an and the Islamic sciences were attentively recognized and reviewed. Even the story of Muhammad was reflected in Christian art, as shown by a revealing copperplate etching by Lucas van Leyden, on loan from the art collection of the Veste Coburg.

For about six years now, Museum of the Bible has endeavored to collect manuscripts, prints, and artwork which document the conflict-prone history of the Jewish and the Christian Bibles. In the last two years, exhibitions took place at the Vatican, in Jerusalem, Havana and Santiago (Cuba), Buenos Aires, Los Angeles, and several larger cities in the USA. The construction of a large-scale museum near the Washington, DC "Museum Mile," with over 430,000 square feet of space, is currently being carried out, and should be open in November of 2017. Similar to the Ulmer Minster at the time, Museum of the Bible is also not financed by public authorities, but exclusively sponsored through private and company donations. Its objective lies in presenting biblical literature, the history of its tradition, and its impact on culture and society, unadorned and with high scientific standards, in an open and appealing atmosphere.

The aim of the exhibition in Ulm, namely of elucidating conflicts of the present through the controversies of the past, is also one of the goals of Museum of the Bible. Collaborating with the Ulmer Museum presents a welcome opportunity to contribute a selection of the about 40,000 manuscripts and rare prints held in the Museum's Collection.

Felicitas Heimann-Jelinek is the curator of the exhibition at the Ulmer Museum, and the author of this catalogue. We thank her for her compelling conceptualization, her committed support, her creative suggestions, and her trustworthy collaboration. The exclusive exhibition architecture lay in the hands of the renowned architect, Martin Kohlbauer; manufacture and construction was carried out by the Museom Service GmbH. The result of this stimulating collaboration is an attractive presentation–enhanced by the various media stations–which is addressed especially to a younger audience. We express our gratitude to Rudolf Jelinek for conceptualizing the interactive media stations and Conceptual Art Technologies for their realization .

As researchers had suspected for some time, the significance of the Jewish art of manufacturing books in medieval Ulm was confirmed during the summer of 2012 while preparing for the exhibition "5773. A New Synagogue for Ulm." Among the most important lenders was the Judaica collector and researcher, William L. Gross. He referenced recent research projects in this area, gave the impulse for pursuing this subject, and facilitated the contact between us –Museum of the Bible and the Ulmer Museum.

To all lenders, we express our special gratitude for the generous willingness to make available their valuable and rare loan items. Many of them will be displayed for the first time in Germany. The shared presentation of these exhibits–now distributed worldwide–is unique since they all have their origin in southern Germany.

Further thanks go to the staff members of both cooperating museums. For contributing their professional expertise we thank Eva Leistenschneider, curator of Medieval Art and Urban History, both restorers Evamaria Popp und Stephanie Bosch, Angelika Miller of public relations, Esther Siegmund-Heineke of cataloguing, both in-house technicians Manfred Paller and Helge Schmid, as well as both facility managers Burak Eker und Jürgen Oehme. We received external support on-site from Sarah Krix, Otto Wölbert, and Jochen Ansel of the state department of historical monument preservation, from the minster master builders Michael Hilbert and Dietmar Rudolf, from the paper restorer and bookbinder Petra Buchschuster, and from the bookbinder Andreas Schäffler. Continuously engaged in the matter was our young intern Claude Dürr. Belonging to the pedagogical mediation team of the Ulmer Museum are Andrea El-Danasouri, Marianne Erath, Christine Söffing, Ulrike Häufele, Tabea Frey, Oliver Schütz, and Adelbert Schloz-Dürr. We thank Rabbi Schneur Trebnik for his willingness to give us a tour of the Ulmer Synagogue. The coordination of the entire accompanying program is in the good hands of Catarina Stönner.

Among the indispensable colleagues from the team of Museum of the Bible are Daniel C. Arnold, Norm Conrad, Karen S. York, Jeff K. Schneider, Corinna Ricasoli, and Roland Werner.

Furthermore, we thank all our partners from religion, science, media and culture, particularly Jörg Pesch and the Vandenhoeck & Ruprecht publishing company, for incorporating our publication into their program.

The design of this catalogue, as well as of all print- and digital media, was assumed by Maria-Anna Friedl. All exhibition- and catalogue texts are published in German and English, and almost all displayed exhibits are depicted in the catalogue. We thank Rudolf Jelinek and Daniela Schmid for editing all of the exhibition- and catalogue texts. The German texts were translated into English by Stephen Trobisch and edited by Stacey L. Douglas and Jared Wolfe. Our heartfelt thanks to them all.

The patronage of the exhibition was assumed by Ivo Gönner, the Lord Mayor of the City of Ulm. We thank him for his spontaneous willingness to support the idea and promotion of our theme.

At a time when cultures clash globally, we hope that the commonalities will overcome the discordances. We are convinced that the engagement with biblical literature, then as now, may provide an important contribution.

David Trobisch Museum of the Bible Gabriele Holthuis Ulmer Museum

Zur Ausstellung

Die Schau „Glaubensfragen. Chatrooms auf dem Weg in die Neuzeit" zeigt mit ausstellungsspezifischen Mitteln, dass die multikulturelle Gesellschaft kein Phänomen der Gegenwart ist sondern eine Realität, mit der wir seit jeher leben. Denn schon die mittelalterliche Gesellschaft in den deutschsprachigen Ländern, auf die sie fokussiert, war weder homogen noch monokulturell.

Auch wenn die Einheit von Kirche und Herrschaft vorgegeben war und das Leben dominierte, so gab es doch nicht nur „Rechtgläubige", sondern auch Andersgläubige und Opponenten. Soziale und theologische Gegensätze ließen Gegenbewegungen zur römischen Kirche entstehen. Abweichler wurden schnell der Häresie, der Teufelsanbetung oder der Hexerei bezichtigt. Der Kampf um den „wahren" Glauben wurde nicht nur in Predigten und scholastischen Diskursräumen geführt. Er schlug sich auch in Texten und Bildwerken nieder. Und er richtete sich nicht nur gegen eine innerkirchliche Opposition sondern auch gegen die zahlreichen ansässigen jüdischen Gemeinden.

Eine hermetische Abgrenzung von „den Anderen" war jedoch nie möglich. Schon im ersten nachchristlichen Jahrtausend verweisen die wiederholten Abgrenzungsversuche der verschiedenen Konzile der Alten Kirche indirekt auf das enge Verhältnis zwischen Juden und Christen. Aus ökonomischen und religiösen Gründen verschlechterte sich deren Verhältnis zueinander. Auf die Ermordung tausender Juden zur Zeit der Kreuzzüge folgten Pestpogrome, Ritualmordanschuldigungen und Ausweisungen bis ins 16. Jahrhundert, danach vielfach die Ghettoisierung. Trotzdem ergäbe es ein falsches Bild, das Verhältnis zwischen Juden und Christen im Mittelalter auf permanente Konfliktsituationen oder auch auf obrigkeitliche Verordnungen zu reduzieren. Denn trotz alledem gab es zahlreiche Verbindungen und Gemeinsamkeiten, wirtschaftliche wie gesellschaftliche Berührungspunkte. Immer wieder waren Christen zu jüdischen Feierlichkeiten eingeladen, auch Wirtshäuser waren beliebte Treffpunkte. Die Kooperationen zwischen Juden und Christen waren mannigfach, so wurden Alltags- und Luxuswaren von beiden Gruppen bei beiden erworben. Da die seit dem Hochmittelalter eingerichteten Handwerkszünfte Juden nicht zugänglich waren, beauftragten Juden christliche Handwerker mit der Herstellung ihres Zeremonialgutes. Jüdische Haushalte brauchten christliches Personal, um das Arbeits- verbot am Schabbat einhalten zu können. Christliche Hebraisten benötigten jüdische Lehrer, jüdische Verfasser nach der Erfindung des Buchdrucks christliche Drucker und hebräische Buchdrucker brauchten jüdische Korrektoren.

Aus all diesen loseren oder engeren Verbindungen kam es auf etlichen Gebieten zu einem nicht zu unterschätzenden Kulturtransfer zwischen der christlichen und der jüdischen Gesellschaft. So auch in Ulm und im gesamten süddeutschen Raum.

Anhand von inhaltlich und künstlerisch herausragenden Handschriften, Miniaturen, Gemälden und Skulpturen aus der Region können wir sehen, dass theologische Auseinandersetzungen nicht nur verbal sondern auch literarisch und bildlich geführt wurden. An ihnen lässt sich demonstrieren, dass es jenseits aller kulturellen, sozialen oder politischen Grenzen intellektuelle „Möglichkeitsräume" gab, in denen man – mal mehr, mal weniger polemisch – diskutieren konnte. Diese „Möglichkeitsräume" fungierten wie heutige chatrooms, in denen man sich streiten, aber auch austauschen konnte und zu überzeugen versuchte. Etliche Werke verweisen auch auf die tiefen Wurzeln jüdischer Kulturschaffender in der Regionalkultur. So zeigen wir an ausgewählten Beispielen, dass jüdische Buchmalerei sich nicht nur technisch und stilistisch sondern auch ikonographisch an die Umgebungskultur anlehnt. Sie signalisieren ihre jüdische und ihre regionale Identität gleichermaßen und machen die Schnittstellen zwischen jüdischer Tradition und nichtjüdischer Kultur sichtbar.

Handschriften scheinen uns heute schwer zugänglich zu sein, mühsam zu lesen, noch mühsamer zu verstehen. Doch bieten Handschriften nicht nur Einblicke in philosophische und religionsgeschichtliche Entwicklungen, sondern auch in historische und regionalspezifische Verhältnisse. Und insbesondere illustrierte Handschriften beinhalten ebenso wie Druckwerke und Bildnisse auch ikonographische Codes, die – werden sie entschlüsselt – eine Deutungsebene jenseits des Textes zugänglich machen.

Anhand von bedeutenden Handschriften wird auch der rege Austausch mit der islamischen Kultur thematisiert. Hatten die Kreuzzüge zwar das muslimisch-christliche Verhältnis stark belastet, so förderte andererseits der Kontakt mit dem Islam kulturelle, insbesondere naturwissenschaftliche Entwicklungen in Europa. Vermittler arabischer Philosophie und Naturwissenschaften in den Westen waren wiederum vielfach Juden.

So zeichnet die Ausstellung „Glaubensfragen. Chatrooms auf dem Weg in die Neuzeit" das vielschichtige Beziehungsgeflecht zwischen verschiedenen religiösen und sozialen Gruppen vom Mittelalter bis zur Reformation nach.

Felicitas Heimann-Jelinek Kuratorin der Ausstellung

Regarding the Exhibition

The exhibition, "Questions of Faith: Chatrooms at the Dawn of the Modern Era," illustrates that multicultural societies are not a phenomenon of the present, but that they constitute a reality in which we have lived for a long time. Medieval societies in German-speaking countries–the aim of this exhibition–were neither homogenous nor mono-cultural.

There were not only "orthodox," but also dissenting believers and opponents, even in a life dominated by the prescribed unity of church and government. Counter-movements to the Church of Rome emerged through social and theological contrasts. Deviators were swiftly accused of heresy, devil worship, or witchcraft. The fight for "true" faith was not only led from pulpits and waged in scholarly discussions, it was also displayed in texts and visual images. While this fight aimed at an opposition from within the church, it also targeted numerous Jewish congregations residing in the region.

A hermetic separation from "the others," however, was never possible. Even throughout the first post-Christian millennium, repeated separation attempts by the various councils of the early church suggest the existence of a close relationship between Jews and Christians. Their associations, however, deteriorated through economic and religious circumstances. The murder of thousands of Jews during the Crusades was followed by Black Death pogroms, accusations of ritual murder, and expulsions until the 16th century, and subsequently by the frequent ghettoization of Jews. Nevertheless, characterizing the medieval relationship between Jews and Christians only by situations of permanent conflict or by authoritative decrees would result in a flawed image. Many connections and commonalities endured despite everything, as attested by numerous points of contact in economic endeavors as well as social needs. Christians were frequently invited to Jewish festivities, and taverns became popular meeting places. The cooperation between Jews and Christians was multifaceted, as everyday commodities and luxury goods were in demand by both groups. Since the craft guilds established in the high Middle Ages were not accessible to Jews, the manufacture of Jewish ceremonial objects was commissioned from Christian artisans. Jewish households were in need of Christian personnel for observing the prohibition of work on the Sabbath. Christian Hebrew scholars were in need of Jewish teachers, Jewish authors–after the invention of printing–needed Christian printers, and Hebrew publishers needed Jewish proofreaders. Out of all these looser and closer connections between Christian and Jewish societies, in a variety of areas, a cultural transfer arose that is not to be underestimated. This was the case in Ulm as well as throughout the entirety of southern Germany.

By exhibiting substantively and artistically prominent manuscripts, miniatures, paintings, and sculptures from the region, we are able to show that theological confrontations were carried out not only in speech, but also in writing and imagery. These examples demonstrate that intellectual "spaces of opportunity" existed–beyond all cultural, social, or political boundaries–in which discussions could take place, sometimes more and sometimes less polemically. These "spaces of opportunity" functioned much like modern day chatrooms for quarreling with others, and yet, also for exchanging views and persuading others. Several of the displayed works also suggest the deep roots of Jewish artistry within the regional culture. Selective examples will show that Jewish book illuminations were inspired by the surrounding culture, not only drawing from its technique and style, but also from its iconography. Jewish and regional identity is signified alike, making the interfaces between Jewish tradition and non-Jewish culture visible.

Today, manuscripts appear difficult to access, arduous to read, and even more cumbersome to understand. Manuscripts, nevertheless, offer not only insights in developments of philosophy and religion, but also into historical relationships, particularly those specific to the region. Illustrated manuscripts, just like printed works and images, contain iconographic codes which–once decoded–make accessible an interpretative dimension that reaches beyond the text.

Based on the display of significant manuscripts, the active exchange with the Islamic culture is presented as well. While the Crusades have strongly encumbered the Muslim-Christian relationship, contact with Islam has nevertheless promoted cultural and, above all, scientific developments in Europe. Yet again, the mediators of Arabic philosophy and sciences into the West were primarily Jews.

The exhibition, "Questions of Faith: Chatrooms at the Dawn of the Modern Era," outlines the multifaceted network of relationships between various religious and social groups from the Middle Ages to the Reformation.

Felicitas Heimann-Jelinek Curator of the exhibition

قبورهم منازلهم	בבית קבורתהון ישרון	In domo sepulture eoru
الى الابد ومساكنهم	לעלם ולא יקומון	in eternum, & non surg
الى حقب الاحقاب ※	ממשכניהון לדרי דריא:	de tabernaculis suis, a g
دعوا باسمائهم	מטול דאיתגאן וקנו שום	Qm̃ superbi facti sunt
على ارضهم	ביש עלוי ארעא:	nomen prauum super t
انسان في كرامة	וגברא חייבא ביקרא לא	Et homo peccator, in h
وجعلها شبه	יבית עם צדיקי איתמתיל	cõmorabitur cum iusti
بالبهايم التي لا عـ	היך בעירא אשתויא:	bestie mute.
لها وما ... هذه سبلهم	דנן אורחתהון שטותא	He vie illorum stultic
صارت عثرة لهم و	להון ובסופיהון	ipsis, & in fine eorum
هذا بافواههم	בפומהון יתנון	ore suo, palam facient
يباركون	סורחנותהון לעלמא	peccata sua seculo
مثل الغنم	דאתי: היך ענא למותא	futuro. Sicut oues ad m
الى الجحيم	צדיקיא וקטלונון	iusti, & interfecerunt
يدفعون ※ والموت	ותברו צדיקיא ופלחו	& extirpauerunt iusto
يرعاهم	בהון ותריציא אלקו	eos, rectos insuper per
وتسلك عليهم ※	מטול הכי גופיהון	Propterea corpora eo
المستقيمون في الغد وا	בליין בגיהנם מן בגלל	consumentur in geher
معونتهم بليت	דאושיטו ידיהון וחבילו	extenderunt manũ su
في الجحيم ومن مجدهم	בית מחור שכינתא דיליה:	domum habitationis di
ويسقطون من الله	אמר דוד ברוח נבואה ברם	Dixit Dauid in spiritu
منقذ نفسي	אלהא יפרוק נפשי מן דין	Deus redimet animam
من ايدي الجحيم	גיהנם ארום ילפינני	gehenne, quoniam doc
اذا اخذها ※	אורייתיה לעלמין:	legem suam in eternu

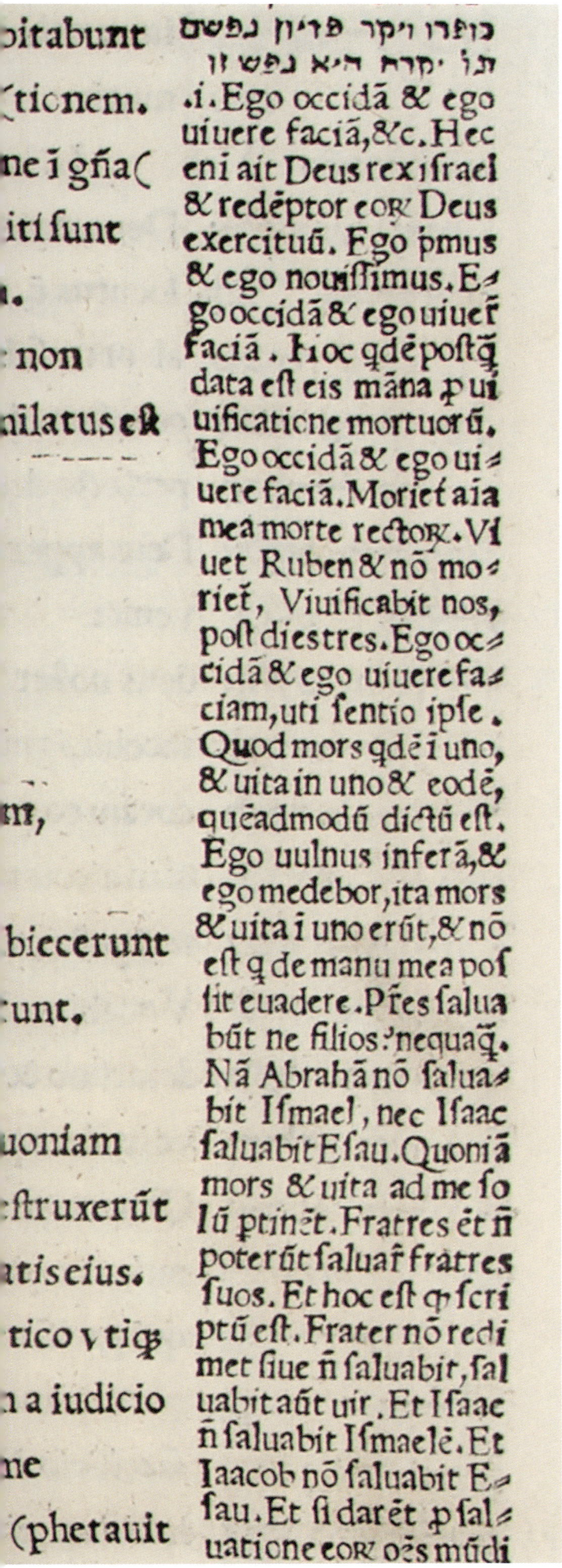

Prolog

Weltbild und Kultur des europäischen Mittelalters waren von der christlichen Religion geprägt. Juden waren in dieser Welt als Minderheit geduldet, wenn man sie brauchte, vertrieben oder gar ermordet, wenn man sie entbehren zu können glaubte. Mit dem Islam kam die europäische Welt durch die arabischen Eroberungen in ihrem Süden und durch die Kreuzzüge in Kontakt. Der gesellschaftliche Wandel, der uns vom Ende des Mittelalters und von einer „Neuzeit" sprechen lässt, wird durch das Ende des Oströmischen Reiches, die Entdeckung Amerikas, die Erfindung des Buchdrucks und den Beginn der Reformation markiert. Der Humanismus repräsentiert die Anfänge neuen Denkens, das der beginnenden neuen Zeit entsprach und sich nun produktiv mit den nichtchristlichen Religionen auseinandersetzte.

Prologue

The world view and culture of the European Middle Ages were shaped by the Christian religion. In this world, Jews were tolerated as a minority when they were needed, cast out or even murdered when they were thought to be disposable. The European world came into contact with Islam through Arab conquests at its southern regions and during the crusades.
The societal changes – ending the Middle Ages and inaugurating what we call "modern times" – are marked by the end of the Byzantine Empire, the discovery of America, the invention of book printing, and the beginning of the Reformation. Humanism represents the setting in motion of new thought which corresponded to the commencement of modern times and set out to deal productively with non-Christian religions.

Psalterium, Hebreum, Grecum, Arabicum & Chaldaeum, cum tribus latinis interpretationibus & glossis

Genua 1516
Herausgeber: Agostino Giustiniani
Holzschnitt und -druck auf Pergament
Maroquin-Einband
Museum of the Bible, Washington, DC, GC.BIB.003875

Ein Psalterium oder Psalter beinhaltet die 150 Psalmen der Bibel. Sie beginnen mit den Versen: „Wohl dem Mann, der nicht dem Rat der Frevler folgt, nicht auf dem Weg der Sünder geht, nicht im Kreis der Spötter sitzt, sondern Freude hat an der Weisung des Herrn, über seine Weisung nachsinnt bei Tag und bei Nacht." Psalter-Bücher sind nach liturgischen Einteilungen für den Gottesdienst geordnet oder zu Studienzwecken kommentiert. In der Regel finden sie sich im hebräischen Original oder in der lateinischen Übersetzung. Vorliegende Ausgabe ist der erste gedruckte polyglotte, mehrsprachige Psalter in Hebräisch, Lateinisch, Griechisch, Arabisch und Aramäisch.

Der Text ist in acht Spalten nebeneinander gedruckt: In der ersten Spalte steht der hebräische Text, in der zweiten die wörtliche lateinische Übersetzung, in der dritten die maßgebliche lateinische Bibelübersetzung, die Biblia Vulgata, in der vierten die griechische Übersetzung, die Septuaginta, in der fünften die arabische Übersetzung, in der sechsten die aramäische Umschreibung des hebräischen Textes und in der siebten die lateinische Übersetzung der aramäischen Paraphrase. Die achte Spalte beinhaltet Kommentare des gelehrten Herausgebers, des Dominikaners Agostino Giustiniani (1470-1536). Als Vertreter des italienischen Humanismus war sein Anliegen eine Besinnung auf authentische antike Quellen, wie eben die hebräische Bibel, ihre griechische, lateinische und arabische Übersetzung sowie ihre aramäische Paraphrasierung sie darstellen. Wenn sein Kommentar auch antiislamische und antijüdische Polemiken enthält, so weist er doch die eingehende Beschäftigung mit den beiden anderen abrahamitischen Religionen auf. Insbesondere setzte er sich mit der hebräischen Sprache, jüdischer Textauslegung, Religionsphilosophie und der Kabbala auseinander. Diese Auseinandersetzung wurde von den deutschen Humanisten aufgenommen und führte zur christlichen Hebraistik, die den Grundstein für das moderne Universitätsstudium der Judaistik sowie für die akademische Erforschung jüdischer Kulturgeschichte und Religion legte.

Literatur

Saverio Campanini, A Neglected Source Concerning Asher Lemmlein and Paride da Ceresara: Agostino Giustiniani, in: European Journal of Jewish Studies 2/1, 2008, 89-110.

Giulio Busi (ed.), Hebrew to Latin, Latin to Hebrew: The Mirroring of Two Cultures in the Age of Humanism. Colloquium held at the Warburg Institute, London, October 18-19, 2004, Berlin-Torino 2006.

Giuseppe Veltri/Gerold Necker (Hg.), Gottes Sprache in der philologischen Werkstatt: Hebraistik vom 15. bis zum 19. Jahrhundert (Studies in European Judaism 11), Leiden 2004.

Psalterium, Hebreum, Grecum, Arabicum & Chaldaeum, cum tribus latinis interpretationibus & glossis

Genua, 1516
Publisher: Agostino Giustiniani
Woodcut and print on parchment
Morocco book binding
Museum of the Bible, Washington, DC, GC.BIB.003875

A *psalterium*, or psalter, contains the 150 psalms of the Bible. It begins with the verses: "Happy are those who do not follow the advice of the wicked, or take the path that sinners tread, or sit in the seat of scoffers; but their delight is in the law of the LORD, and on his law they meditate day and night" (Psalm 1:1–2). Psalter books are structured according to liturgical arrangements for the worship service, or they provide commentaries for study purposes. They are generally found in the original Hebrew or in Latin translation. The edition presented here is the first printed polyglot, a multilingual psalter in Hebrew, Latin, Greek, Arabic, and Aramaic.

The text is printed in eight, side-by-side columns: the first presents the Hebrew text; the second presents the literal Latin translation; the third presents the relevant Latin Bible translation–the *Biblia Vulgata*; the fourth presents the Greek translation–the Septuagint; the fifth presents the Arabic translation; the sixth presents the Aramaic paraphrase of the Hebrew text; and the seventh presents the Latin translation of the Aramaic paraphrase. The eighth column contains comments of the learned publisher, the Dominican Agostino Giustiniani (1470–1536). As a representative of Italian humanism, he was concerned with reflecting on the authentic, ancient sources that represent the Hebrew Bible, its Greek, Latin, and Arabic translations, as well as its Aramaic paraphrase. While his commentary exhibits anti-Islamic and anti-Jewish polemics, it still conveys the detailed engagement with the two other Abrahamic religions. He particularly exposed himself to the Hebrew language, Jewish exegesis, philosophy of religion, and the Kabbalah. This kind of exposure and engagement was adopted by German humanists, and led to the Christian study of the Hebrew language, which ultimately became the bedrock for modern scholarship of Jewish studies as well as for the academic exploration of the history of Jewish culture and religion.

Literature

Busi, Giulio, ed. *Hebrew to Latin, Latin to Hebrew: The Mirroring of Two Cultures in the Age of Humanism.* Colloquium held at the Warburg Institute, London, October 18-19, 2004. Berlin/Torino: Nino Aragno Editore, 2006.

Campanini, Saverio. "A Neglected Source Concerning Asher Lemmlein and Paride da Ceresara: Agostino Giustiniani." Pages 89-110 in *European Journal of Jewish Studies,* 2/1 (2008).

Veltri, Giuseppe and Gerold Necker, eds. *Gottes Sprache in der philologischen Werkstatt: Hebraistik vom 15. bis zum 19. Jahrhundert.* Studies in European Judaism 11. Leiden: E.J. Brill, 2004.

alienis diuitias suas,
sepulchra eorũ domus eorũ
in seculum. Tabernacula sua
ĩ generatiõe & generatiõe,
vocauerunt in noĩbus suis
in regionibus.
Et homo in honore non
cõmorabitur, assimilatus est
iumentis mutis.
Hec via illorum, vecordia
eis, & post hos
in ore suo
current in perpetuum.
Quasi oues
in inferno
positi sunt, mors
pascet eos.
Et subiicient eos
rectos in matutino,
& figura eorum conteretur
in inferno ab habitaculo suo.
Verumtamen Deus
redimet animam meam
de manu inferi,
cum assumpserit me semper.
Noli timere
cum diues fiet
vir, cũ multiplicata fuerit
gloria domus eius.
Neq; enim moriens tollet
omnia, nec descẽdet post eũ
gloria eius. Quia anime sue
in vita sua
benedicet, laudabunt te
cum benefeceris tibi.
Venient vsq; ad
generationem patrũ suorũ
vsq; in eternum non
videbunt lumen. Homo
cum in honore esset, non
intellexit

alienis diuitias suas,
& sepulchra eorũ domus illorũ
in eternum. Tabernacula eorũ
in progenie & progenie,
vocauerunt nomina sua
in terris suis.
Et homo cũ in honore esset non
intellexit, comparatus est
iumẽtis ĩsipiẽtibus, (rũ scãdalũ
& filiis factus ẽ illis. Hec via illo
ipsis, & postea
in ore suo
complacebunt.
Sicut oues
in inferno
positi sunt, mors
depascet eos.
Et dominabuntur eorum
iusti in matutino,
& auxilium eorum veterascet
in inferno a gloria eorum.
Verumtamen deus
redimet animam meam
de manu inferi,
cum acceperit me.
Ne timueris
cum diues factus fuerit
homo, & cũ multiplicata fuerit
gloria domus eius.
Quoniã cũ ĩterierit nõ sumet
omnia, neq; descendet cum eo
gloria eius, Quia anima eius
in vita ipsius
benedicetur, confitebitur tibi
cum benefeceris ei.
Introibit vsq; in
progenies patrum suorum,
vsq; in eternum non
videbit lumen. Homo
cum in honore esset non
intellexit,

iustis diuitias suas.
In domo sepulture eorum habitabunt
in eternum, & non surgent (tionem.
de tabernaculis suis, a gñatione ĩ gña
Quoniam superbi facti sunt & sortiti sunt
nomen prauum super terram.
Et homo peccator, in honore non
cõmorabitur cum iustis, assimilatus est
bestie mute.
He vie illorum stulticia
ipsis, & in fine eorum
ore suo, palam facient
peccata sua seculo
futuro. Sicut oues ad mortem,
iusti, & interfecerunt
& extirpauerunt iustos, & subiecerunt
eos, rectos insuper percusserunt.
Propterea corpora eorum
consumentur in gehenna quoniam
extenderunt manũ suã & destruxerũt
domum habitationis diuinitatis eius.
Dixit Dauid in spiritu ꝓphetico vtiq;
Deus redimet animam meam a iudicio
gehenne, quoniam docebit me
legem suam in eternum. (phetauit
De Quorah, & de societate eius pro
& dixit. Ne timeas Mosse, licet
diues sit Quorah homo contentiosus,
licet crescat gloria domus eius,
quoniã nequaq̃ in morte eius portabit
omnia, & non sequetur post eum
gloria eius. Quoniam anima
Mosse in vita eius benedixit te,
& confitebuntur te iusti, quoniam
beneficus eris seruientibus coram te.
Ascendet memoria
iustorum vsq; ad gñrationẽ patrũ suorũ,
& impii in secula seculorum
non videbunt lumen. Homo
iniquus in tempore quo manet
in gloria non intelliget,

i. Ego occidã & ego uiuere faciã, &c. Hec eni ait Deus rex israel & redẽptor eorum Deus exercituũ. Ego pmus & ego nouissimus. Ego occidã & ego uiuere faciã. Hoc qdẽ postq̃ data est eis mãna ꝓ uiuificatione mortuorũ. Ego occidã & ego uiuere faciã. Morietur aia mea morte rectorum. Viuet Ruben & nõ morietur. Viuificabit nos, post dies tres. Ego occidã & ego uiuere faciam, uti sentio ipse. Quod mors qdẽ ĩ uno, & uita in uno & eodẽ, quẽadmodũ dictũ est. Ego uulnus inferã, & ego medebor, ita mors & uita ĩ uno erũt, & nõ est q de manu mea possit euadere. Pr̃es saluabũt ne filios? nequaq̃. Nã Abrahã nõ saluabit Ismael, nec Isaac saluabit Esau. Quoniã mors & uita ad me solũ ptinẽt. Fratres ẽt ñ poterũt saluare fratres suos. Et hoc est q scriptũ est. Frater nõ redimet siue ñ saluabit, saluabit aũt uir. Et Isaac ñ saluabit Ismaelẽ. Et Iaacob nõ saluabit Esau. Et si darẽt ꝓ saluatione eorum oẽs mũdi diuitias, nõ sufficiũt, saluare illos, nec sũt dignũ aiarum eorum ptiũ. & hoc ẽ q scriptũ est. Fr̃ nõ redimet, redimet ãt uir, & nõ dabit Deo ptiũ redẽptionis eorum.

E. Ex cõmẽtariis. R. Mosse hadarsan
Et uiuet ultra. &c. siue & uiuet semp & ñ uidebit infernũ uti uidebũt sapiẽtes moriẽtes, uti aliq iterptati sũt. Dixit R. Mosse hadarsan hic uersus dictus est de rege Messia, q morietur p saluãdos pr̃es. Et post modũ uiuet in sempiternũ. Nec uidebit infernũ quẽadmodũ sapiẽtes qui moriunt.

Seit mehr als 1700 Jahren ...

Seit mehr als 1700 Jahren lebten Juden in den deutschsprachigen Ländern Europas. Damit waren die jüdischen Gemeinden hier zum Teil wesentlich älter als die christlichen, war die Christianisierung Europas doch erst im Mittelalter abgeschlossen. Die Herausbildung spezifisch jüdischen und christlichen Rituals erfolgte parallel, was gegenseitige Einflüsse und Vergleichbarkeiten, aber auch bewusst gewählte Abgrenzungen erklärt. In seinem erfolgreichen Bestreben sich als Mehrheitsreligion durchzusetzen und im Bewusstsein auf der jüdischen Religion zu basieren, versuchte das Christentum, sich durch die Übernahme jüdischer Inhalte und Symbole als Überwinder und „wahrer" Nachfolger des Judentums zu legitimieren.

For more than 1,700 years ...

For more than 1,700 years, Jews have lived in German-speaking countries of Europe. Jewish congregations are, in part, significantly older than Christian congregations, since the Christianization of Europe was not concluded until the Middle Ages. The formation of specifically Jewish and Christian rituals occurred in parallel, which not only explains the mutual influences and similarities, but also the consciously chosen differences. In its successful quest of establishing itself as the majority religion–and with the awareness of being based on the Jewish religion–Christianity attempted to legitimize itself by adopting Jewish subject matters and symbols as the overcomers and "true" successors of Judaism.

Bibel mit Kommentar

Würzburger Gegend 1233
Handschrift und Farbillustrationen auf Pergament
Schreiber: Schlomo ben Schmuel aus Würzburg für Josef ben Mosche
Bayerische Staatsbibliothek, München, Cod. Hebr. 5, I
(aufgeschlagen: fol. 65r)

Die wertvolle Bibelhandschrift enthält den Kommentar des Rabbi Schlomo Jizchak, kurz Raschi genannt, sowie den des Josef Kara. Raschi war einer der bedeutendsten jüdischen Gelehrten des Mittelalters, der auch christliche Theologen beeinflusste. In seinen Kommentaren legte er die Verse der biblischen Bücher nach ihrem einfachen Wortsinn aus und stellte sie dann in ihren entsprechenden Kontext. Die ganzseitig dargestellte Menora, der siebenarmige Leuchter, ist Kultzeichen und Symbol für den Jerusalemer Tempel.

Der Jerusalemer Tempel nimmt in der jüdischen Geistesgeschichte einen singulären Platz ein. Bereits die biblischen Bücher I Könige Kapitel 6, 7, und 8 beschreiben den Ersten Tempel, also den Tempel Salomos, als Sitz Jahwes, des Gottes der Israeliten. Allerdings schließt erst der Zweite Tempel mit den Kultreformen Esras und Nechemias alle lokalen Höhenheiligtümer für den Kult der Israeliten aus und wird zum Zentralheiligtum. Mit der Zerstörung des Zentralheiligtums im 1. Jahrhundert wurde der magische Kultort vernichtet, mit der Niederschlagung des Bar Kochba Aufstandes im 2. Jahrhundert war eine Wiedererrichtung des Tempels endgültig ausgeschlossen. Doch die Erinnerung an den Tempel ist im jüdischen Wortgottesdienst sowie in seinem Zeremonialgerät bis heute fest verankert. Die Darstellung von Kultgeräten und insbesondere der Menora in hebräischen Handschriften ruft aber nicht nur den Tempel als vergangenes Zentralheiligtum in Erinnerung. Sie beschwört auch den festen Glauben an eine Wiedererrichtung in der messianischen Zeit und erinnert an das Verspechen Gottes, seinen Bund mit Israel nicht zu vergessen. Als eines der wichtigsten jüdischen Symbole seit der Spätantike findet sich die Menora heute auch im israelischen Staatswappen.

Bible with commentary

Würzburg region, 1233
Manuscript and color illustrations on parchment
Scribe: Shlomo ben Shmuel from Würzburg for Joseph ben Moshe
Bayerische Staatsbibliothek [Bavarian State Library], München, Cod. Hebr. 5, I
(opened at: fol. 65r)

This valuable Bible manuscript contains the commentary of Rabbi Schlomo Yitzchaki (in short Rashi), as well as that of Josef Kara. Rashi was one of the most significant Jewish scholars of the Middle Ages, who also influenced Christian theologians. In his commentary, he interpreted verses from the biblical books according to their simple, literal sense, and then he put them into their corresponding context. The full-page depiction of the menorah, the seven-branched candelabrum, is an icon and symbol for the Jerusalem temple.

The Jerusalem temple has a singular status in Jewish intellectual history. The biblical book of 1 Kings, chapters 6–8 describe the first temple, the temple of Solomon, as being the seat of Yahweh, the God of the Israelites. Nevertheless, it was only the second temple with Ezra's and Nehemiah's reforms–excluding all local sanctuaries of Israelite religious practice–that became the central sanctuary. With the destruction of the central sanctuary in the first century, the iconic location was annihilated, and with the suppression of the Bar Kokhba revolt in the second century, a reconstruction of the temple was ruled out indefinitely. To this day, nevertheless, the memory of the temple is firmly lodged in the Jewish "Liturgy of the Word" as well as in its ceremonial implements. While the depiction of iconic implements, and particularly of the menorah, in Hebrew manuscripts not only invokes the temple as a central sanctuary of the past, it also calls for firm belief in a reconstruction in messianic times, and it serves as a reminder of God's promise not to forget his covenant with Israel. As one of the most important Jewish symbols since late antiquity, the menorah is also found in today's Israeli state emblem.

Literatur

Felicitas Heimann-Jelinek/Bernhard Purin (Hg.), Alles hat seine Zeit. Rituale gegen das Vergessen, Heidelberg-Berlin 2013.

Ittai Joseph Tamari, Das Volk der Bücher. Eine Bücherreise durch sechs Jahrhunderte jüdischen Lebens, München 2012, 39.

Hanna Liss, Raschi, in: WiBiLex, http://www.bibelwissenschaft.de/stichwort/64590/ (Zugriff am: 02.01.2016).

Steven Fine, „'When I went to Rome, there I Saw the Menorah...': The Jerusalem Temple Implements between 70 C.E. and the Fall of Rome." in: D. R. Edwards/C. T. McCollough (eds.), The Archaeology of Difference: Gender, Ethnicity, Class and the „Other" in Antiquity. Antiquity Studies in Honor of Eric M. Meyers. Antiquity Studies in Honor of Eric M. Meyers (American Schools Of Oriental Research 1), Boston 2007, 169-180.

Moritz Steinschneider, Die Hebräischen Handschriften der Königlichen Hof- und Staatsbibliothek in München (Sitzungsberichte der Philosophisch-Historischen Klasse der Königlichen Akademie der Wissenschaften in München), 2. Auflage, München 1895, 2.

Literature

Fine, Steven. "'When I Went to Rome, There I Saw the Menorah...': The Jerusalem Temple Implements between 70 C.E. and the Fall of Rome." Pages 169-180 in *The Archaeology of Difference: Gender, Ethnicity, Class and the 'Other' in Antiquity. Antiquity Studies in Honor of Eric M. Meyers.* Edited by D. R. Edwards and C. T. McCollough. Boston: American Schools of Oriental Research, 2007.

Heimann-Jelinek, Felicitas and Bernhard Purin, eds. *Alles hat seine Zeit. Rituale gegen das Vergessen*, Heidelberg: Kehrer, 2014.

Liss, Hanna. "Raschi" at WiBiLex, http://www.bibelwissenschaft.de/stichwort/64590/ Created May 2009 (retrieved 01/02/2016).

Steinschneider, Moritz. „Die Hebräischen Handschriften der Königlichen Hof- und Staatsbibliothek in München." No. 2 in *Sitzungsberichte der Philosophisch-Historischen Klasse der Königlichen Akademie der Wissenschaften in München*, 2nd edition, München: 1895.

Tamari, Ittai Joseph. *Das Volk der Bücher. Eine Bücherreise durch sechs Jahrhunderte jüdischen Lebens.* München: Oldenbourg Wissenschaftsverlag, 2012.

Sammelhandschrift mit Petrus von Poitiers, Compendium historiae in genealogia Christi

Bayern um 1330-1340
Handschrift auf Pergament, kolorierte Federzeichnungen
Bayerische Staatsbibliothek, München, Clm 19414
(aufgeschlagen: fol. 177r)

Petrus von Poitiers war ein Theologe des 12. Jahrhunderts, der mit dieser kurzgefassten Genealogie Jesu eine populäre Einführung in die Bibel schuf. Das Werk bietet schematische Stammbäume, die die Abstammung Jesu über David bis zu Adam zurückverfolgen, Darstellungen der zwölf Stämme Israels und Jerusalems. Auf Folio 6v ist die Menora zu sehen, die christlich als Symbol für Jesus und die Kirche uminterpretiert wird.

Die Menora wurde im Mittelalter als Abbild Jesu gedeutet, da sie wie ein blühender Baum anmutet, welcher der Wurzel Jesse, des Vaters von König David entspringen soll. Mit der ikonographischen Aneignung wurde die Legitimität der Kirche als wahre Glaubensgemeinde und Überwinderin des Judentums verbildlicht. Der Leuchter wurde auch als dreidimensionales Objekt für Kirchenausstattungen gefertigt. Das älteste erhaltene Beispiel stammt aus der Zeit um 1000 im Essener Münster.

Die Darstellung des siebenarmigen Leuchters entspricht der Beschreibung in Exodus 37,17-23: „Er machte den Leuchter aus purem Gold. Der Leuchter, sein Gestell und sein Schaft, seine Kelche, Knospen und Blüten waren aus einem Stück getrieben. Von seinen Seiten gingen sechs Arme aus, drei Leuchterarme auf der einen Seite und drei Leuchterarme auf der anderen Seite. Der erste Arm wies drei mandelblütenförmige Kelche auf mit je einer Knospe und einer Blüte und der zweite Arm wies drei mandelblütenförmige Kelche auf mit je einer Knospe und einer Blüte; so alle sechs Arme, die von dem Leuchter ausgingen. An dem Leuchter waren vier mandelblütenförmige Kelche, Knospen und Blüten: je eine Knospe unten zwischen zwei Armen, entsprechend den sechs Armen, die vom Leuchter ausgingen. Die Knospen und Arme bildeten mit dem Schaft ein Ganzes; das Ganze war ein Stück aus getriebenem purem Gold. Dann machte er auch für den Leuchter die sieben Lampen ...".

Literatur

Rachel Hachlili, The Menorah, the Ancient 7-Armed Candelabrum: Origin, Form and Significance (Supplements to the Journal for the Study of Judaism), Leiden 2002.

Elisabeth Klemm, Die illuminierten Handschriften des 13. Jahrhunderts deutscher Herkunft in der Bayerischen Staatsbibliothek (Katalog der illuminierten Handschriften der Bayerischen Staatsbibliothek in München Bd. 4), Wiesbaden 1998, 23.

Hans-Eberhard Hilpert, Geistliche Bildung und Laienbildung: Zur Überlieferung der Schulschrift Compendium historiae in genealogia Christi (Compendium veteris testamenti) des Petrus von Poitiers († 1205) in England, in: Journal of Medieval History, 11 (1985), 315-331.

Manuscript collection with Peter of Poitiers Compendium historiae in genealogia Christi

Bavaria, around 1330-1340
Manuscript on parchment, colored pen drawings
Bayerische Staatsbibliothek [Bavarian State Library], München, Clm 19414
(opened at: fol. 177r)

Peter of Poitiers was a 12th century theologian who created a popular introduction to the Bible with a short genealogy of Jesus. The work provides schematic family trees–which retrace Jesus's ancestry via David to Adam–and depictions of the twelve tribes of Israel as well as of Jerusalem. On folio 6v, the menorah is seen being reinterpreted as a Christian symbol for Jesus and the church.

The menorah was interpreted in the Middle Ages as an image of Jesus, since it suggests a blooming tree whose roots have supposedly sprung from Jesse, King David's father. With the iconographic adaptation, the legitimacy of the church is visualized as a true faith community and overcoming of Judaism. The candelabrum has also been fashioned as a three-dimensional object for church decorations. The oldest, extant example originates from the time around 1000 CE in the Cathedral of Essen.

The depiction of the seven-branched candelabra corresponds to the description in Exodus 37:17–23: "He also made the lampstand of pure gold. The base and the shaft of the lampstand were made of hammered work; its cups, its calyxes, and its petals were of one piece with it. There were six branches going out of its sides, three branches of the lampstand out of one side of it and three branches of the lampstand out of the other side of it; three cups shaped like almond blossoms, each with calyx and petals, on one branch, and three cups shaped like almond blossoms, each with calyx and petals, on the other branch—so for the six branches going out of the lampstand. On the lampstand itself there were four cups shaped like almond blossoms, each with its calyxes and petals. There was a calyx of one piece with it under the first pair of branches, a calyx of one piece with it under the next pair of branches, and a calyx of one piece with it under the last pair of branches. Their calyxes and their branches were of one piece with it, the whole of it one hammered piece of pure gold. He made its seven lamps and its snuffers and its trays of pure gold...".

Literature

Hachlili, Rachel. *The Menorah, the Ancient 7-Armed Candelabrum: Origin, Form and Significance.* Supplements to the Journal for the Study of Judaism. Leiden, 2002.

Hilpert, Hans-Eberhard. "Geistliche Bildung und Laienbildung: Zur Überlieferung der Schulschrift Compendium historiae in genealogia Christi (Compendium veteris testamenti) des Petrus von Poitiers († 1205) in England." Pages 315-331 in *Journal of Medieval History* 11 (1985).

Klemm, Elisabeth. *Die illuminierten Handschriften des 13. Jahrhunderts deutscher Herkunft in der Bayerischen Staatsbibliothek* (Katalog der illuminierten Handschriften der Bayerischen Staatsbibliothek in München; Vol. 4), Wiesbaden: Reichert, 1998.

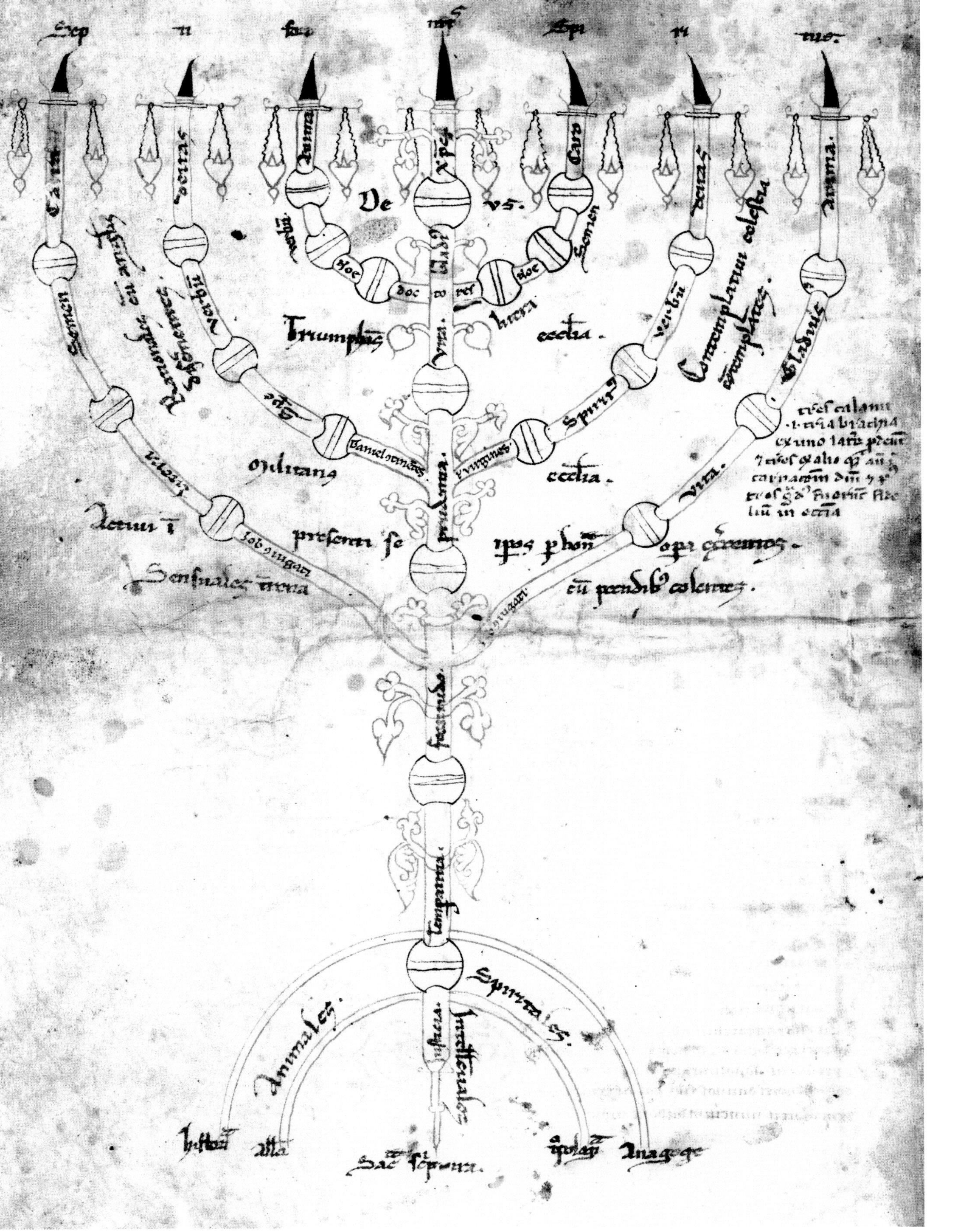

De us.
Caro
Deitas
Anima
Triumphās
Spiritus
Animales
Spirituales
Intellectuales
Anagoge

Bibel mit dem Kommentar des Schlomo ben Jizchak (Rashi)

Deutschland oder Österreich 14.-15. Jh.
Handschrift auf Pergament
Schreiber: Schmuel ben Abraham aus Schorndorf (Baden-Württemberg)
H: 42,6, B: 30 cm
Österreichische Nationalbibliothek, Wien, cod. Hebr. 9
(aufgeschlagen: CH fol. 35r)

Die ornamentierten Anfangsworte des hebräischen Textes verweisen in ihrer sehr großen Ähnlichkeit mit dekorierten Initialen in christlichen Handschriften auf die kulturelle Eingebundenheit der Juden im süddeutschen Raum. Auch die Größe der Handschrift ist mit jener christlicher repräsentativer Bibeln vergleichbar. Für den liturgischen Gebrauch, aber auch zu Lern- und Studienzwecken wird die Bibel im Judentum bis heute in ihrer hebräischen Ursprache gelesen.

Hebräisch ist die Sprache des Tanach, das heißt der jüdischen Bibel. Hebräisch ist gemeinsam mit Aramäisch die Sprache der Mischna und Gemara, die gemeinsam den Talmud ausmachen, sowie der rabbinischen Kommentarliteratur.

Eines der frühesten hebräischen Textzeugnisse ist ein Kalender in paläo-hebräischer Schrift, mit dem ein Kalkstein in der altisraelitischen Siedlung Gezer beschrieben ist. Er wird in das 10. Jahrhundert vor der Zeitrechnung datiert, womit er in die Herrschaftszeit König Salomos fällt, des Erbauers des Ersten Jerusalemer Tempels. Die verwendeten althebräischen Buchstaben waren aus dem Phönizischen abgeleitet. Die bis heute gebräuchliche hebräische Quadratschrift entwickelte sich aus dem Duktus des Aramäischen, einer der Amtssprachen im persischen Reich. Das hebräische Alphabet besteht aus nur 22 Buchstaben, da kurze Vokale nicht geschrieben werden. Die Schreibrichtung läuft wie im Arabischen von rechts nach links. Die Linguisten klassifizieren das Hebräische als nordwestsemitische Sprache und ordnen sie damit der afroasiatischen Sprachfamilie zu.

Die moderne Wiederbelebung des Hebräischen ist im Zusammenhang mit der Aufklärung, einem wachsenden jüdischen Nationalbewusstsein im 19. Jahrhundert und schließlich mit dem Zionismus zu sehen. Da nach traditioneller Auffassung das Hebräische Sakralsprache ist, lehnen ultra-orthodoxe Gruppierungen seine Verwendung als Nationalsprache im Staat Israel ab.

Literatur

Joel M. Hoffman, In the Beginning: A Short History of the Hebrew Language, New York-London 2004.

Chaim Rabin, Die Entwicklung der hebräischen Sprache, Wiesbaden 1988.

Heinrich Simon, Lehrbuch der modernen hebräischen Sprache, Leipzig 1988.

Bible with the commentary of Shlomo ben Itzhak (Rashi)

Germany or Austria, 14th-15th century
Manuscript on parchment
Scribe: Shmuel ben Abraham from Schorndorf (Baden-Württemberg)
Height: 17, width: 12 in
Österreichische Nationalbibliothek [Austrian National Library], Wien, cod. Hebr. 9 (opened at: CH fol. 35r)

The ornamented, initial words of the Hebrew text—with its striking similarity to the decorated initials found in Christian manuscripts—refer to the cultural integration of Jews in southern Germany. Even the size of the manuscript is comparable to that of representative Christian Bibles. For its liturgical use, but also for learning and scholarly purposes in Judaism, the Bible is read in its original language of Hebrew to this day.

Hebrew is the language of the Tanakh, that is, of the Jewish Bible. Hebrew, together with Aramaic, is the language of the Mishnah and Gemara—which together constitute the Talmud—as well as that of rabbinic commentary.

One of the earliest Hebrew text-witnesses is a calendar in paleo-Hebrew writen on a limestone at the ancient Israelite settlement of Gezer. It is dated to the 10th century BCE, which falls during the reign of King Solomon, the builder of the first Jerusalem temple. The Hebrew letters used were derived from Phoenician alphabet. Today's common Hebrew square script developed from the characteristic Aramaic style, one of the official languages of the Persian Empire. The Hebrew alphabet consists of twenty-two letters since short vowels are not written. The writing direction is, as in Arabic, from right to left. Linguists classify Hebrew as a Northwest Semitic language and assign it to the Afroasiatic language family.

The modern revival of Hebrew is associated with the period of the Enlightenment, with a growing Jewish national awareness in the 19th century, and lastly, with Zionism. Since tradition designates Hebrew a sacred language, ultra-orthodox groups reject its use as a national language of the state of Israel.

Literature

Hoffman, Joel M. *In the Beginning: A Short History of the Hebrew Language.* New York/London: New York University Press, 2004.

Rabin, Chaim. *Die Entwicklung der hebräischen Sprache.* Wiesbaden: Reichert in Komm., 1988.

Simon, Heinrich. *Lehrbuch der modernen hebräischen Sprache.* Leipzig: Verlag Enzyklopädie, 1988.

[illegible]

ואלה תולדות פרץ פרץ הוליד את חצרון: וחצרון הוליד את רם ורם הוליד את עמינדב: ועמינדב הוליד את נחשון ונחשון הוליד את שלמה: ושלמון הוליד את בעז ובעז הוליד את עובד: ועבד הוליד את ישי וישי הוליד את דוד:

דברי

קהלת בן דוד מלך בירושלם: הבל הבלים אמר קהלת הבל הבלים הכל הבל: מה יתרון לאדם בכל עמלו שיעמל תחת השמש: דור הלך ודור בא והארץ לעולם עמדת: וזרח השמש ובא השמש ואל מקומו שואף זורח הוא שם: הולך אל דרום וסובב אל צפון סובב סבב הולך הרוח ועל סביבתיו שב הרוח: כל הנחלים הלכים אל הים והים איננו מלא אל מקום שהנחלים הלכים שם הם שבים ללכת: כל הדברים יגעים לא יוכל איש לדבר ולא תשבע עין לראות ולא תמלא אזן משמע: מה שהיה הוא שיהיה ומה שנעשה הוא שיעשה ואין כל חדש תחת השמש: יש דבר שיאמר ראה זה חדש הוא כבר היה לעלמים אשר היה מלפננו: אין זכרון לראשנים וגם לאחרנים שיהיו לא יהיה להם זכרון עם שיהיו לאחרנה: אני קהלת הייתי מלך על ישראל בירושלם: ונתתי את לבי לדרוש ולתור בחכמה על כל אשר נעשה תחת השמים הוא ענין רע נתן אלהים לבני האדם לענות בו: ראיתי את כל המעשים שנעשו תחת השמש והנה הכל הבל ורעות רוח: מעות לא יוכל לתקן וחסרון לא יוכל להמנות: דברתי אני עם לבי לאמר אני הנה הגדלתי והוספתי חכמה על כל אשר היה לפני על ירושלם ולבי ראה הרבה חכמה ודעת: ואתנה לבי לדעת חכמה ודעת הוללות ושכלות ידעתי שגם זה הוא רעיון רוח: כי ברב חכמה רב כעס ויוסיף דעת יוסיף מכאוב: אמרתי אני בלבי לכה נא אנסכה בשמחה וראה בטוב והנה גם הוא הבל: לשחוק אמרתי מהולל ולשמחה מה

[illegible]

Rudolf von Ems
Weltchronik. Der Stricker,
Karl der Große

Zürich um 1300
Handschrift auf Pergament, illuminiert und illustriert
Faksimile
H: 30,5, B: 21 cm
Kantonsbibliothek Sankt Gallen, Vadianische Sammlung, VadSlg Ms. 302
(aufgeschlagen: fol.39r)

Der Dichter Rudolf von Ems aus Vorarlberg lebte in der ersten Hälfte des 13. Jahrhunderts. Er verfasste die erste deutschsprachige Weltchronik, in der er die Geschichte der Menschheit vom Beginn der Schöpfung erzählte, wobei er unter anderem die Bibel als historische Quelle benutzte. Die aufgeschlagene Illustration von Jakob, der mit den Seinen vor der Hungersnot nach Ägypten zieht und Joseph, der Vater und Brüder empfängt, zeigt die Juden in ihrer schon zu Rudolfs Zeit typischen Tracht mit dem Judenhut.

Der halbkugelige oder konisch zulaufende, breitkrempige Judenhut mit einem Knauf auf dem Scheitel war Bestandteil der mittelalterlichen aschkenasischen Tracht jüdischer Männer. Ganz allgemein war in der mittelalterlichen Gesellschaft gefordert, dass die Kleidung Auskunft über Beruf, Stand und Glaubenszugehörigkeit gab. Auf dem IV. Laterankonzil wurde gefordert, dass Juden sich auch durch ihre Kopfbedeckung von Christen unterscheiden sollten. Diese Forderung wurde von der Obrigkeit erst im Laufe des 14. Jahrhunderts umgesetzt und ab da gehörte er nicht mehr zur freiwillig gewählten jüdischen Tracht. Im Laufe des 15. Jahrhunderts wurden andere Kennzeichen, zumeist ein gelber Ring, verpflichtend für Juden eingeführt.

In zahlreichen mittelalterlichen Kirchenfenstern und Bibelhandschriften sind Juden als solche durch den Judenhut kenntlich gemacht, auch wenn die abgebildeten Personen, wie biblische Gestalten etwa, einen solchen nie getragen haben.

Rudolf von Ems
Chronicle of the World, Der Stricker,
Charlemagne

Zurich, around 1300
Manuscript on parchment, illuminated and illustrated
Facsimile
Height: 12, width: 8 ¼ in
Kantonsbibliothek [Cantonal Library] St. Gallen, Vadianische Sammlung, VadSlg Ms. 302 (opened at: fol. 39r)

The poet Rudolf von Ems from Vorarlberg (Austria) lived during the first half of the 13th century. He composed the first chronicle of the world in German, which gives an account of humanity since the beginning of Creation for which Rudolf also used the Bible as a historical source. The opened illustration–of Jacob migrating with his people while fleeing the famine to Egypt, and of Joseph welcoming his father and brothers–shows the Jews in their traditional apparel wearing a Jewish hat, which was customary already during Rudolf's time.

The semispherical and conically tapered, wide-brimmed Jewish hat with a bobble on top was part of the medieval Ashkenazi clothing for Jewish men. Medieval society demanded, in general, that attire convey information about profession, status, and faith association. The Lateran Council demanded, furthermore, that Jews should also be distinguished from Christians by their headwear. This demand was eventually enforced by the authorities throughout the 14th century, and from then on it was no longer part of voluntarily chosen Jewish apparel. During the 15th century, other characteristics, commonly a yellow ring, had become mandatory for Jews.

In numerous medieval church windows and Bible manuscripts, Jews are marked by the Jewish hat even if the depicted persons, such as biblical figures, had never worn such headwear.

Literatur

Ruth Mellinkoff, Antisemitic Hate Signs in Hebrew Illuminated Manuscripts from Medieval Germany, Jerusalem 1999.

Thérèse und Mendel Metzger, Jüdisches Leben im Mittelalter nach illuminierten hebräischen Handschriften vom 13.-16. Jahrhundert, Würzburg 1983.

Alfred Rubens, A History of Jewish Costume, London 1973.

Bernhard Blumenkranz, Juden und Judentum in der mittelalterlichen Kunst, Stuttgart 1965.

Literature

Blumenkranz, Bernhard. *Juden und Judentum in der mittelalterlichen Kunst.* Stuttgart: Kohlhammer, 1965.

Mellinkoff, Ruth. *Antisemitic Hate Signs in Hebrew Illuminated Manuscripts from Medieval Germany.* Jerusalem: Center for Jewish Art, Hebrew University Jerusalem, 1999.

Metzger, Théreèse und Mendel. *Jüdisches Leben im Mittelalter, nach illuminierten hebräischen Handschriften vom 13.-16. Jahrhundert.* Würzburg: Edition Popp im Verlag Arena, 1983.

Rubens, Alfred. *A History of Jewish Costume.* London: Weidenfeld & Nicolson, 1973.

Er w. d' mere von h'an fro
Nach iacobe sander do
Vn̄ inpfie in minecliche
Pharao der kunic riche
Jacob d' gotis degin balt
Er were hundirt iar alt
Vn̄ drizic iar furb.
Och sagter im nach frage d.

Nach grûze fragtin fur war
Umb sinis alters zil · vn̄ vmbe dv̂
Vn̄ w. mannis er were iar
Do sagtin do zemere
D. siv vihe liute werin
Dem vn wandilberin
Gap do der kunic sinē segin
Er lie den edilē gotis degin

Siddur – Hebräisches Gebetbuch

Ulm und Treviso 1450-1453
Handschrift auf Pergament, illustriert
H: 13,5, B: 10 cm
Biblioteca Palatina, Parma, Ms. Parm. 2895 (aufgeschlagen: p. 235)

Das Gebetbuch beinhaltet auch die Haggada für Pessach, jenes liturgische Buch, das am Abend des Pessach-Festes im privaten Haushalt gelesen wird. Ein Ehepaar sitzt bei Tisch und liest in der Haggada, die den Ablauf des Abends vorgibt. Auf dem Tisch sieht man Objekte, wie sie zu der Entstehungszeit des Buches von Juden wie Nicht-Juden verwendet wurden, nämlich einen Buckelbecher sowie einen Doppelbecher. Auch das Paar unterscheidet sich nicht von einem christlichen. Die junge Frau entspricht dem Schönheitsideal der Zeit.

Das Pessach-Fest ist mit dem Exodus, dem Auszug der Israeliten aus Ägypten verbunden. Jahwes direkter Eingriff in die Geschichte ermöglichte die Befreiung aus der Knechtschaft und prägte hinfort das Verhältnis Israels zu seinem Gott. Pessach, ursprünglich ein Wallfahrtsfest, dauert acht Tage. Die häusliche Feier findet an den Seder-Abenden statt. „Seder" meint die festgelegte Ordnung für den genau strukturierten Ablauf der Feier. Das ritualisierte Erinnern ist schriftlich in der Pessach Haggada fixiert. Sie beinhaltet die Anweisungen für den Festablauf sowie biblische Erzählungen zum Exodus, rabbinische Kommentare und Hymnen. Auf Grund ihres Erzählstoffes über Unterdrückung und Befreiung, bietet sie sich für zeitgemäße Adaptionen an.

Für die Mazzot, das ungesäuerte Brot und symbolische Speisen, die zu Pessach gebraucht werden, gibt es eigene Gerätschaften. Auch spezielle Becher finden zu Pessach Verwendung. Als Vorläufer und Verkünder des Messias, gebührt dem in der Pessach-Nacht erwarteten Propheten Elija ein besonderer Becher mit Wein. Wie Gott die Israeliten aus der ägyptischen Knechtschaft befreit hat und sie das Heiligtum errichten ließ, so wird der Messias das Volk zur Errichtung eines neuen Jerusalem und eines neuen Tempels sammeln.

Literatur

Christian Scholl, Die Judengemeinde der Reichsstadt Ulm im späten Mittelalter. Innerjüdische Verhältnisse und christlich-jüdische Beziehungen in süddeutschen Zusammenhängen, Hannover 2012.

Margaret Scott, Medieval Dress and Fashion, London 2007.

Benjamin Richler (ed.), Hebrew Manuscripts in the Biblioteca Palatina in Parma: Catalogue.

Palaeographical and Codicological Descriptions by Malachi Beit-Arié, Jerusalem 2001.

Siddur (Hebrew prayer book)

Ulm and Treviso, 1450-1453
Manuscript on parchment, illustrated
Height: 10 ½, width: 9 in
Biblioteca Palatina Parma, Ms. Pram. 2895 (opened at: p. 235)

This prayer book contains the *haggadah* for Pesach (Passover), the liturgical text that is read on the evening of the Pesach-festival in private homes. A married couple sits at the table and reads from the *haggadah* which prescribes the events of the evening. On the table one sees objects that were used by Jews and non-Jews alike at the time this book was created. They are a goblet and a double-cup (two cups fit together at the rim). The Jewish couple here is not distinguishable from a Christian couple. The young woman reflects the ideal beauty of the time.

The Pesach festival is associated with the exodus of the Israelites from Egypt. Yahweh's direct intervention in the course of events facilitated the liberation from bondage and shaped, thenceforth, the relationship of Israel to its God. Pesach, originally a pilgrimage festival, lasts for eight days. The domestic celebration takes place on seder-evenings. "Seder" means the prearranged order for the precisely structured events of the celebration. The ritualized remembrance is set in writing in the Pesach *haggadah*. It contains the directions for the festival sequence as well as biblical accounts about the exodus, rabbinic commentaries, and hymns. Based on its narrative materials about suppression and liberation, it is suggestive for current adaptations.

For the *matzoth*, the unleavened bread, and the symbolic foods used for Pesach, particular serving vessels are employed. Special cups are utilized for Pesach. As a precursor and messenger of the Messiah, the anticipated prophet Elijah is awarded a special cup of wine during the night of Pesach. Just as God has liberated the Israelites from the Egyptian bondage for letting them erect the sanctuary, so will the Messiah gather the people for building the New Jerusalem and a new temple.

Literature

Richler, Benjamin, ed. *Hebrew Manuscripts in the Biblioteca Palatina in Parma: Catalogue.* Palaeographical and Codicological Descriptions by Malachi Beit-Arié. Jerusalem: Jewish National and University Library, 2001.

Scholl, Christian. *Die Judengemeinde der Reichsstadt Ulm im späten Mittelalter. Innerjüdische Verhältnisse und christlich-jüdische Beziehungen in süddeutschen Zusammenhängen.* Hannover: Hahnsche Buchhandlung, 2012.

Scott, Margaret. *Medieval Dress and Fashion.* London: British Library, 2007.

הא

Doppelbecher

Deutschland oder Böhmen 1325–1350
Silber, teilweise vergoldet, emailliert
H: 7,6, B: 12,5, T: 10,7 cm
Metropolitan Museum of Art, New York, The Cloisters Collection, 1983.125a, b

Ein Doppelbecher wie dieser ist in verschiedenen hebräischen Handschriften abgebildet und zeigt, dass diese Becher mit Deckel bei festlichen Gelegenheiten bei wohlhabenden Christen wie Juden gleichermaßen beliebt waren. Auf dem Deckel ist ein Wappen aus drei Judenhüten zu sehen. Da umlaufend auch die Namen der drei Könige „Caspar Melchior Balthasar" zu lesen sind, muss das Wappen nicht notwendigerweise auf einen jüdischen Besitzer schließen lassen. Allerdings weisen zeitgenössische jüdische Siegel aus Süddeutschland vergleichbare Insignien auf.

Reale und in hebräischen Handschriften abgebildete kostbare Weinbecher mögen auch auf den im Mittelalter verbreiteten jüdischen Beruf des Weinhändlers hinweisen. Auch als Kreditgeber für Weinanbauunternehmungen waren etliche Juden tätig. Und in Weinbaugebieten gab es auch jüdische Weinbauern. Der Anbau von eigenem Wein war für Juden notwendige Voraussetzung, um koscheren Wein für den Eigengebrauch, insbesondere für den rituellen Kiddusch produzieren zu können. Mit Kiddusch wird der Segensspruch über den Becher Wein bezeichnet, mit dem der Schabbat und jeder andere jüdische Feiertag eingeleitet und willkommen geheißen sowie auch wieder verabschiedet werden. Nicht nur aus Wien und den österreichischen Ländern sind Juden als Besitzer von Weingärten bekannt, sondern auch aus dem Rheinland und dem Bodensee-Raum, unter anderem aus Überlingen.

Literatur

Sarit Shalev-Eyni, Jews among Christians: Hebrew Book Illumination from Lake Constance, London-Turnhout 2010.

Martha Keil, Veltliner, Ausstich, Tribuswinkler: Zum Weingenuss österreichischer Juden im Mittelalter, in: Christian Domenig (Hg.), „Und wenn schon, dann Bischof oder Abt." Im Gedenken an Günther Hödl (1941-2005), Klagenfurt 2006, 51-70.

Vivian B. Mann, „New" examples of Jewish Ceremonial Art from Medieval Ashkenaz, in: Artibus et historiae 17/IX, 1988, 13-24.

D.M. Friedenberg, Medieval Jewish Seals from Europe, Detroit 1987.

Double-cup

Germany or Bohemia, 1325-1350
Silver, partially gold-plated, enameled
Height: 3, width: 5, depth: 4 ¼ in
Metropolitan Museum of Art, New York, The Cloisters Collection, 1983.125a, b

A double-cup, like this one, is depicted in various Hebrew manuscripts, indicating that this cup with lid was popular with affluent Christians as well as Jews for festive occasions. The lid displays an emblem of three Jewish hats. Since the names of three kings–"Caspar Melchior Balthasar"–are circumscribed around the lid, the emblem is not necessarily indicative of a Jewish owner. Current Jewish seals from southern Germany, however, do display similar insignias.

Valuable wine cups–real ones and those depicted in Hebrew manuscripts–may refer to the Jewish profession of trading wine common in the Middle Ages. Jews were engaged as creditors for winegrowing enterprises. In wine regions, Jews worked as vintners. Growing their own grapes was a necessity for Jews to produce kosher wine for their own use, particularly for the ritual *Kiddush*. Kiddush designates the blessing for the cup of wine, with which Shabbat and every other Jewish holiday is introduced and welcomed, and then concluded. Jewish owners of vineyards are known not only from Vienna and the Austrian provinces, but also from the Rhineland and the area around Lake Constance, as well as from Überlingen.

Literature

Friedenberg, D.M. *Medieval Jewish Seals from Europe*. Detroit: Wayne State University Press, 1987.

Keil, Martha. "Veltliner, Ausstich, Tribuswinkler: Zum Weingenuss österreichischer Juden im Mittelalter." Pages 51-70 in *"'Und wenn schon, dann Bischof oder Abt.' Im Gedenken an Günther Hödl (1941-2005)."* Edited by Christian Domenig. Klagenfurt: Kärntner Druckerei, 2006.

Mann, Vivian B. "'New' Examples of Jewish Ceremonial Art from Medieval Ashkenaz." Pages 13-24 in *Artibus et historiae* 17, no. IX (1988).

Shalev-Evni, Sarit. *Jews among Christians: Hebrew Book Illumination from Lake Constance*. London/Turnhout: Harvey Miller, 2010.

SPAR

Heiligster Kultgegenstand …

Heiligster Kultgegenstand des Judentums ist die Tora-Rolle, die die Fünf Bücher Mose enthält und dem griechisch-lateinischen Pentateuch entspricht. Der hebräische Begriff „Tora“ bedeutet so viel wie „Gebot“ oder „Weisung“. Die Tora ist in 54 Wochenabschnitte eingeteilt, die im Laufe des Jahres gelesen werden. Gebete und liturgische Dichtungen sind in Gebetbüchern organisiert, die den christlichen Brevieren vergleichbar sind. Diese Gebetbücher wie auch biblische Bücher können illuminiert oder illustriert sein. Die Ausstattung hebräischer Handschriften verdeutlicht die Wechselwirkungen und Verschränkungen von traditionell jüdischer und regionaler Kultur, von religiösem Bedeutungszusammenhang und regionalem ästhetischem Verständnis.

The most sacred ritual object ...

The Torah Scroll, containing the five books of Moses, represents the holiest iconic object of Judaism. It corresponds to the Greco-Latin Pentateuch. The meaning of the Hebrew term, Torah, denotes to guide or to teach. The Torah is divided into fifty-four weekly sections that are read throughout the course of the year. Prayers and liturgical poems are arranged in prayer books comparable to Christian breviaries. Just like biblical books, these prayer books may be illuminated or illustrated. The adornment of Hebrew manuscripts exemplifies the reciprocal effect and intertwining between traditionally Jewish and regional cultures, and between religious contextualization and regional, aesthetic appreciation.

Tora-Rolle

Süddeutschland (?) um 1400
Handschrift auf Pergament
H: 62 cm
Museum of the Bible, Washington, DC, GC.SCR.0011811

Das heiligste liturgische Objekt des Judentums ist die Tora, das heißt die fünf Bücher Mose. Für die Lesung in der Synagoge wird die Tora in Rollenform verwendet, wie sie in der Antike üblich war. Das aus Blattbogen gebundene Buch ist erst ab dem 4. Jahrhundert gebräuchlich. Die Tora-Rolle wird von einem dafür eigens ausgebildeten Tora-Schreiber auf Pergament-Seiten geschrieben, die aneinandergenäht werden. Der Text besteht aus 248 Kolumnen zu je 42 Zeilen.

Die Anforderungen an einen Tora-Schreiber sind hoch. Die von ihm benützten Federn – in Europa sind diese aus Gänsekielen – und Tinte werden von ihm nach spezifischen Vorschriften hergestellt. Er muss sich täglich einer rituellen Reinigung unterziehen. Er muss jeden Buchstaben kopieren und darf nichts auswendig schreiben. Vor der Schreibung des Gottesnamens spricht er eine eigene Gebetsformel. Da die Tora-Rolle nicht mit der „nackten" Hand berührt werden darf, legt der Tora-Schreiber während seiner Arbeit die Schreibhand auf einen Gebetsschal. Beim Lesen während des Gottesdienstes folgt man den Zeilen des Textes mit einem Tora-Zeiger. Aufbewahrt wird die Tora-Rolle – meist zur Verherrlichung Gottes mit Kultgegenständen geschmückt – im Tora-Schrein der Synagoge.

Die Tora wurde bereits in der Spätantike als präexistent und göttliches Instrument für die Schöpfung der Welt verstanden. Sie wurde nach der Tradition dem Mose am Sinai von Gott diktiert und zwar in jener Sprache, in der er bereits die Welt geschaffen hatte, Hebräisch. Daher wird das Hebräische als „Heilige Sprache" definiert. Ungefähr ab dem Jahr 200 unserer Zeitrechnung war das Hebräische keine Alltagssprache mehr, sondern wurde vor allem in der Liturgie verwendet, später auch in wissenschaftlichen Kontexten, noch später auch in der Poesie.

(ohne Abbildung)

Literatur

Renate Meissner, Schreibgerät und Schreibkultur im Judentum, in: Christian Gastgeber/Hermann Harrauer (Hg.), Vom Griffel zum Kultgerät. 3000 Jahre Geschichte des Schreibgeräts (Nilus. Studien zur Kultur Ägyptens und des Vorderen Orients 6), Wien 2001, 65-84.

Ludwig Blau, Das Schreiben der Sefer Thora, in: Soncino-Blätter. Beiträge zur Kunde des jüdischen Buches, Berlin 1925-26.

Torah Scroll

Southern Germany (?), around 1400
Manuscript on parchment
Height: 24 ½ in
Museum of the Bible, Washington, DC, GC.SCR.001181

The holiest liturgical object of Judaism is the Torah, the five books of Moses. For the reading in the synagogue, the Torah is used in the form of a scroll according to ancient custom. The bound book made of sheets had been introduced only in the 4th century. A specially trained Torah scribe copies the Torah Scroll on parchment pages which are then sown together. The text consists of 248 columns of 42 lines each.

The demands on Torah scribes are extraordinary. The quills–in Europe utilizing goose feathers–and the ink are made by the scribe according to meticulous guidelines. He must expose himself to a daily cleansing ritual, he must copy each letter, and he may not write anything by heart. Before writing down the name of God, he says a prescribed prayer. Since the Torah scroll may not be touched by the "bare" hand, the scribe rests his writing hand on a prayer shawl while working. When reading during the worship service, the textual lines are tracked by a Torah pointer. The Torah scroll is kept in the synagogue's Torah shrine, often adorned with iconic objects for the glorification of God.

Since late antiquity, the Torah has been understood to be a preexistent and divine instrument for the creation of the world. According to tradition, it had been dictated to Moses at Sinai by God in Hebrew, the same language in which he had already created the world. That is why Hebrew is defined as the "Holy Language." Approximately from 200 CE onwards, Hebrew was no longer an everyday language, but was primarily used for liturgical purposes; then later in scientific contexts, and even later also for poetry.

(without illustration)

Literature

Blau, Ludwig. "Das Schreiben der Sefer Thora." In: *Soncino-Blätter*. Beiträge zur Kunde des jüdischen Buches 1. Berlin, 1925-1926.

Meissner, Renate. "Schreibgerät und Schreibkultur im Judentum." Pages 65-84 in *Vom Griffel zum Kultgerät. 3000 Jahre Geschichte des Schreibgeräts.* Edited by Christian Gastgeber and Hermann Harrauer. Nilus. Studien zur Kultur Ägyptens und des Vorderen Orients 6. Vienna, 2001.

Siddur

Deutschland 1300-1400
Handschrift auf Pergament
H: 16,5, B: 11,3 cm
Gross Family Collection, Tel Aviv, GR. 012.002 (aufgeschlagen: p. 66/67)

Das Gebetbuch ist mit Initialwortdekorationen ornamentiert. Es ist nicht vollständig, fehlen doch aus ungeklärtem Grund die Anfangs- und Endseiten. Neben den Gebeten zu Simchat Tora, dem Fest der Tora-Freude, an dem der letzte und der erste Abschnitt der Tora im Jahreszyklus gelesen wird, stehen die Besitzernamen Schmuel Sohn des David und Mosche Sohn des Schmuel, Vater und Sohn. Vermutlich war ihnen die Ehre zuteil geworden, das Ende respektive den Anfang der Tora an dem Festtag zu lesen.

Siddur

Germany, 1300-1400
Manuscript on parchment
Height: 6 ½, width: 4 ½ in
Gross Family Collection, Tel Aviv, GR. 012.002 (opened at: p. 66/67)

The prayer-book is ornamented with decorated initial words. It is not complete since the beginning and ending pages are missing for unaccounted reasons. Listed next to the prayers for Simchat Torah, the feast of "Rejoicing with the Torah" during which the last and the first sections of the Torah are read in an annual cycle, are the names Schmuel son of David and Mosche son of Schmuel, father and son. Perhaps they received the honor of reading respectively the end and the beginning of the Torah during the feast.

Machsor – Hebräisches Gebetbuch

Esslingen 1290
Handschrift auf Pergament
Schreiber: Kalonymos ben Judah
H: 48, B: 37 cm
Bibliotheca Rosenthaliana, Amsterdam, Hs. Ros. 609
(aufgeschlagen: fol. 42v)

Der Machsor ist ein Gebetbuch. Es enthält die Gebete für die jüdischen Jahresfeiertage, die sieben besonderen Schabbat-Tage sowie liturgische Gedichte. Der nach seinem baden-württembergischen Herstellungsort benannte Esslingen Machsor gehört zu einer Reihe von Monumental-Gebetbüchern, wie sie in dieser Zeit auch in christlichen Kontexten zu finden sind. Die aufgeschlagene Seite zeigt eine in der Gotik von Juden ebenso wie von Christen verwendete Drachenornamentik.

Der vorliegende Machsor ist für die Feiertage Jom Kippur, das Versöhnungsfest und Sukkot, das Laubhüttenfest. Der erste Teil des zweibändigen Gebetbuchs befindet sich heute im Jewish Theological Seminary in New York (MS.MIC. 9344). Die monumentale Größe des Machsors und seine exquisite Ausstattung weisen darauf hin, dass er nicht für einen Privaten sondern für den gemeinschaftlichen Gebrauch bestimmt war. Außergewöhnlich ist auch, dass der Schreiber das Enddatum der Abschrift, den 28. Tewet 5050, das entspricht dem 12. Januar 1290, und seinen Namen im Kolophon genannt hat, Kalonymos ben Judah. Er muss nicht unbedingt ein Mitglied der jüdischen Gemeinde Esslingen gewesen sein, die erstmals 1241/42 urkundlich erwähnt wird und während des Pestpogroms 1348 vernichtet wurde. Talentierte Kalligraphen und Illustratoren wurden vielfach auch von Gemeinden für luxuriöse Schreibarbeiten eingeladen. Allerdings scheinen in Esslingen noch weitere exklusive hebräische Gebetbücher geschrieben worden zu sein.

Literatur

Evelyn M. Cohen/Emile G. L. Schrijver, The Esslingen Mahzor. A Description of the „New Amsterdam" and „Old Amsterdam" Volumes, in: Studia Rosenthaliana 25 (1991), 51-82 (with a full bibliography on the Esslingen Machzor, 55, note 2).

Albert van der Heide/Edward van Voolen (eds.), The Amsterdam Mahzor: History, Liturgy, and Illumination, Leiden 1989.

Ursula und Kurt Schubert, Jüdische Buchkunst, 2 Bde., I (Buchkunst im Wandel der Zeiten Bd. 3/I), Graz 1983.

Gabrielle Sed-Rajna, Le Mahzor Enluminé. Les voies de formation d'un programme iconographique, Leiden 1983.

Machsor (Hebrew prayer book)

Esslingen, 1290
Manuscript on parchment
Scribe: Kalonymos ben Judah
Height: 40, width: 25 ½ in
Bibliotheca Rosenthaliana, Amsterdam, Hs. Ros. 609
(opened at: fol. 42v)

The *machsor* is a prayer book. It contains prayers for the Jewish annual holidays, prayers for the seven exceptional days of Shabbat, and liturgical poems. The Esslingen Machsor, named after its place of creation in Baden-Württemberg, belongs to a series of monumental prayer books that can also be found in Christian contexts of this time. The opened page shows a dragon ornamentation utilized during the Gothic period by Jews as well as Christians.

The *machsor* presented here is used for the holidays of Yom Kippur (the Day of Atonement) and Sukkot (the Feast of Tabernacles). The first part of the two-volume prayer book is now located at the Jewish Theological Seminary in New York (MS.MIC. 9344). The monumental size of this *machsor* and its exquisite decoration indicate that it was not designated for private use, but for communal devotion. Extraordinarily, the scribe mentioned not only the date of finishing the copy, the 28th Tewet, 5050–which corresponds to the 12th of January, 1290–but also his name in the colophon, Kalonymos ben Judah. He was not necessarily a member of the Jewish congregation of Esslingen, which is officially mentioned for the first time in 1241/42, and which was destroyed in a pogrom during the Black Death plague of 1348. Talented calligraphers and illustrators had been invited frequently by congregations for extravagant writing assignments. Nevertheless, more exclusive Hebrew prayer books may have been written in Esslingen.

Literature

Cohen, Evelyn M. and Emile G. L. Schrijver. "The Esslingen Mahzor: A Description of the 'New Amsterdam' and 'Old Amsterdam' Volumes." Pages 51-82 in *Studia Rosenthaliana* 25 (1991). Includes a full bibliography on the Esslingen Machzor, p. 55, note 2.

Schubert, Kurt and Ursula. *Jüdische Buchkunst. 2* Vols. Buchkunst im Wandel der Zeiten 3/1. Graz: Akademische Druck- und Verlagsanstalt, 1983.

Sed-Rajna. *Le Mahzor Enluminé. Les voies de formation d'un programme iconographique*. Leiden: E.J. Brill, 1983.

van der Heide, Albert and Edward van Voolen, eds. *The Amsterdam Mahzor: History, Liturgy, and Illumination.* Leiden: E.J. Brill, 1989.

מיכא מימין מ

מהלל׳׳

וגבריא משמאל

ממלל׳׳

בשמים אין כאל ובארץ

מי כעמך ישראל׳׳

אראלי הוד

פרצחים הלולו

ב רתת וזיע מפארים סילסולו׳

ג שים ובאים בשטן פלולו

שרפים עומדים ממעל לו׳׳

מיכא

Kerzenhalter

Deutschland Mitte bis 2. Hälfte 12. Jh.
Kupferlegierung, gegossen, ziseliert
H: 14,2, L: 11,6 cm
Germanisches Nationalmuseum, Nürnberg, HG1904

Im Hohen Mittelalter bevölkerten Fabel- und mythologische Mischwesen wie Drachen Handschriften, Kirchen und Haushalte. So wird dieser Kerzenhalter von einem drachenähnlichen Wesen getragen. Er wird wohl aus einem christlichen Verwendungszusammenhang stammen, ebenso gut jedoch könnte es auch ein nichtchristlicher sein.

Candleholder

Germany, mid- to late 12th century
Copper alloy, cast, engraved
Height: 5 ½, length: 4 ½ in
Germanisches Nationalmuseum [Germanic National Museum], Nürnberg, HG1904

In the High Middle Ages, manuscripts, churches, and homes were populated with fabulous and mythological creatures, such as dragons. This candleholder is carried by a dragon-like creature. While it probably originated from a Christian context, it might have just as well been from a non-Christian one.

Kerzenhalter

Nürnberg 1. Hälfte 15. Jh.
Kupferlegierung, gegossen, ziseliert
H: 12,3, L: 15,4 cm
Germanisches Nationalmuseum, Nürnberg, HG3498

Der Drachenmythos findet sich bereits in biblischen Erzählungen. In der mittelalterlichen Ikonografie symbolisiert der Drache das Böse schlechthin und steht für den Teufel. So ist die Hölle oft als Drachenschlund dargestellt. In der Literatur wird der Kampf gegen den Drachen zu einem beliebten Motiv. Heldenhafte Drachentöter sind Ritter, Heilige oder Engel.

Candleholder

Nuremberg, first half of the 15th century
Copper alloy, cast, engraved
Height: 5, length: 6 in
Germanisches Nationalmuseum [Germanic National Museum], Nürnberg, HG3498

The dragon motif is also found in biblical accounts. In medieval iconography, the dragon symbolizes evil as such, and stands for the devil. Accordingly, hell is often depicted as a dragon's throat. Battling the dragon became a popular motif in literature. Heroic dragon-slayers are knights, saints, or angels.

Konsole mit Drache von der St. Sebalduskirche in Nürnberg

Nürnberg um 1250
Sandstein
H: 34, B: 39, T: 22 cm
Germanisches Nationalmuseum, Nürnberg, A2919
Leihgabe der Evang.-Luth. Kirchengemeinde Nürnberg – St. Sebald

Im christlichen wie im jüdischen Volksglauben waren Abwehrzeichen gegen verschiedenste Übel weit verbreitet. Daher kann die Verwendung von Drachenmotiven in Handschriften, an kunsthandwerklichen Objekten und Bauteilen im Mittelalter auch als apotropäische Maßnahme zur Abwehr des Bösen verstanden werden.

Cantilever with Dragon from the St. Sebaldus Church in Nuremberg

Nuremberg, around 1250
Sandstone
Height: 13 ½, width: 15 ¼, depth: 8 ½ in
Germanisches Nationalmuseum [Germanic National Museum], Nürnberg, A2919
On loan from the Lutheran congregation, Nuremberg St. Sebald

In Christian as well as Jewish popular belief, defensive emblems against various evils were widespread. Thus, the application of dragon motifs in manuscripts, on handcrafted objects and structural components in the Middle Ages can also be understood as apotropaic measures for safeguarding against evil.

Kästchen mit reliefierter lederner Oberfläche

Österreich um 1400
Leder, getrieben, geschnitten, genäht; Holzkern, Schmiedeeisen
H: 16, B: 25, T: 13 cm
Germanisches Nationalmuseum, Nürnberg, HG292

Wie in vielen mittelalterlichen Handschriften tummeln sich auch auf diesem Kästchen verschiedene Tiere und Fabelwesen. Neben fantastischen Vögeln und einem Drachen sieht man auch ein von einem Hund gejagtes Einhorn. In der christlichen Ikonographie verweist dieses Motiv auf die Passion Jesu, in der jüdischen auf die jüdische Verfolgungsgeschichte.

Literatur

Regina Deckers, Der Drache in Mythologie und Kunst, in: Monster. Fantastische Bilderwelten zwischen Grauen und Komik, Nürnberg 2015, 61-85.

Ursula Mende, Die mittelalterlichen Bronzen im Germanischen Nationalmuseum. Bestandskatalog, Nürnberg 2013.

Frank Matthias Kammel, Bauskulptur, in: Mittelalter. Kunst und Kultur von der Spätantike bis zum 15. Jahrhundert (Die Schausammlungen des Germanischen Nationalmuseums Bd. 2), Nürnberg 2007.

Marc Michael Epstein, Dreams of Subversion in Medieval Jewish Art and Literature, University Park, PA 1997.

Small box with leather surface in relief

Austria, around 1400
Leather, molded, cut, sown; wooden core, wrought iron
Height: 6 ¼, width: 10, depth: 5 in
Germanisches Nationalmuseum [Germanic National Museum], Nürnberg, HG292

As in many medieval manuscripts, various animals and fabulous creatures are also bustling on this small box. Next to fantastic birds and a dragon, a unicorn is seen being chased by a dog. In Christian iconography, this motif conveys the passion of Jesus; in Jewish iconography it expresses Jewish persecution history.

Literature

Deckers, Regina. "Der Drache in Mythologie und Kunst." In *Monster: Fantastische Bilderwelten zwischen Grauen und Komik.* Ausstellungskat. Germanisches Nationalmuseum. Edited by Peggy Grosse, G. Ulrich Grossmann, and Johannes Pommeranz. Nürnberg: Germanisches Nationalmuseum, 2015.

Epstein, Marc Michael. *Dreams of Subversion in Medieval Jewish Art and Literature*. University Park, PA: Penn State University Press, 1997.

Kammel, Frank Matthias. "Bauskulptur." In *Mittelalter. Kunst und Kultur von der Spätantike bis zum 15. Jahrhundert.* Die Schausammlungen des Germanischen Nationalmuseums 2. Nürnberg: Germanisches Nationalmuseum, 2007.

Mende, Ursula. *Die mittelalterlichen Bronzen im Germanischen Nationalmuseum.* Bestandskatalog. Nürnberg: Germanisches Nationalmuseum, 2013.

Im Schatten der Herrschaft ...

Seit der Antike hatten die römischen Kaiser und in der Nachfolge die römisch-deutschen Könige und Kaiser das Hoheitsrecht über die Juden, das sie vielfach an Reichsstädte und -fürsten sowie an Bischöfe delegierten. Ihren Schutz mussten die Juden sich von der jeweiligen Obrigkeit durch eine Reihe von Sonderabgaben erkaufen. Städte wie Ulm erkauften sich vom Kaiser das Recht, ihre Juden je nach Ermessen vertreiben zu dürfen. Trotz der restriktiven Rechtssituation und immer wiederkehrender Verfolgungen erlebte die jüdische Kultur im Mittelalter auch immer wieder geistige Blütezeiten. Die christliche Gesellschaft wiederum interessierte sich für jüdische Geschichte und die Grundlagen ihrer Religion.

In the shadow of sovereignty ...

Since antiquity, the Roman emperor and the successive Roman-German kings and emperors had sovereign right over the Jews, which they often delegated to imperial cities and rulers as well as to bishops. Jews had to purchase their protection from the respective authorities through a series of special levies. Cities like Ulm purchased from the emperor the right to expel their Jews according to the city's discretion. In spite of the restrictive legal environment and the ever recurring persecutions, Jewish medieval culture also lived through periodic intellectual surges. Christian society, in turn, continued to embrace its interest in Jewish history and in the foundations of the Jewish religion.

Flavii Josephi historiarum antiquitatis Judaicae libri XX; eiusdem de Judaico bello libri VII

Josephus Flavius (Jüdische Altertümer XX; Geschichte des jüdischen Krieges VII)
Scheyern 1225-1240
Handschrift auf Pergament
Bayerische Staatsbibliothek, München, Clm. 17404
(aufgeschlagen: fol. 203v)

Der jüdische Historiograph Josephus Flavius schuf im ersten nachchristlichen Jahrhundert mit den „Jüdischen Altertümern" und der „Geschichte des jüdischen Krieges" Meisterwerke der hellenistischen Geschichtsschreibung. Sie sind wichtige Quellen für die Geschichte des nachbiblischen Judentums. Dass sie bereits im hohen Mittelalter rezipiert wurden, zeugt vom Interesse christlicher Gelehrter an der jüdischen Geschichte. Das hier unter der Belagerung von Jerusalem abgebildete Glücksrad symbolisiert den Wechsel des Glücks und aller menschlicher Dinge.

Josephus Flavius wurde 37/38 d.Z. in Jerusalem geboren, wo er eine profunde jüdische und griechische Ausbildung erhielt. Bei Ausbruch des jüdischen Krieges im Jahr 66 wurde er zum Kommandanten Galiläas ernannt, lief jedoch zum römischen Feind über. Zu Ehren Kaiser Vespasians, der ihn in Rom als Hofgeschichtsschreiber einsetzte, nahm Josephus dessen Beinamen Flavius an. Als unmittelbarer Augenzeuge des jüdischen Krieges war es seine erste Aufgabe, diesen schriftlich festzuhalten. Ziel des Werkes war ein propagandistisches: Es sollte einerseits die besiegten Völker im römischen Reich vor aufständischen Bestrebungen warnen, andererseits durch geschönte Darstellungen einzelner Militär-Aktionen die Römer als human darstellen.

Nach der Auftragsarbeit über den „Jüdischen Krieg" schrieb Josephus die „Jüdischen Altertümer". Auch dies war ein Geschichtswerk, basierte jedoch weniger auf Erfahrung und römischen militärischen Quellen, als auf der hebräischen Bibel und verschiedensten Erzählwerken. Josephus verfasste die Antiquitates aus apologetischen Gründen. Er wollte sowohl seine nicht-jüdische Umwelt über die Geschichte und das Wesen des Judentums aufklären, als auch das historische Alter der jüdischen Kultur und Religion beweisen. Noch in der Spätantike wurde Josephus' Werk ins Lateinische übertragen. Jüdischerseits wurde Josephus allerdings bis ins späte Mittelalter als Verräter und Abtrünniger abgelehnt.

Literatur

Louis Feldman (trans.)/Steve Mason (ed.), Flavius Josephus. Translation and Commentrary: Judean Antiquities 1-4, Leiden 1999.

Jack Pastor/Pnina Stern/Menahem Mor (eds.), Flavius Josephus: Interpretation and History, Leiden 2011.

Flavii Josephi historiarum antiquitatis Judaicae libri XX; eiusdem de Judaico bello libri VII

Flavius Josephus (Antiquities of the Jews XX; History of the Jewish War VII)
Scheyern, 1225-1240
Manuscript on parchment
Bayerische Staatsbibliothek [Bavarian State Library], München, Clm. 17404
(opened at: fol. 203v)

The Jewish historian, Flavius Josephus, created masterpieces of Hellenistic historiography with his works *Antiquities of the Jews* and *History of Jewish Wars*. They constitute important sources for the history of post-biblical Judaism. Being espoused already during the High Middle Ages, they attest to Christian scholars' interest in Jewish history. The wheel of fortune depicted here below the siege of Jerusalem symbolizes the changeability of fortune and all things human.

Flavius Josephus was born around 37/38 CE in Jerusalem, where he received an in-depth Jewish and Greek education. At the outbreak of the Jewish War in 66 CE, he was appointed a commander of the Galilean forces, but eventually deserted to the Roman enemy. In honor of the emperor Vespasian, who employed him in Rome as a court historian, Josephus adopted the surname Flavius. As an immediate witness to the Jewish War, it was his first duty to record it in writing. The work's objective was propagandistic: on the one hand, it was supposed to warn the besieged nations in the Roman Empire about insurgent intentions; on the other hand, to show Romans being humane by embellished depictions of several military actions.

After completing the commissioned work on the *Jewish War,* Josephus wrote *Antiquities of the Jews.* This too was a historical work, although it was based less on experience and Roman military sources than on the Hebrew Bible and various ancient epics. Josephus composed the *Antiquities* for apologetic reasons. While intending to enlighten his non-Jewish circles about the history and the essence of Judaism, he also aspired to substantiate the historical magnitude of the Jewish culture and religion. Throughout late antiquity, Josephus' work was translated into Latin. Judaism, however, rejected Josephus as a traitor and apostate until the Late Middle Ages.

Literature

Feldman, Louis and Steve Mason. *Flavius Josephus*. Leiden: E.J. Brill, 1999.

Pastor, Jack, Pnina Stern, and Menachem Mor, eds. *Flavius Josephus: Interpretation and History*. Leiden: E.J. Brill, 2011.

Codex Manesse

Zürich 1. Hälfte 14. Jh.
Handschrift auf Pergament (Faksimile)
H: 35,5, B: 25 cm
Universitätsbibliothek Heidelberg, Cod. Pal. Germ. 848
(aufgeschlagen: fol. 355r)

Der auch Manessische Liederhandschrift genannte Codex ist die berühmteste mittelalterliche Liederhandschrift. Ihr Grundstock entstand um das Jahr 1300. Die aufgeschlagene Seite zeigt den Spruchdichter Süßkind von Trimberg, der an seiner Huttracht als Jude erkennbar ist. Die Frage, ob die Darstellung Süßkinds, der seine Dichtung vor einem Würdenträger mit Bischofsstab vorträgt, als frühes Beispiel für einen kulturell übergreifenden, christlich-jüdischen Dialog interpretiert werden kann, wird kontrovers diskutiert.

Über Süßkinds Biografie ist nichts bekannt. Sein Beiname legt nahe, dass er aus dem unterfänkischen Trimberg bei Bad Kissingen stammte. Die Auflösung der dargestellten Szene ist nicht einfach. Peter Wapnewski schlug vor, sie nicht als höfischen Lied-Vortrag sondern als Darstellung der Klage eines Christen gegen einen Juden zu lesen, wobei der Bischof der zuständige Rechtsherr sei. Er hielt fest, dass „der Maler den Juden in den Frieden einer sich durch Recht und Gerechtigkeit ideal bestimmenden Ordnung (stellt). Und gibt ihm durch Stellung, Haltung und Kleidung den Rang der Gleichberechtigung. Gibt ihm die Ehre."

In der Manessischen Liederhandschrift sind zwölf Sangstücke von Süßkind von Trimberg enthalten. Thematisch folgen sie der Spruchdichtung der Zeit. Es geht um Tugenden, Weise und Tore, um Frauen, Armut und Vergänglichkeit, aber natürlich auch um den „hochgelopten Got".

Literatur

Lothar Voetz, Codex Manesse. Die berühmteste Liederhandschrift des Mittelalters, Darmstadt 2015.

Maria Effinger/Carla Meyer et al. (Hg.), Der Codex Manesse und die Entdeckung der Liebe (Schriften der Universitätsbibliothek Heidelberg 11), Heidelberg 2010.

Walter Salmen, „... denn die Fiedel macht das Fest." Jüdische Musikanten und Tänzer vom 13. bis zum 20. Jahrhundert, Innsbruck 1991.

Peter Wapnewski über die Miniatur des Süezkint im Codex Manesse, in: ZEITmagazin 35, 1988.

Josef Kastein, Süsskind von Trimberg oder Die Tragödie der Heimatlosigkeit, Jerusalem 1934.

Codex Manesse

Zurich, first half of the 14th century
Manuscript on parchment, facsimile
Height: 14, width: 10 in
Universitätsbibliothek [University Library] Heidelberg,
Cod. Pal. Germ. 848 (opened at: fol. 355r)

This codex, also known as the Manesse Songbook, is the most famous medieval manuscript of songs. Its nucleus emerged around 1300. The opened page shows the gnomic poet Süßkind von Trimberg, recognizable as a Jew by his traditional hat. It is debated whether Süßkind's depiction–presenting his poetry before a dignitary with a bishop's staff–can be interpreted as an early example of a culturally expansive Christian-Jewish dialogue.

Nothing is known about Süßkind's biography. His surname implies that he came from the Lower Franconian town of Trimberg, close to Bad Kissingen. Interpreting the scene shown is not simple. Peter Wapnewski suggested that it illustrates not simply a courtly performance of a song, but a Christian's grievance against a Jew during which the bishop presides as the legal authority. He maintained that "the painter places the Jew into a peaceful order, ideally regulated by law and justice, while giving him the status of equal rights through position, posture, and attire."

The Manesse Songbook contains twelve songs by Süßkind von Trimberg. Thematically, they follow the gnomic poetry tradition of its time by the treatment of virtues, of the wise and the foolish, of women, poverty, and transience, and naturally also of the "highly praised God."

Literature

Effinger, Maria, Carla Meyer, Christian Schneider, et al., eds. *The Codex Manesse and the Discovery of Love. An exhibition of the University Library of Heidelberg, the Institute for Franconian-Palatine History and Regional Studies, as well as the Germanistic Seminar of the University of Heidelberg for the Institution's 625th Anniversary*. Schriften der Universitätsbibliothek Heidelberg 11. Heidelberg, 2010.

Kastein, Josef. *Süsskind von Trimberg oder Die Tragödie der Heimatlosigkeit*. Jerusalem: The Palestine Publishing Company, 1934.

Salmen, Walter. *„... denn die Fiedel macht das Fest." Jüdische Musikanten und Tänzer vom 13. bis zum 20. Jahrhundert*. Innsbruck: Helbling, 1991.

Voetz, Lothar. *Codex Manesse. Die berühmteste Liederhandschrift des Mittelalters*. Darmstadt: Lambert Schneider, 2015.

Wapnewski, Peter. "Über die Miniatur des Süezkint im Codex Manesse." In *ZEITmagazin* 35, 1988.

Süskint der Jude von Trimperg. C.

Mosche von Coucy
Sefer Mitzwot Gadol

Deutschland 1344
Handschrift auf Pergament
Schreiber: Chaim
H: 19,4, B: 26,4 cm
Österreichische Nationalbibliothek, Wien, Cod. Hebr. 34, Bd. I
(aufgeschlagen: fol. 20v)

Der jüdische Gelehrte Mosche von Coucy lebte in der ersten Hälfte des 13. Jahrhunderts in Frankreich. Berühmt wurde er mit dem hier vorliegendem „großen Buch der Gebote", das von den 613 in der Tora verankerten Geboten ausgeht. Die Leisten und Ranken mit professionell ornamentierten Tier- und Pflanzenmotiven in vorliegender Abschrift zeigen, dass religionsgesetzliche hebräische Handschriften ebenso repräsentativ gestaltet wurden wie christliche.

Mosche von Coucy war eine Autorität die Halacha betreffend. Als Halacha wird das jüdische Religionsgesetz bezeichnet. Dabei wird von Gesetzen und Verordnungen unterschieden, die in der Tora festgelegt sind und solchen, die sich erst später aufgrund von rabbinischen Diskussionen herauskristallisierten. Die Kodifizierung des Religionsgesetzes begann im frühen Mittelalter. Im Sefer Mitzwot Gadol hat Mosche ben Jakob aus Coucy den Rechtskorpus nach den 365 Verboten und 248 Geboten geordnet und gemäß dem Talmud und früheren Kommentatoren wie Maimonides und Raschi diskutiert. Zahlreiche Abschriften und ab 1480 Druckausgaben bezeugen die Popularität der Arbeit. Als eloquenter Redner, der nicht nur des Französischen und Hebräischen, sondern auch des Spanischen und Arabischen mächtig war, war Mosche von Coucy auch in Frankreich und in Spanien als Prediger beliebt. Er gehörte zu jenen vier rabbinischen Autoritäten, die 1240 in der öffentlichen Disputation von Paris den Talmud verteidigen mussten. Möglicherweise hing die Entstehung des Werkes mit der kirchlichen Verurteilung des Talmud zusammen.

Literatur

Ronald L. Eisenberg, Essential Figures in Jewish Scholarship, Lanham e.a. 2014 (unter: Moses ben Jacob of Coucy), 126-127.

Mendell Lewittes, The Nature and History of Jewish Law, New York 1966.

Arthur Zacharias Schwarz, Die hebräischen Handschriften der Nationalbibliothek in Wien, Wien-Prag-Leipzig 1925, Nr. 63.

Eliakim Carmoly, La France Israélite. Mémoire pour servir à l'histoire de notre littérature, Paris 1858.

Moshe [Moses Ben Jacob] of Coucy
Sefer Mitzvot Gadol

Germany, 1344
Manuscript on parchment
Scribe: Chaim
Height: 7 ½, width: 10 ½ in
Österreichische Nationalbibliothek [Austrian National Library], Wien,
Cod. Hebr. 34, vol. I (opened at: fol. 20v)

The Jewish scholar, Moshe of Coucy, lived during the first half of the 13th century in France. He became famous with the *Great Book of Commandments* presented here, which is based on the Torah's 613 commandments. This copy's margins and borders–ornamented professionally with animal and plant imagery–show that Hebrew manuscripts of religious law exhibit representative designs equal to those of Christian manuscripts.

Moshe of Coucy was an authority on *halakha*, which designates Jewish religious law. This is distinguished from the laws and decrees specified in the Torah, and from those which emerged from rabbinical discussions. The codification of religious law began in the Early Middle Ages. In the *Sefer Mitzvot Gadol*, Moshe ben Jacob of Coucy arranged the body of law according to the 365 prohibitions and the 248 commandments of the Torah, and he discussed them according to the Talmud and earlier commentators such as Maimonides and Rashi. An eloquent orator–in command not only of the French and Hebrew, but also of Spanish and Arabic–Moshe of Coucy was popular as a preacher in France and Spain. He was one of the four rabbinical authorities who, in 1240, had to defend the Talmud in a public disputation in Paris. The writing of this work is possibly associated with the condemnation of the Talmud by the church.

Literature

Carmoly, Eliakim. *La France Israélite. Mémoire pour servir à l'histoire de notre littérature*. Paris, 1858.

Eisenberg, Ronald L. "Moses ben Jacob of Coucy." Pages 126-127 in *Essential Figures in Jewish Scholarship*. Lanham, MD: Jason Aronson, 2014.

Lewittes, Mendell. *The Nature and History of Jewish Law*. New York: Yeshiva University, 1966.

Schwarz, Arthur Zacharias. *Die hebräischen Handschriften der Nationalbibliothek in Wien*. No. 63. Wien/Prag/Leipzig: Strache, 1925.

המצוה הראשונה שלא

לעלות בבית השבח שיש שם ׃
אלוה זולתו ית׳ שנ׳ לא יהיה לך
אלהים אחרים על פני ותניא ׃
במכילתין לפי שנ׳ לא תעשה
לך פסל וכל תמונה העשוי ׃
כבר מנין שלא יקיים ת״ל לא
יהיה לך ואין מקרא יוצא ׃
מידי פשוטו ומלשון על פני
דורש שאסור לשהות שם
שמים ודבר אחר וזה מה
שאומ׳ שם אין מקרא יוצא
מידי פשוטו ובספר מיתות
שאומ׳ שם שכל המשתף שם
שמים ודבר אחר נעקר מן
העולם שנ׳ בלתי ליי׳ לבדו ׃

והוא קר׳ בא לעונש וזה לאו׳
לאזהרה ״ ואומ׳ רבנו יעקב
שבויה שבתו׳ רבינו בית׳ ובק׳
חרב ליי׳ ולגרשן אין זה שהיה
לאלהות ואדנות ׃

ג שלא להלל ׃׃
את השם ׃
ברכתי׳ ולא תחללו את שם קדשי
ואר׳ במ׳ יומא פ׳ אחרון עבר על
מצות עשה ועשה תשובה
אינו זז עד שמוחלין לו מיד
שנ׳ שובו בנים שובבים ארפא
משובותיכם עבר אדם על
מצות לא תעשה ועשה תשו׳
תשובה תולה ויום הכפורים

Theologische Sammelhandschrift

Deutschland oder Österreich 14. Jh.
Handschrift auf Pergament
Schreiber: Schalom
H: 37,7, B: 27,5 cm
Österreichische Nationalbibliothek, Wien, Cod. Hebr. 12 (aufgeschlagen: 281v/282r)

In der zweiten Hälfte des 13. Jahrhunderts verfasste Isaak ben Joseph von Corbeil eine Kürzung von Mosche Coucys monumentalem Werk. Als Sefer Mitzwot Katan, „kleines Buch der Gebote" erfreute es sich in Aschkenas wegen seiner einfacheren Handhabung großer Beliebtheit und ging auch in diese Sammelhandschrift ein. Die Initialen des Manuskripts zeigen eine weitgehende Anlehnung an gotische Schriftformen.

Das Sefer Mitzwot Katan ist in sieben Abschnitte eingeteilt, so dass es in einer Woche gelesen werden kann. Dementsprechend wurde es insbesondere in Frankreich vielfach in hebräische Gebetbücher integriert und anstelle anderer Gebetszusätze gelesen. Die Verbote und Gebote wurden je mit ihrem wesentlichsten religionsgesetzlichen Hintergrund zusammengefasst und sparten die langen Diskussionen des Sefer Mitwot Gadol aus. Das Werk, das auch erzählerische und ethische Inhalte aufweist, wurde auch in Deutschland schnell beliebt und vielfach kommentiert. Die vorliegende Abschrift enthält die Zusätze des Mosche von Zürich, der in der Mitte des 14. Jahrhunderts in Zürich lebte. Im Zusammenhang mit der Pest wurden die Juden in Zürich 1349 als angebliche Brunnenvergifter verbrannt, ihre Besitztümer von der Stadt konfisziert. Ob auch Mosche ein Opfer des Pogroms war, ist nicht geklärt.

Literatur

Ronald L. Eisenberg, Essential Figures in Jewish Scholarship, Lanham et al. 2014 (unter: Isaac ben Joseph of Corbeil), 95-96.

Joseph Shatzmiller, Cultural Exchange: Jews, Christians, and Art in the Medieval Marketplace, Princeton, NJ 2013.

Colette Sirat, Hebrew Manuscripts of the Middle Ages, Cambridge et al. 2002.

Mendell Lewittes, The Nature and History of Jewish Law, New York 1966.

Arthur Zacharias Schwarz, Die hebräischen Handschriften der Nationalbibliothek in Wien, Wien-Prag-Leipzig 1925, Nr. 20.

Eliakim Carmoly, La France Israélite. Mémoire pour servir à l'histoire de notre littérature, Paris 1858.

Theological manuscript compendium

Germany or Austria, 14th century
Manuscript on parchment
Scribe: Shalom
Height: 14 ¾, width: 11 in
Österreichische Nationalbibliothek [Austrian National Library], Wien, Cod. Hebr. 12 (opened at: 281v/282r)

During the second half of the 13th century, Isaac ben Joseph of Corbeil composed an abridgment of Moshe of Coucy's monumental work. The *Sefer Mitzvot Katan* or the *Little Book of Commandments,* was enjoying great popularity in the Ashkenazi region for its more convenient handling, and it was also incorporated into this manuscript compendium. The initials of the manuscript indicate an imitation of Gothic written form.

The *Sefer Mitzvot Katan* is arranged in seven sections so that it can be read within a week. Accordingly, it has been incorporated in many Hebrew prayer books, especially in France, and read instead of other supplemental prayer arrangements. The prohibitions and commandments were summarized with their respective backgrounds in basic religious law, omitting the lengthy discussions of the *Sefer Mitzvot Gadol*. The work, which also exhibits narrative and ethical contents, quickly became popular in Germany where it received numerous commentaries. The copy displayed contains supplements by Moshe of Zürich, who lived in Zurich during the middle of the 14th century. Associated with the Black Death in 1349 as alleged well-poisoners, Jews were burnt to death and their possessions confiscated by the city of Zurich. Whether or not Moshe was also a victim of this pogrom is unknown.

Literature

Carmoly, Eliakim. *La France Israélite. Mémoire pour servir à l'histoire de notre littérature*. Paris, 1858.

Eisenberg, Ronald L. "Isaac ben Joseph of Corbeil." Pages 95-96 in *Essential Figures in Jewish Scholarship*. Lanham, MD: Jason Aronson.

Lewittes, Mendell. *The Nature and History of Jewish Law*. New York: Yeshiva University, 1966.

Schwarz, Arthur Zacharias. *Die hebräischen Handschriften der Nationalbibliothek in Wien*. No. 20. Wien/Prag/Leipzig: Strache, 1925.

Shatzmiller, Joseph. *Cultural Exchange: Jews, Christians, and Art in the Medieval Marketplace*. Princeton: Princeton University Press, 2013.

Sirat, Colette. *Hebrew Manuscripts of the Middle Ages*. Cambridge et al.: Cambridge University Press, 2002.

לגרש את האשה דכתי׳ כי מצא בה ערות דבר וכתב לה ספר כריתות ונתן בידה. ערות דבר כגון עוברת על דת משה מאכילתו דבר שאינו מעושר ומשמשתו נדה ולא קוצה לו חלה ונודרת ואינה מקיימת ומי עוברת על דת יהודית שיוצאה וראשה פרוע ואפילו קלתה על ראשה אם יוצאה לרה׳ ולדרך סבב׳ שיתורי׳ ודרוסלין במקום קלתה אבל מחצר לחצר דרך מבוי שרי ושוה ודרך כבגד פניה פרח שיכירה צמיר אדום על פניה כדי שיפו׳ ארבומית על פניה ומשחקת עם הבחורים

ואם בתוספתא שצריכה התרא׳ להפסידה כתובתה ואם לא התרו בה יוציא ויתן כתובה ומתקנת רבי׳ גרשם ז״ל אינה יוצאה אלא יש עדים ברבר׳

ואם רם של׳ שלמידנו עי׳ עיקר גרושין מן התורה׳ ממקרא דהו והיה לא תמ׳ תמצא חן מלמד שאינ׳ מגרש אלא מדעתו ואם נתגרשה שלא מרצונה אינ׳ מגורשת אבל האשה מתגרשת לה שלא מרצונ׳ אבל יש שכופין אותו להוציא מוכה שחין

מטני

קטן שקידש אין בקידושיו כלום אף אם תגדל אם ידע ואין כאן משום יבו׳ כלל ואסור להתיחד עם אשתו בלא כת׳ בתובה׳

תני

ואם כתבתי כאן כמו שאמרו בכל שאר דינין שביבו׳ ויחוד

Plogus

Incipit p̄facio sc̄i Jeronimi presbiteri i p̄abola salomōis

C

Romacio et helyodoro epis: ieronimus. Iungat ep̄la quos iungit sacerdociū: ymmo carta non diuidat quos xp̄i nectit amor. Cōmentarios i osee. amos. zachariā malachiam. que poscitis scripsissem: si licuisset pre valitudie. Mittitis solacia sumptuū: notarios nr̄os et librarios sustētatis: vt vobis potissi

videlicet triū sa
luminū. Masl
brei parabolas
dicio p̄uerbia
qd' grece ecclesia
cōcionatorē po
Syrassirim: q
gua vertitur ca
tor. Fertur et p
ihesu filij syra
us pseudograp
encia salomon
Quor priorē et
peri: non eccles
pud latinos. s
notatū. Cū iu
siastes et cantic
vt similitudin
non solū libro
materiarū gen
Secundus ap
qui est: qa et ipe
eloquenciā ret

Altes und Neues …

Zu Beginn des zweiten nachchristlichen Jahrhunderts wurden die Bestandteile der jüdischen Bibel verbindlich festgelegt. Das Christentum übernahm die jüdische Bibel als Heilige Schrift und stellte ihr als „Altem Testament" sein „Neues Testament" voran. Bereits in vorchristlicher Zeit wurde die hebräische Bibel als „Septuaginta" ins Griechische übersetzt. Das „Neue Testament" wurde in Griechisch abgefasst. Mit dem Ende der Spätantike setzte sich die „Vulgata", die lateinische Übersetzung der Bibel, im westlichen Christentum durch. Bis zur Erfindung des Buchdrucks im 15. Jahrhundert waren die biblischen Handschriften faktisch nur dem Klerus und dem Adel zugänglich.

Old and new …

At the beginning of the second century CE, the components of the Jewish Bible were set and finalized. Christianity adopted the Jewish Bible as Holy Scripture, and added its own "New Testament" to the "Old Testament." The Hebrew Bible had already been translated into Greek as the Septuaginta during the pre-Christian era. The "New Testament" was written in Greek. At the end of late antiquity, the Vulgata – the Latin translation of the Bible – asserted itself throughout Western Christianity. Until the invention of book printing in the 15th century, biblical manuscripts were effectively accessible only to clergy and nobility.

Lateinische Bibel

Vermutlich Hattem 1420-1430
Handschrift auf Pergament
H: 31, B: 23 cm
Museum of the Bible, Washington, DC, GC.MS. 000159

Diese illuminierte Handschrift ist der einzige erhaltene Teil einer ursprünglich mehrbändigen lateinischen Bibel, die wohl im niederländischen Hattem geschrieben wurde. Hattem war ein Zentrum der religiösen Erneuerungsbewegung „Devotio moderna", der „neuen Frömmigkeit", die im 14. Jahrhundert entstand und als Vorbotin der Reformation verstanden werden kann. Sie bemühte sich unter anderem um eine Rekonstruktion der ersten lateinischen Bibelübersetzung vom Ende des 4. Jahrhunderts durch den Kirchenvater Hieronymus.

Die aus der Bewegung hervorgegangenen „Brüder und Schwestern vom gemeinsamen Leben" befassten sich nicht mit scholastisch-theologischen Fragen, sondern fokussierten auf die persönliche, mystische Versenkung in die Leiden Jesu und eine verinnerlichte Frömmigkeit. Das bedeutendste Werk, das die Devotio moderna hervorgebracht hat, ist das weitverbreitete Andachtsbuch des Thomas von Kempen „De imitatione Christi", „Die Nachfolge Christi" von 1418. Da die Devotio moderna dem Stellenwert der äußeren, rechtlich verfassten Kirche weniger Bedeutung beimaß als der individuellen, spirituellen Frömmigkeit, wurden ihre Anhänger auf dem Konzil von Konstanz (1414-1418) von den Dominikanern der Häresie beschuldigt. Zu einem Prozess kam es jedoch nicht.

Literatur

Bernard McGinn, The Varieties of Vernacular Mysticism, New York 2012.

Christoph Benke, Kleine Geschichte der christlichen Spiritualität, Freiburg et al. 2007.

Manfred Gerwing, Die sogenannte Devotio moderna, in: Ferdinand Seibt (Hg.), Jan Hus – Zwischen Zeiten, Völkern, Konfessionen (Veröffentlichungen des Collegium Carolinum 85), München 1997, 49–58.

Latin Bible

Probably Hattem, 1420–1430
Manuscript on parchment
Height: 12 ¼, width: 9 in
Museum of the Bible, Washington, DC, GC.MS. 000159

This illuminated manuscript is the only surviving part of a Latin Bible that was originally several volumes, and was most likely written in Hattem of the Netherlands. Hattem was a center for religious renewal movements. *Devotio moderna*–the *Modern Devotion*– originated in the 14th century, and can be understood as a harbinger of the Reformation. The various endeavors of the *Devotio moderna* included also the reconstruction of the first Latin Bible translation at the close of the 4th century by the church father Hieronymus (Jerome).

The *Brothers and Sisters of Common Life* did not occupy themselves with scholarly-theological questions, but focused rather on personal, mystical immersions into the sufferings of Jesus and an internalized piety. The widespread devotional book of 1418 by Thomas à Kempis–*De imitatione Christi* or *The Imitation of Christ*–is the most distinguished work which materialized from the *Devotio moderna*. Since the *Devotio moderna* attributed less importance to the outward, legally institutionalized church than to individual, spiritual piety, the Dominicans accused its followers of heresy at the Council of Constance (1414-1418). A trial, however, was never held.

Literature

Benke, Christoph. *Kleine Geschichte der christlichen Spiritualität*. Freiburg im Breisgau: Herder, 2007.

Gerwing, Manfred. "Die sogenannte Devotio moderna." Pages 49-58 in *Jan Hus – Zwischen Zeiten, Völkern, Konfessionen*. Edited by Ferdinand Seibt. Veröffentlichungen des Collegium Carolinum, 85. München: Oldenbourg, 1997.

McGinn, Bernard. *The Varieties of Vernacular Mysticism*. New York: Crossroad Publishing Company, 2012.

Prologus

Incipit pfacio sci ieronimi presbiteri i pabia salomois

Chromacio et helyodoro epis: ieronimus. Iungat epla quos iungit sacerdociu: ymmo carta non diuidat quos xpisti nectit amor. Comentarios i osee. amos. zachariam malachiam. que poscitis scripsissem: si licuisset pre valitudie. Mittitis solacia sumptuu: notarios nros et librarios sustentatis: vt vobis potissimu nrm desudet ingenium. Et ecce ex latere frequens turba diuersa poscencium: quasi equu sit me vobis esurientib alijs laborare: aut in racione dati et accepti cuiqm pter vos obnoxius sim. Itaq longa egrotacione fractus: ne penitus hoc anno reticerem. et apud vos mutus essem: tridui opus vro noi consecraui. interpretacionem videlicet triu salomonis voluminu. Masloth: quas hebrei parabolas. vulgata edicio pverbia vocat. Coeleth: qd grece ecclesiasten. latine cocionatore possumus dice. Syrassirim: qd in nra lingua vertitur canticu canticor. Fertur et panaretos ihesu filij syrach liber: et alius pseudographus qui sapiencia salomonis inscribitur. Quor priore et hebraicu repperi: non ecclesiasticu vt apud latinos. sz pabolas prenotatu. Cui iuncti erat ecclesiastes et canticu canticoru: vt similitudine salomonis non solu libror numo. sz etia materiaru genere coequaret. Secundus apud hebreos nusq est: qa et ipe stilus grecam eloquenciam redolet. Et nonnulli scriptor veteru. huc esse iudei philonis affirmant. Sicut ergo iudith et thobie et machabeor libros. legit quide eos ecclesia. sz inter canonicas scripturas no recip: sic et hec duo volumina legat ad edificacione plebis: non ad auctoritate ecclesiasticor dogmatu confirmanda. Si cui sane septuaginta intpretu magis edicio placet:

al. Misle

Sirhasirim

Spiegel menschlicher Behaltnuss

Deutsche Übersetzung des Speculum Humanae Salvationis
Süddeutschland, Regensburg (?) 1450 – 1460
Handschrift auf Pergament, illustriert
H: 37, B: 29,2 cm
Museum of the Bible, Washington, DC, GC.MS.000767

Das Speculum Humanae Salvationis, zu Deutsch Heilsspiegel, wurde Anfang des 14. Jahrhunderts als eine Heilsgeschichte für Laien in lateinischer Reimprosa verfasst. Mit seiner Wort-Bild-Kombination wurde es schnell populär und als christliches Erbauungsbuch früh ins Deutsche übertragen. In dem Werk sind Bilder aus dem Ersten und dem Zweiten Testament systematisch zusammengestellt, wobei letzterem größere Bedeutung zukommt. Aufgeschlagen ist die Zusammenschau der Szenen Jesus reitet in Jerusalem ein und Jeremia klagt über Jerusalem.

Die Szene folgt der Erzählung in Markus 11: „ Sie brachten den jungen Esel zu Jesus, legten ihre Kleider auf das Tier und er setzte sich darauf. Und viele breiteten ihre Kleider auf der Straße aus; andere rissen auf den Feldern Zweige (von den Büschen) ab und streuten sie auf den Weg. Die Leute, die vor ihm hergingen und die ihm folgten, riefen: Hosanna! Gesegnet sei er, der kommt im Namen des Herrn! Gesegnet sei das Reich unseres Vaters David, das nun kommt. Hosanna in der Höhe! Und er zog nach Jerusalem hinein, in den Tempel". Die Klagelieder gehören zur jüdischen Bibel. In ihnen wird die erste Zerstörung Jerusalems im Jahr 586 v.d.Z. durch Nebukadnezar II. beweint. Im Judentum werden die Klagelieder an jüdischen Trauer- und Gedenktagen, insbesondere am 9. Aw gelesen. Dieser Tag ist dem Gedenken an fünf Katastrophen der Geschichte Israels gewidmet, insbesondere der Zerstörung des Ersten und des Zweiten Tempels. Im Christentum wird das Buch dem Propheten Jeremia zugeschrieben. Es wird ein Bezug zwischen den Leiden des Propheten und den Leiden Jesu hergestellt und die Heilsverheißungen des Jeremia werden christologisch umgedeutet. Im Mittelalter wurden die Klagelieder auszugsweise in den Trauermetten am Ende der Karwoche gesungen.

Literatur

Ulrich Berges, Klagelieder (Herders Theologischer Kommentar zum Alten Testament), 2. Auflage, Freiburg 2012.

P. Brandt, Endgestalten des Kanons. Das Arrangement der Schriften Israels in der jüdischen und christlichen Bibel (Bonner Biblische Beiträge131), Berlin-Wien 2001.

Jannie Hunter, Faces of a Lamenting City: The Development and Coherence of the Book of Lamentations (Beiträge zur Erforschung des Alten Testaments und des antiken Judentums 39), Frankfurt/Main et al. 1996.

Spiegel menschlicher Behaltnuss

German translation of the *Speculum Humanae Salvationis*
Southern Germany, Regensburg (?), 1450-1460
Manuscript on parchment, illustrated
Height: 14 ½, width: 11 ½ in
Museum of the Bible, Washington, DC, GC.MS.000767

The *Speculum Humanae Salvationis*, or, in English, *The Mirror of Human Salvation,* was authored at the beginning of the 14th century as a salvation history for laypersons. It is written in Latin prose with rhyming final syllables or sentence clauses for rhetorical effect. Its verbal-visual arrangement immediately became popular, and soon it was translated into German as a Christian book of edification. The work contains systematically arranged images from the First and the Second Testaments with more emphasis on the latter.

The opened passage reviews the scenes of Jesus riding into Jerusalem and of Jeremiah lamenting over Jerusalem. The scene follows the account of Mark 11:8-11: "Then they brought the colt to Jesus and threw their cloaks on it; and he sat on it. Many people spread their cloaks on the road, and others spread leafy branches that they had cut in the fields. Then those who went ahead and those who followed were shouting, 'Hosanna! Blessed is the one who comes in the name of the Lord! Blessed is the coming kingdom of our ancestor David! Hosanna in the highest heaven!' Then he entered Jerusalem and went into the temple." The book of Lamentations belongs to the Jewish Bible. In it, the first destruction of Jerusalem in 586 BCE by Nebuchadnezzar II is mourned. In Judaism, Lamentations is read on Jewish days of grief and commemoration, particularly on the Ninth of Av. This day is dedicated to the remembrance of five catastrophes in the history of Israel, especially the destruction of the first and second temples. Christianity ascribed this book to the prophet Jeremiah. His sufferings are associated with those of Jesus while Jeremiah's promise of salvation is reinterpreted christologically. During the Middle Ages, excerpts of Lamentations were sung in Tenebrae services at the end of the Holy Week.

Literature

Berges, Ulrich. "Klagelieder." *Herders Theologischer Kommentar zum Alten Testament.* 2nd ed. Freiburg/Basel/Wien: Herder, 2012.

Brandt, P. *Endgestalten des Kanons. Das Arrangement der Schriften Israels in der jüdischen und christlichen Bibel.* Bonner Biblische Beiträge 131. Berlin/Wien: Philo, 2001.

Hunter, Jannie. *Faces of a Lamenting City: The Development and Coherence of the Book of Lamentations.* Beiträge zur Erforschung des Alten Testaments und des antiken Judentums 39. Frankfurt am Main: Peter Lang, 1996.

Deutsche Bibel

Nürnberg 1483
Verlag: Anton Koberger
Druck auf Papier, illustriert
H: 40,3, B: 30 cm
Museum of the Bible, Washington, DC, GC.INC.000136
(aufgeschlagen: S. 71)

Der von Johannes Gutenberg erfundene moderne Buchdruck revolutionierte und demokratisierte in Europa die Verbreitung schriftlicher Information. Johannes Gutenberg hatte für den Druck seiner berühmten Bibel die lateinische Vulgata-Übersetzung gewählt. Die Nachfrage des niederen Klerus und des Bürgertums nach Bibeln in ihrer Volkssprache brachte schon in vorlutherischer Zeit deutsche Übersetzungen hervor. Zur Veranschaulichung des Textes wurden sie häufig illustriert. Hier ist die Aussetzung und Auffindung des Mosesknaben im Nil dargestellt.

Die frühen deutschen Bibeldrucke gingen auf dialektale Unterschiede ein, indem nieder- und oberdeutsche Ausgaben geschaffen wurden. Die vorliegende oberdeutsche Bibelausgabe stammt aus der Nürnberger Werkstätte von Anton Koberger (1440-1513). Er hatte die wirtschaftlichen Chancen, die der Buchdruck bot, rasch erkannt und betätigte sich in Personalunion als Drucker, Verleger und Buchhändler mit Filialen in ganz Europa. Hohe Auflagen gefragten Schrifttums wie der Bibel sowie die Vereinheitlichung von Schrift und Satz erhöhten seine Produktions- und Absatzmöglichkeiten. Die von Koberger verwendeten kolorierten Holzschnitt-Illustrationen wurden aus der früheren Kölner Ausgabe übernommen. Sie scheinen sich an einer bereits vorhandenen Gruppe von Miniaturen zu orientieren, die im Mittelalter leicht erkennbar und zuzuordnen waren.

Literatur

Martyn Lyons, A History of Reading and Writing in the Western World, New York 2010.

Elizabeth Eisenstein, Die Druckerpresse. Kulturrevolutionen im frühen modernen Europa, Wien 1997.

Walter Eichenberger/Henning Wendland, Deutsche Bibeln vor Luther. Die Buchkunst der achtzehn deutschen Bibeln zwischen 1466 und 1522, Leipzig 1980.

German Bible

Nuremberg, 1483
Editor: Anton Koberger
Print on paper, illustrated
Height: 15 ¾, width: 11 ¾ in
Museum of the Bible, Washington, DC, GC.INC.000136
(opened at page 71)

Modern book printing invented by Johannes Gutenberg revolutionized and democratized the dissemination of written information in Europe. Johannes Gutenberg had chosen the Latin Vulgate translation for the printing of his famous Bible. The demands–not only of subordinate clergy, but also of the civic middle classes–for Bibles in their vernacular led to German translations even during pre-Lutheran times. For visualizing the text, these copies were often illustrated. Seen here is the abandonment and discovery of the baby Moses on the river Nile.

Early German Bible printings reflected the differences of vernacular German by creating Low- and Upper-German editions. The Upper-German Bible edition displayed here was produced by the Nuremberg workshop of Anton Koberger (1440-1513). He quickly recognized the economic opportunities offered by book printing, and he began working simultaneously as a printer, publisher, and bookseller with subsidiaries throughout Europe. High circulation of literature in demand, such as the Bible, as well as the standardization of fonts and typesetting, increased production-and sales opportunities. The colored woodcut illustrations used by Koberger had been adopted for the earlier Cologne-edition. They appear to follow a group of pre-existing miniatures, which in the Middle Ages were easily recognizable and relatable.

Literature

Eichenberger, Walter and Henning Wendland. *Deutsche Bibeln vor Luther. Die Buchkunst der achtzehn deutschen Bibeln zwischen 1466 und 1522.* Leipzig: Evangelische Haupt-Bibelgesellschaft zu Berlin und Altenburg, 1980.

Eisentstein, Elizabeth. *Die Druckerpresse. Kulturrevolutionen im frühen modernen Europa.* Wien: Springer-Verlag Kg, 1997.

Lyons, Martyn. *A History of Reading and Writing in the Western World.* New York: Palgrave Macmillan, 2010.

sy gemanigualtiget.sy wurden ser gestercket vñ erfültē das land. Vnder dem stund eyn newer künig auff vber egipto. der erkannt nit ioseph. Der sprach zu seynē volck.Seht des volcks der sün israhel des ist vil.vñ ist stercker deñ wir. Kümend.wir süllen es weißlich verdrucken.das es nit villeicht gemeret werde.vñ wider vnß mache eynen streyt.vnd werde zugeben vnsern feyndē vnd bestreyt vnß vnnd gee auß von dem lande. vnd darumb setzte er in für werckmeyster. das sy sy peynigten mit pürden.vnd sy paweten dem pharao dy stette der tabernackel.phiton vnd ramasses. Vnnd als vil sy sy truckten.als vil mer wurden sy gemanigualtiget vnd wuchssen. Vñ die egiptier hasßeten dye sün israhel.vnd peynigten sy verspottend.vnd haßten sy.vnd fürtē ir leben zu der bitterkeyt mit den hertten wercken des kots.vnd des ziegels vñ mit allē dienst wurden sy mit arbeyt der erden gedrucket. Vñ der künig vō egipto sprach zu den hebāmen.dy eyn was geheyssen sephora dye ander phua. vñ gebot in.So ir ewers ambts pflegt bey den hebreerin.vñ die zeyt der gepurt zukumbt.wirt es eyn kneblein.so tötend das. wirt es eyn weyblein so behaltend das.Die hebāmē aber vorchten got vnd tetten nicht nach dem gebot des künigs vō egipto.sünder sy behielten die kneblein Der künig vordert sy zu im.vnd sprach.was ist das.das ir woltend thun.vnd behaltend die kinder.Sy antwurtē.Die weyber der hebreer seyn nit als die weiber der egiptier.Wann sy haben selb die künst des geperens.vnd geperen ee dz wir komen zu in.Darumb tet got wol dē ammē vnd das volck wuchs vnd ward größlich gestercket.Vnd darumb das dy hebammē got vorchten.so pawet er in hewser. Darumb pharao gebot allem seyn volck.sagend. Was mennlichs geschlechtz wirt geborē das werft in den fluß was weyblichs wirt.das behaltend.

Das ander Capitel.wie

pharaonis tochter eyn kind fand vñ nennet dz moyses. vnd wie moyses den egiptier erschlug vnd halff den hebreyschen.

Ach disen dingen. ein mann gieng auß von dem hauß levi. vnd nam eyn weyb seynes geschlechtes.die empfieng vnd gepar eynen sun. Vñ do sy sah das das kind schön was.verbarg sye das drey monat. vnd als sy das yetzund nymer verbergen mocht. do nam sye eyn pymssen veßleyn vnd bestrich es mit leym vnd beche. vnnd leget dareyn das kinde. vnnd legt es in dem veßleyn auf dz gestadt des fluß.Seyn schwester stundt vō verr.vñ merckt dz geschicht dez dings. Wañ secht die tochter pharaons gieng ab. das sy sich wüsch in dem fluß.vnnd ir dienerin giengē auf der höhe des bachs. Dye als sy het gesehen dz veßleyn in dem fluß.sandte sy eyne vō iren dirnen.vnnd do sy das hetten bracht sy tett es auf

Biblia Pauperum

Nord-Niederlande 1466
Block-Buch auf Papier, illustriert
H: 28,5, B: 22 cm
Museum of the Bible, Washington, DC, GC.INC.000159

Die Armenbibel fand als eine von Holzstöcken gedruckte Bilderbibel mit wenig Text weite Verbreitung. Ikonographisch steht im Mittelpunkt immer eine Szene aus dem Leben Jesu, wie hier seine Auferstehung. Sie ist mit der Erzählung von Jona, der vom Walfisch wieder ausgespieen wird, als einer typologischen Vorausdeutung der Auferstehung Jesu verbunden und mit der Erzählung von Samson, der die Tore von Gaza sprengt, als einer Vorausdeutung des Sprengens der Höllentore durch Jesus.

Eine Biblia Pauperum enthält nicht den ganzen biblischen Inhalt sondern bringt Textstellen und hauptsächlich Bilder zum Ersten und zum Zweiten Testament miteinander in Verbindung. Auch Darstellungen zur Kirchengeschichte fanden in sie Eingang, womit die christliche Deutung der biblischen Erzählung erhärtet werden sollte. Die mittelalterlichen Armenbibeln bestehen aus rund 40 szenischen, chronologisch geordneten Seiten. Über und unter den je dreiteiligen Szenen sind biblische Personen dargestellt.

Die Druckformen für die Blockbücher wurden jeweils für eine ganze Seite aus Holz geschnitten und einseitig auf Papier geprägt. Damit waren sie wesentlich preiswerter als handgeschriebene und illustrierte Bibeln und auch für weniger begüterte Kunden zu erstehen. Für die breite Masse der Armen waren sie allerdings auch unerschwinglich; vielmehr dienten sie dem Klerus zur Vermittlung der biblischen Erzählung an das des Lesens unkundige Volk.

Biblia Pauperum

North-Netherlands, 1466
Block book on paper, illustrated
Height: 11 ¼, width: 8 ½ in
Museum of the Bible, Washington, DC, GC.INC.000159

The *Poor People's Bible*–an illustrated Bible printed with wooden blocks–was widespread. An iconographic depiction of a scene from the life of Jesus is always at the center, such as the resurrection shown here. It is associated with the account of Jonah, who was disgorged from the whale, as a typological prefiguration of Jesus's resurrection. It is also associated with the account of Samson, who blasts the gates of Gaza, as a prefiguration of Jesus blasting the gates of hell.

While a *Biblia Pauperum* does not contain the entirety of biblical content, it associates textual passages, predominantly images of the First with those of the Second Testament. Even depictions about church history were introduced in support of the Christian interpretation of the biblical account. The medieval *Poor People's Bible* consisted of approximately forty scenic, chronologically arranged pages. Biblical persons are portrayed above and below the three-part scenes.

The print-forms for the block books were cut from wood, each block for one entire page, and printed on only one side of the paper. This made them not only much less expensive than handwritten and illustrated Bibles, but also affordable for less affluent clients. For the poor populace, however, these Bibles remained prohibitively expensive. Instead, they served the clergy for communicating the biblical accounts to the illiterate.

Literatur

Sabine Mertens (Hg.), Blockbücher des Mittelalters. Bilderfolgen als Lektüre, Mainz 1991.

Hildegard Zimmermann, Armenbibel (Biblia pauperum, Biblia picta), in: Reallexikon zur Deutschen Kunstgeschichte, Bd. I (1936), Sp. 1072–1084.

Henrik Cornell, Biblia Pauperum, Stockholm 1925.

Literature

Cornell, Henrik. *Biblia Pauperum*. Stockholm: Thule-Tryck, 1925.

Mertens, Sabine, ed. *Blockbücher des Mittelalters. Bilderfolgen als Lektüre*. Mainz: Philipp von Zabern, 1991.

Zimmermann, Hildegard. "Armenbibel (Biblia pauperum, Biblia picta)." Columns 1072-1084 in *Reallexikon zur Deutschen Kunstgeschichte*, vol. 1. 1936.

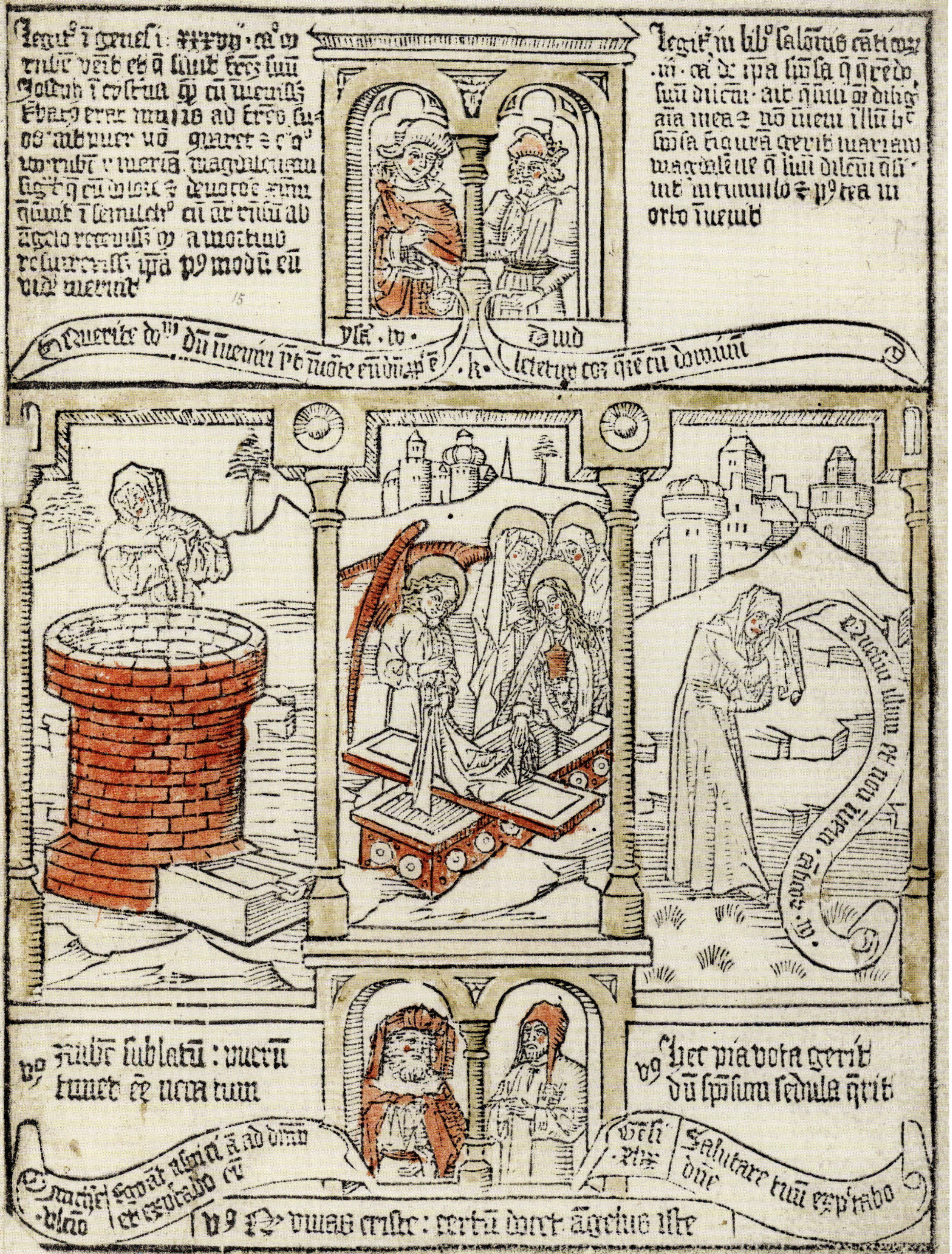

Dauid
·k·
letetur cor q[ue]re[n]ciu[m] dominu[m]
Quesiui illum et non ueni · Canticor · iij ·
Nube[m] sublatu[m]: puer[um] timet e[ss]e necatu[m]
Hec pia vota gerit du[m] sp[on]sum sedula q[ue]rit
Gen · xlix
Salutare tuu[m] exp[ec]tabo d[omi]ne
Non viuas triste: certu[m] docet angelus iste

Anno tussend drü hundert viertzig und
dreitton tag Martzen wurdent die

Einkehr und Buße ...

Das Netz der Handelsbeziehungen der aufstrebenden europäischen Städte und Kaufmannsgilden erstreckte sich bereits im Mittelalter von den Britischen Inseln bis nach China. Die Handelsschiffe brachten aus der Ferne jedoch nicht nur Luxusgüter, sondern ab der Mitte des 14. Jahrhunderts auch die Pest nach Europa. Die als „Schwarzer Tod" bezeichnete Seuche traf jeden Dritten. Da ihre Ursache unbekannt war, interpretierten viele sie als Strafe Gottes für ein sündiges Leben. Andere gaben den Juden die Schuld an der Pandemie und ermordeten viele von ihnen während der großen Pestpogrome. Auf der Suche nach Antworten auf die kontinentale Katastrophe entstanden Büßer-Bewegungen und mystische Kongregationen.

Contemplation and penance ...

The network of trade relations of developing European cities and merchant guilds in the Middle Ages spread from the British Isles all the way to China. Merchant ships brought not only luxury items from afar, but also the plague since the middle of the 14th century. The pandemic known as "Black Death" afflicted every third person. Since its cause was unknown, it was interpreted by many as the punishment of God for a sinful life. Others blamed the Jews for the outbreak of the pandemic, and many Jews were murdered during the Black Death pogroms. In search for answers to the continental catastrophe, penitent movements arose as well as mystical congregations.

Gebhard Dacher
Konstanzer Chronik

Konstanz 1472-1476
Handschrift auf Papier, kolorierte Federzeichnungen
H: 29, B: 20 cm
Stiftsbibliothek St. Gallen, Cod. Sang. 646
(aufgeschlagen: fol. 50r)

In der zweiten Hälfte des 15. Jahrhunderts entstand Gebhard Dachers „Konstanzer Chronik" von der Geschichte der Stadt zwischen Kaiser, Bischof und Rat. Die Illustrationen auf den aufgeschlagenen Seiten stellen eine Prozession sich geißelnder Büßer und die Verbrennung von Juden dar. Die Kombination der beiden Szenen geht wohl darauf zurück, dass die öffentliche Selbstgeißelung auf dem Konzil von Konstanz 1414-1418 verboten wurde und der Papst die Geißler für Judenpogrome verantwortlich machte.

Bereits im 13. Jahrhundert war es in Italien zu einer Massenbewegung von Geißlern gekommen. Zur Zeit der Großen Pest lebte die Bewegung auch nördlich der Alpen auf. Ihre Anhänger glaubten, die Welt durch geißelnde Buße vor der Pest retten zu können. Die offizielle Kirche unterstellte den Geißlern eine subversive und häretische Haltung, da sie Laienpredigt und Laienbeichte praktizierten. Sie wollte verhindern, dass die Selbstflagellatio das Sakrament der Beichte ersetzen könnte. Die Geißlerprozessionen von Ort zu Ort hatten als öffentliche theatralische Inszenierungen offenbar starke Wirkung auf die Zuschauer. Zum Teil nahmen sie den Charakter von Passionsspielen an und die Menge wurde durch das Schauspiel so erregt, dass sie die Darsteller von Juden tätlich angriff. Inwieweit die Flagellanten tatsächlich auch für die zahlreichen antijüdischen Pogrome der Zeit verantwortlich waren, ist in der Forschung umstritten.

Literatur

Sandra Wolff, Die „Konstanzer Chronik" Gebhart Dachers. „By des Byschoff szyten volgiengen disz nachgeschriben ding vnd sachen ..." (Konstanzer Geschichts- und Rechtsquellen 40), Konstanz 2008.

Manuel Braun/Cornelia Herberichs (Hg.), Gewalt im Mittelalter. Realitäten – Imaginationen, München 2005.

Beat Matthias von Scarpatetti, Die Handschriften der Stiftsbibliothek St. Gallen, Bd. 1: Abt. IV: Codices 547-669: Hagiographica, Historica, Geographica, 8.-18. Jahrhundert, Wiesbaden 2003, 279-281.

Martin Erbstösser, Sozialreligiöse Strömungen im späten Mittelalter. Geißler, Freigeister und Waldenser im 14. Jahrhundert (Forschungen zur mittelalterlichen Geschichte 16), Berlin 1970.

Gebhard Dacher
Konstanzer Chronik (Constance Chronicle)

Constance, 1472-1476
Manuscript on paper, colored pen drawings
Height: 11 ¼, width: 11 ½ in
Stiftsbibliothek [Abbey Library] St. Gallen, Cod. Sang. 646
(opened at: fol. 50r)

During the second half of the 15th century, Gebhard Dacher's *Konstanzer Chronic* (*Constance Chronicle*) conveyed the city's history concerning the emperor, the bishop, and the city council. The illustrations of the opened page show a procession of self-flagellating penitents and the burning of Jews. The combination of both scenes probably can be traced back to the Council of Constance prohibiting public self-flagellation and the Pope making the flagellants responsible for the pogroms of Jews.

Already during the 13th century, a mass movement of flagellants took place in Italy. During the great plague, the movement also arose to the north of the Alps. Its followers believed that they could save the world from the plague through flagellating penitence. The official church accused the flagellants of subversive and heretical conduct by having laypersons deliver sermons and perform confession. The church tried to prevent the sacrament of confession being replaced by the concept of self-flagellation. The public, theatrical performance of the flagellation processions–as they moved from location to location–apparently had a powerful impact on spectators. These processions partially adopted the character of passion plays, and the masses were so roused by the spectacle that viewers would attack the actors playing Jews. Scholars debate to what extent the flagellants were also responsible for the numerous anti-Semitic pogroms of the time.

Literature

Braun, Manuel and Cornelia Herberichs, eds. *Gewalt im Mittelalter. Realitäten – Imaginationen*. München: Wilhelm Fink Verlag, 2005.

Erbstösser, Martin. *Sozialreligiöse Strömungen im späten Mittelalter. Geißler, Freigeister und Waldenser im 14. Jahrhundert*. Forschungen zur mittelalterlichen Geschichte 16. Berlin: Akademie-Verlag, 1970.

von Scarpatetti, Beat Matthias. „Hagiographica, Historica, Geographica, 8.-18. Jahrhundert." Pages 279-281 in vol. 1, part 2, codices 547-669 in *Die Handschriften der Stiftsbibliothek St. Gallen*. Wiesbaden: Harrassowitz Verlag, 2003.

Wolff, Sandra. *Die „Konstanzer Chronik" Gebhart Dachers. „By des Byschoff szyten volgiengen disz nachgeschriben ding vnd sachen ...“*. Konstanzer Geschichts- und Rechtsquellen 40. Konstanz: Thorbecke, 2008.

Anno m ccc xlviij Jar
Do giengend die Gaisler

Anno Tusend drühundert viertzig und acht Jar An dem dritten tag Mertzen wurdent die Juden verbrennt zu Costentz Und wurdent auch gar an mengen enden In dem land verbotten Und beschach das darumb das der sist grosß tod angefangen hett Und zech man sy hettind die wasser Und brunnen vergifftt als wie vor statt

Antonius Margaritha
Der Gantz Judisch Glaub

Augsburg 1530
Druck auf Papier, Holzschnitt
Gross Family Collection, Tel Aviv, B. 331

Antonius Margaritha (ca. 1492-1542) war ein jüdischer Konvertit. Sein Werk „Der Gantz Judisch Glaub" reiht sich in eine Gruppe denunziatorischer ethnographischer Schriften der frühen Neuzeit über das Judentum. Das antijüdische Werk hatte großen Einfluss auf das Bild, das Luther in seiner Schrift „Von den Juden und Ihren Lügen" entwirft. Die aufgeschlagene Szene zeigt, dass am höchsten jüdischen Feiertag, dem Jom Kippur, auch das Judentum die Geißelung als Zeichen der Buße kennt, die hier allerdings verfälscht dargestellt ist.

Literatur

Michael T. Walton, Anthonius Margaritha and the Jewish Faith: Jewish Life and Conversion in Sixteenth-Century Germany, Detroit 2012.

Maria Diemling, Anthonius Margaritha and his „Der Gantz Judisch Glaub", in: Dean Phillip Bell/Stephen G. Burnett (eds.), Jews, Judaism and the Reformation in Sixteenth-Century Germany, Boston-Leiden 2006, 303-333.

Antonius Margaritha
Der Gantz Judisch Glaub

Augsburg, 1530
Print on paper, woodcut
Gross Family Collection, Tel Aviv, B. 331

Antonius Margaritha (ca 1492-1542) was a Jewish convert. His work, *Der Gantz Judisch Glaub,* belongs to a group of denunciating ethnographic writings about Judaism of the Early Modern Era. This anti-Jewish work had a great impact on the image which Luther outlines in his work *On the Jews and Their Lies*. The scene of the opened page shows that on Yom Kippur, the holiest day of the year in Judaism, even Jews acknowledge flagellation as a symbol of penitence, which is portayed here in a deceptive manner.

Literature

Diemling, Maria. "Anthonius Margaritha and his 'Der Gantz Judisch Glaub'." Pages 303-333 in *Jews, Judaism, and the Reformation in Sixteenth-Century Germany*. Edited by Dean Phillip Bell and Stephen G. Burnett. Boston/Leiden: E.J. Brill, 2006.

Walton, Michael T. *Anthonius Margaritha and the Jewish Faith: Jewish Life and Conversion in Sixteenth-Century Germany*. Detroit: Wayne State University Press, 2012.

mit jren hendē vñ fingern/so sy dz volck segnē/vnd von dyser vrsach wegen darff jnen nyemants auff die hend sehen ꝛc.

Disen langen tag feyrn sy mer vnd fleissiger dañ den Sabbath/darumb sy dann an disem tage/jn jrer Kirchen Hietter haben von ainer Oberkait/das in nichts begegne/Auch einn armen Christen der in die liechter anzünde so sye außgeend/vnd auch auffrichten wenn sy niderfallen/vnd dergle ichen/dann jr kainer darff solche arbeit an disem tag thůnn /diser Christ hat gemainklich ein semel oder stuck brot in der hand vnd ißt/dann es sein nur arme tropffenn die solchs thůn wie

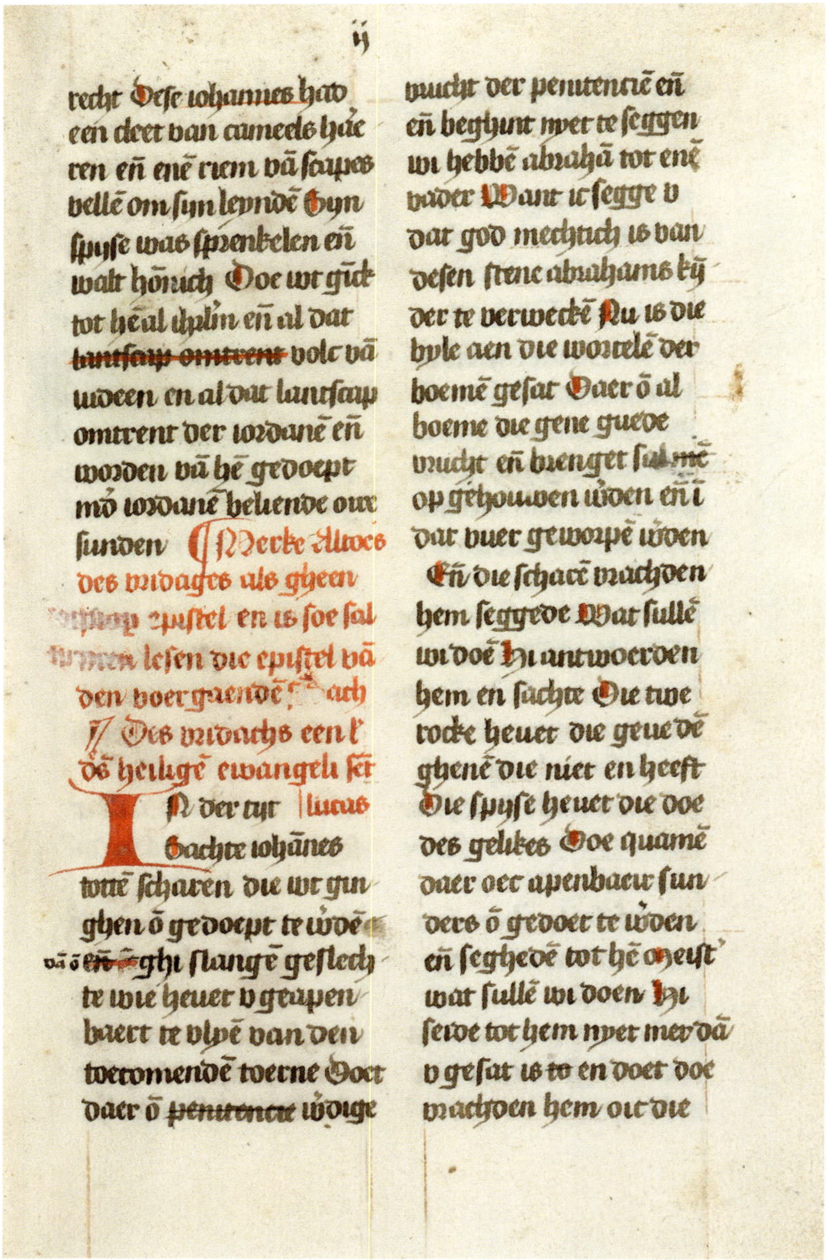

Johannes Scutken
Bibelübersetzung

Holland, Nordbrabant (?) um 1480
Holländische Handschrift auf Papier
H: 21,6, B: 16,5 cm
Museum of the Bible, Washington, DC, GC.MS. 000337

Ein zentrales Anliegen der religiösen Erneuerungsbewegung „Devotio moderna", der „neuen Frömmigkeit", war es, religiöses Schrifttum möglichst vielen Menschen zugänglich zu machen. In diesem Zusammenhang ist Johannes Scutkens Übersetzung von Teilen des Ersten Testaments, der vier Evangelien, der Paulusbriefe, der Apostelgeschichte und der Johannesapokalypse ins Nordniederländische zu sehen, die zwischen 1387 und 1391 erfolgte.

Johannes Scutken
Bible translation

Holland, Nordbrabant (?), around 1480
Dutch manuscript on paper
Height: 8 ½, width: 6 ½ in
Museum of the Bible, Washington, DC, GC.MS. 000337

A central concern of the religious renewal movement *Devotio moderna*–the *new devotion*–was making religious writings accessible to as many people as possible. Johannes Scutken's translation into Dutch of parts of the First Testament, the four Gospels, the letters of Paul, the book of Acts, and John's book of Revelation served that objective. The translation was carried out between 1387 and 1391.

Literatur

Bernard McGinn, The Varieties of Vernacular Mysticism, New York 2012.

Christoph Benke, Kleine Geschichte der christlichen Spiritualität, Freiburg et al. 2007.

Kurt Ruh, Geschichte der abendländischen Mystik: Die niederländische Mystik des 14. bis 16. Jahrhunderts, München 1999.

Literature

Benke, Christoph. *Kleine Geschichte der christlichen Spiritualität*. Freiburg im Breisgau: Herder, 2007.

McGinn, Bernard. *The Varieties of Vernacular Mysticism*. New York: Crossroad Publishing Company, 2012.

Ruh, Kurt. *Geschichte der abendländischen Mystik: Die niederländische Mystik des 14. bis 16. Jahrhunderts*. München: C.H. Beck Verlag, 1999.

Gerhard Zerbolt von Zutphen
De spiritualibus ascensionibus

Süddeutschland oder Basel 1460-1486
Lateinische Handschrift auf Papier
H: 55,9, B: 41,9 cm
Museum of the Bible, Washington, DC, GC.MS.000695

Der niederländische Geistliche Gerhard Zerbolt von Zutphen (1367-1398), der selbst der Pest erlag, war ein Anhänger der neuen Frömmigkeitsbewegung, dem es um eine geistige Reinigung und die Rückbesinnung auf frühchristliche Werte ging. Sein Traktat „De spiritualibus ascensionibus" ist eine Anleitung zu mystischer Versenkung und enthält Anweisungen zur Meditation als integralem Bestandteil des täglichen Lebens.

Gerhad Zerbolt von Zutphen
De spritualibus ascensionibus

Southern Germany or Basel, 1460-1486
Latin manuscript on paper
Height: 22, width: 16 ½ in
Museum of the Bible, Washington, DC, GC.MS.000695

The Dutch cleric Gerhard Zerbolt of Zutphen (1367-1398), who himself died of the plague, was a follower of the new piety movement concerned with spiritual cleansing and a return to early Christian values. His treatise, *De spiritualibus ascensionibus*, is a guide to immersing oneself in the mystical, and it includes directions for meditation as an integral part of daily life.

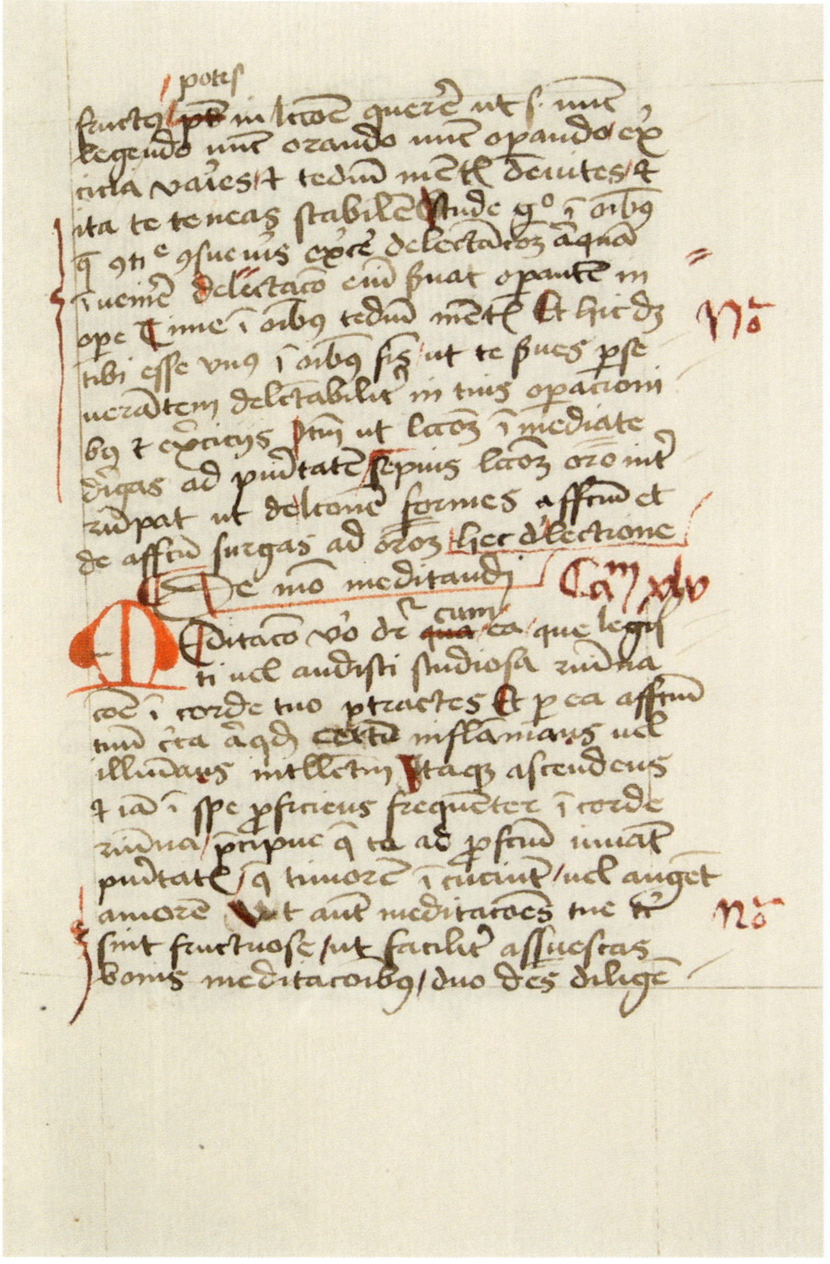

Guido de Monte Rochen
Manipulus Curatorum

Heinrich Seuse
Horologium Sapientiae

Süddeutschland oder Österreich 1460-1480
Lateinische Handschrift auf Papier
H: 32,1, B: 23,1 cm
Museum of the Bible, Washington, DC, GC.MS.000696

Der spanische Theologe Guido de Monte Rochen schrieb sein „Manipulus Curatorum" im 14. Jahrhundert als Handbuch für Pfarrer unter Berücksichtigung der Spende der Sakramente, denen in Pestzeiten besondere Bedeutung zukam. Das „Horologium Sapientiae", die „Uhr der Weisheit" von Heinrich Seuse, einem Dominikaner, der 1366 in Ulm verstarb, ist wiederum mystisch geprägt. Seuse stand dem spirituellen Gedankengut Meister Eckhards nahe, der als Abweichler von der rechtgläubigen Kirche angeklagt wurde. Die Kopie beider Werke in einer Handschrift zeugt von beider Popularität.

Guido de Monte Rochen
Manipulus Curatorum

Heinrich Seuse
Horologium Sapientiae

Southern Germany or Austria, 1460-1480
Latin manuscript on paper
Height: 12 ½, width: 9 in
Museum of the Bible, Washington, DC, GC.MS.000696

The Spanish theologian Guido de Monte Rochen wrote his *Manipulus Curatorum* in the 14th century as a handbook for pastors, with particular emphasis on administering the sacraments to which extraordinary significance was attributed during the plague. The *Horologium Sapientiae*–the *Clock of Wisdom*–written by the Dominican Heinrich Seuse, who died in 1366 in Ulm–is also mystically predisposed. Seuse sympathized with the spiritual thinking of Meister Eckhard, accused by the orthodox Church of being a dissenter. That the manuscript includes both works attests these works' popularity.

Effectus sacramenti confir-
mationis ut dictum est susci-
endo datur spiritus sanctus
ad robur ad audacter confitendum
fidem cristi unde nisi sit obex .i.
impedimentum ex parte suscipi-
entis in isto sacramento datur
nova gracia vel antiqua augetur
Est etiam alius effectus istius
sacramenti quia per ipsum si
digne suscipiatur peccata ob-
lita mortalia et venialia dimit-
tuntur Per istud etiam sacramen-
tum imprimitur caracter ut dictum
est supra ideo istud sacramentum
non debet nec potest bis suscipi
ymmo qui scienter ipsum bis susci-
peret mereretur secundum leges
decapitari secundum quod dic-
tum est supra de baptismo Sci-
endum autem quod caracter
confirmationis presupponit
caracterem de baptismi quia
nullus potest suscipere istud
sacramentum nisi fuerit bap-
tisatus Per istud etiam sacra-
mentum contrahitur cognatio
spiritualis sicut per baptismum
qui impedit matrimonium de
hoc tamen dicetur infra quando
agetur de matrimonio et hec
de sacramento confirmationis
dicta sufficiant Tractatus

quartus prime partis de sacra-
mento Eucaristie

Postquam dictum est de
generatione spirituali
~~quod fit in confirmacione~~
que fit in baptismo et augmen-
to spirituali quod fit in con-
firmatione dicendum est de
spirituali nutrimento quod
datur in sacramento eucaristie
Circa quod consideranda sunt
undecim Primo quid est eu-
caristia Secundo de ministro
misse quis et qualis debet esse
Tercio de materia sacramenti
misse que et qualis debet esse
Quarto de forma Quinto
de loco in quo debet celebrari
missa Sexto de tempore quo
debet celebrari missa Octavo b
de vestibus quibus debet indui
sacerdos in missa Septimum a
quotiens in die b debet dici missa
Nono cui debet dari sacrifici-
um misse Decimo de ritu
misse Undecimo et ultimo
de defectibus qui possunt oc-
currere in missa Capitulum
primum quid est Eucaristia

Eucaristia potest sic notifica-
ri Eucaristia est sacramentum

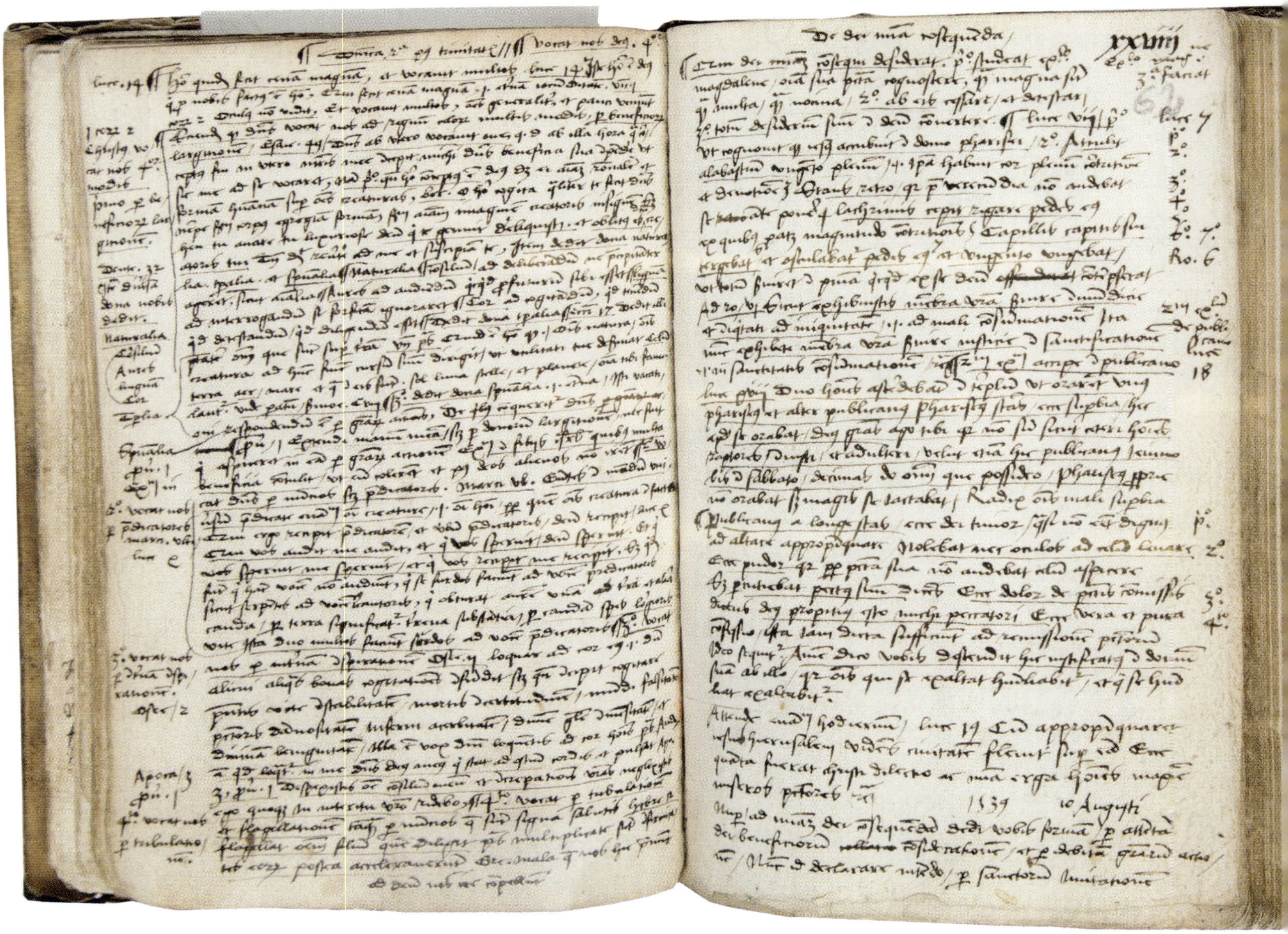

Sammelhandschrift der Brüder des Regulierten Dritten Ordens der Franziskaner Mit Predigten und Liturgie

Belgien um 1548
Lateinische und Holländische Handschrift auf Papier in Maroquin-Einband
H: 38,1, B: 30,5 cm
Museum of the Bible, Washington, DC, GC.MS.000694

Im 13. Jahrhundert wurde der franziskanische Bettelorden gegründet, der sich an den Lehren des Franziskus von Assisi orientierte. Auseinandersetzungen, in deren Mitte das Armutsideal stand, führten zur Aufspaltung des Ordens. Der sogenannte Dritte Orden der franziskanischen Ordensfamilie wurde zunächst als nicht-monastischer Orden ins Leben gerufen. Neben den Dominikanern beteiligten sich im Rahmen der Inquisition auch die Franziskaner an Verfahren gegen Personen, denen Häresie vorgeworfen wurde.

Manuscript collection of the Franciscan Friars of the Third Order Regular With sermons and liturgy

Belgium, around 1548
Latin and Dutch manuscript on paper, bound in Morocco leather
Height: 15, width: 12 in
Museum of the Bible, Washington, DC, GC.MS.000694

The Franciscan mendicant orders were established in the 13th century. They followed the teachings of Francis of Assisi. Disagreements, primarily about the ideal of poverty, lead to the division of the order. The so-called Third Order of the Franciscan family of orders was initially established as a non-monastic order. Next to the Dominicans, Franciscans also participated in trials against persons accused of heresy within the framework of the Inquisition.

Literatur

Thomas Ertl, Religion und Disziplin. Selbstdeutung und Weltordnung im frühen deutschen Franziskanertum (Arbeiten zur Kirchengeschichte, 96), Berlin et al. 2006.

Steve J. McMichael/Susan E. Myers (eds.), Friars and Jews in the Middle Ages and Renaissance, Boston 2004.

Michael Milway, Forgotten Bestsellers from the Dawn of the Reformation, in: Robert J. Bast/Andrew C. Gow (eds.), Continuity and Change: the Harvest of Late Medieval and Reformation History. Essays Presented to Heiko A. Oberman on his 70th Birthday, Leiden-Boston 2000, 113-142.

Literature

Ertl, Thomas. *Religion und Disziplin. Selbstdeutung und Weltordnung im frühen deutschen Franziskanertum*, Arbeiten zur Kirchengeschichte 96. Berlin: de Gruyter, 2006.

McMichael, Steve J. and Susan E. Myers, eds. *Friars and Jews in the Middle Ages and Renaissance.* Boston: E.J. Brill, 2004.

Milway, Michael. "Forgotten Bestsellers from the Dawn of the Reformation." Pages 113-142 in *Continuity and Change: the Harvest of Late Medieval and Reformation History. Essays Presented to Heiko A. Oberman on his 70th Birthday*. Edited by Robert J. Bast and Andrew C. Gow. Leiden/Boston: E.J. Brill, 2000.

بسم الله الرحمن الرحيم

القارعة ۝ ما القارعة ۝ وما ادريك ما القارعة ۝

م يكون الناس كالفراش المبثوث ۝ وتكون

لجبال كالعهن المنفوش ۝ فاما من ثقلت موازينه ۝

فهو في عيشة راضية ۝ واما من خفت موازينه ۝

مه هاوية ۝ وما ادريك ما هيه ۝ نار حامية ۝

سورة التكاثر مكية ثمان ايات

Erben der Antike ...

Das kulturelle Erbe der griechischen und römischen Antike war prägend für das mittelalterliche Abendland. Dieses Erbe wurde zunächst von arabischen und islamischen Gelehrten verarbeitet und tradiert. Und jüdische Gelehrte wiederum vermittelten arabisches Wissen, arabische Philosophie und Medizin in die abendländische Welt. Ungeachtet unterschiedlicher Interpretationen und Auffassungen und jenseits individueller Kontakte begegneten einander damit die drei monotheistischen Religionen gleichsam in virtuellen „Chatrooms" des europäischen Mittelalters und legten das Fundament für die Weiterentwicklung der abendländischen Kulturtradition.

Heirs of antiquity ...

The cultural heritage of Greek and Roman antiquity was formative for the medieval Western world. This heritage was first processed and handed on by Arab and Islamic scholars. Jewish scholars in turn conveyed Arab knowledge, philosophy, and medicine to the Western world. Regardless of different interpretations and conceptions, and beyond individual points of contact, the three monotheistic religions thereby came across each other, as it were, in virtual "chatrooms" of the European Middle Ages, where they laid the foundation for the further development of the Western cultural tradition.

Aristoteles, Meteora – Otot ha-Schamajim

Übersetzung ins Hebräische: Samuel Ibn Tibbon, Südfrankreich 12. Jh.
Kopie: Deutschland 17./18. Jh.
H: 22, B: 14,5 cm
Universitätsbibliothek Frankfurt, Ms. Hebr. Oct. 8

Samuel Ibn Tibbon (ca. 1150-ca. 1230) war ein jüdischer Philosoph und Arzt, der in der Provence lebte. Bekannt wurde er durch die Übersetzungen theologisch-philosophischer Literatur aus dem Arabischen. Das Werk „Meteora" des griechischen Philosophen Aristoteles (4. Jh. v.d.Z.), das als Grundlage der Meteorologie angesehen werden kann, war von dem islamischen Philosophen Averroes im 12. Jahrhundert ins Arabische und in weiterer Folge ins Hebräische übersetzt worden.

Der Stammvater der berühmten Übersetzer-Familie der Tibboniden war der in Granada geborene Jehuda ben Saul Ibn Tibbon, der sich in Lunel niederließ. Sein Sohn Samuel, sein Enkel Moses, sein Urenkel Jakob Ibn Tibbon sowie Samuels Schwiegersohn Jakob Anatoli und Moses' Neffe Jakob Makhir, schufen mit ihren Arbeiten ein philosophisches Archiv und eine innovative hebräische Terminologie, die maßgeblichen Einfluss auf die Arbeiten der hebräischen Gelehrten des Mittelalters hatten. Samuel Ibn Tibbon gelangte zu besonderer Berühmtheit, da er das philosophische Schlüsselwerk „Führer der Unschlüssigen" aus der Feder des Moses Maimonides noch in Absprache mit dem Autor aus dem Arabischen ins Hebräische übertrug. Maimonides hatte übrigens Ibn Tibbon gegenüber die aristotelische Philosophie als Grundlage der wissenschaftlichen Literatur bezeichnet. Geglaubtes und Gewusstes schlossen einander aus seiner Sicht wie aus der Sicht einer Vielzahl mittelalterlicher Denker nicht zwingend aus. Mit ihren Übersetzungen aus dem Arabischen ins Hebräische, die von anderen wiederum ins Lateinische übertragen wurden, leisteten die Tibboniden einen ganz wesentlichen Beitrag zum Transfer philosophischen und naturkundlichen Wissens in die abendländische Gelehrsamkeit.

(ohne Abbildung)

Literatur

James T. Robinson, Maimonides, Samuel Ibn Tibbon, and the Construction of a Jewish Tradition of Philosophy, in: Jay M. Harris (ed.), Maimonides after 800 Years: Essays on Maimonides and his Influence, Cambridge, MA 2007, 291-306.

Heinrich Simon/Marie Simon, Geschichte der jüdischen Philosophie, Leipzig 1999.

Resianne Fontaine (ed.), Otot ha-schamajim: Samuel Ibn Tibbons Hebrew Version of Aristotele's Meteorology, Leiden et al. 1995.

Ernst Róth/Leo Prijs, Hebräische Handschriften. Teil 1: Die Handschriften der Stadt- und Universitätsbibliothek Frankfurt am Main, Bd. A-C, Wiesbaden-Stuttgart 1982-1993, 8.

Aristotle, Meteora – Otot HaShamayim

Hebrew translation by Samuel Ibn Tibbon, southern France, 12th century
Copy: Germany, 17th/18th century
Height: 8 ½, width: 5 ¾ in
Universitätsbibliothek [University Library] Frankfurt, Ms. Hebr. Oct 8

Samuel Ibn Tibbon (ca. 1150-ca. 1230) was a Jewish philosopher and doctor who lived in Provence. He became known through his translations of theological and philosophical literature from Arabic. The work *Meteora* by the Greek philosopher Aristotle (4th century BCE)–commonly regarded as the fundamentals of meteorology–had been translated into Arabic and subsequently into Hebrew by the Islamic philosopher Averroes in the 12th century.

The founding father of the famous Tibbonide family of translators was Jehuda Saul Ibn Tibbon, who was born in Granada, and lived in Lunel. The works of his son Samuel, his grandson Moses, his great-grandson Jacob Ibn Tibbon as well as Samuel's son-in-law Jacob Anatoli and Moses's nephew Jacob Machir, created a philosophical archive and an innovative Hebrew terminology that substantially impacted the work of medieval Hebrew scholars. Samuel Ibn Tibbon attained particular fame for translating from Arabic into Hebrew–while still communicating with the author–the key philosophical work, *The Guide for the Perplexed*, from the pen of Moses Maimonides. Maimonides had mentioned to Ibn Tibbon that he regarded Aristotelian philosophy the basis of scientific literature. What is believed and what is known may not be mutually exclusive according to his view and that of numerous medieval thinkers. With their translations from the Arabic into Hebrew–and subsequent translations into Latin by others–the Tibbonides had a highly substantial impact on transmitting philosophical and natural-scientific knowledge to Western scholarship.

(without illustration)

Literature

Fontaine, Resianne, ed. *Otot HaShamayim: Samuel Ibn Tibbon's Hebrew Version of Aristotle's Meteorology*. Leiden: E.J. Brill, 1995.

Robinson, James T. „Maimonides, Samuel Ibn Tibbon, and the Construction of a Jewish Tradition of Philosophy." Pages 291-306 in *Maimonides after 800 Years: Essays on Maimonides and his Influence*. Edited by Jay M. Harris. Cambridge, MA: Harvard University Press, 2007.

Róth, Ernst and Leo Prijs. *Hebräische Handschriften*. Part 1: Die Handschriften der Stadt- und Universitätsbibliothek Frankfurt am Main. Vol. A-C. Wiesbaden/Stuttgart: Steiner, 1982-1993.

Simon, Heinrich and Marie Simon. *Geschichte der jüdischen Philosophie*. Leipzig: Reclam, 1999.

Nicolaus de Lyra
Postilla in Pentateuchum et super libros Iosuae, Iudicum et Ruth

Aggsbach (?) 1430
Handschrift auf Pergament und Papier, kolorierte Federzeichnungen
H: 29,6, B: 21,5 cm
Österreichische Nationalbibliothek, Wien, Cod. 1518 (aufgeschlagen: fol. 189r)

Der französische Theologe Nikolaus von Lyra (1270-1349) gehörte zu den einflussreichsten Bibelexegeten des Mittelalters. Seine Postilla war der erste christliche Kommentar, der zur Bibel gedruckt werden sollte. Nikolaus von Lyra las die hebräische Bibel und setzte sich intensiv mit den bedeutendsten jüdischen Gelehrten des Hohen Mittelalters auseinander. Die aufgeschlagene Seite zeigt die Gebotstafeln; auch andere Abbildungen in dieser Abschrift – wie die Bundeslade, der Schaubrottisch und Aaron im Gewand des Hohepriesters – unterstreichen die Relevanz der hebräischen Bibel für die christliche Rezeption.

Nicolaus de Lyra
Postilla in Pentateuchum et super libros Iosuae, Iudicum et Ruth

Aggsbach (?), 1430
Manuscript on parchment and paper, colored pen drawings
Height: 11 ½, width: 8 ½ in
Österreichische Nationalbibliothek [Austrian National Library], Wien, Cod. 1518 (opened at: fol. 189r)

The French theologian Nicolaus de Lyra (1270–1349) belonged to the most influential Bible exegetes of the Middle Ages. His postil was the first Christian Bible commentary to be printed. Nicolaus de Lyra read the Hebrew Bible, and dealt with the most important Jewish scholars of the High Middle Ages. The opened page displays the Decalogue panels. Other illustrations in this copy—such as the covenant, the showbread table, and Aaron in the vestment of the high priest—indicate the relevance of the Hebrew Bible for Christian readers.

Literatur

Katharina Hranitzky/Veronika Pirker-Aurentammer et al., Mitteleuropäische Schulen V (ca. 1410-1450). Wien und Niederösterreich (Veröffentlichungen (I) der Kommission für Schrift- und Buchwesen Band: 14), Wien 2013.

Philip D. W. Krey/Lesley Smith (eds.), Nicholas of Lyra: The Senses of Scripture (Studies in the History of Christian Thought, Book 90), Leiden 2000.

Franz Unterkircher, Die datierten Handschriften der Osterreichischen Nationalbibliothek von 1401 bis 1450 (Katalog der datierten Handschriften in lateinischer Schrift in Osterreich 2), Wien 1971, 28.

Literature

Hranitzky, Katharina, Veronika Pirker-Aurrenhammer, et al., eds. *Mitteleuropäische Schulen V (ca. 1410-1450). Wien und Niederösterreich.* Veröffentlichungen (I) der Kommission für Schrift- und Buchwesen 14. Wien: Verlag der Österreichischen Akademie der Wissenschaften, 2013.

Krey, Philip D. and Lesley Smith, eds. *Nicholas of Lyra: The Senses of Scripture*. Studies in the History of Christian Thought, Book 90. Leiden: E.J. Brill, 2000.

Unterkircher, Franz. *Die datierten Handschriften der Österreichischen Nationalbibliothek von 1401 bis 1450 (Katalog der datierten Handschriften in lateinischer Schrift in Österreich 2).* No. 28. Wien: Verlag der Österreichischen Akademie der Wissenschaften, 1971.

Johannes de Sacrobosco
Sphaera Mundi – Mareh haOfanim

Hebräische Übersetzung durch Schlomo Avigdor
Deutschland oder Österreich 15. Jh.
H: 21,5, B: 14,8 cm
Österreichische Nationalbibliothek, Wien, Cod. Hebr. 56

Johannes de Sacrobosco (ca. 1195-1256) lehrte in Paris Mathematik und Astronomie. Sein bekanntestes Werk ist das vorliegende Elementarlehrbuch der sphärischen Astronomie, das auf dem Hauptwerk der antiken Astronomie aus der Feder des griechischen Gelehrten Ptolemäus basiert, das in Anlehnung an den Titel der arabischen Übersetzung Almagest genannt wird. Sacroboscos Lehrbuch wiederum wurde von dem französischen Gelehrten Schlomo Avigdor Ende des 14. Jahrhunderts ins Hebräische übertragen.

Die vorliegende Abschrift der hebräischen Version von Sacroboscos Sphaera Mundi ist darüber hinaus von Interesse, da sie das Nachwirken der mittelalterlichen jüdischen Übersetzungstätigkeit in der frühen Neuzeit sowie die Vernetzung europäischer Gelehrter zeigt, denn die Kopie weist Glossen und eingeklebte Zusätze des Mediziners und Physikers Leo Lucerna auf, dessen Vater einige Jahre in Frankfurt am Main als Rabbiner wirkte. Leo Lucerna hatte als Jude in Padua studieren können. Er war als Arzt und Rabbiner im jüdischen Ghetto in Wien tätig, wo er eine Synagoge und ein Beit ha-Midrasch, ein Lehrhaus für jüdische Studien einrichtete. Seine Auseinandersetzung mit Sacroboscos Schrift belegt, dass sie für lange Zeit Pflichtlektüre für naturwissenschaftlich Interessierte war.

Literatur

Andreas Fingernagel (Hg.), Juden, Christen, Muslime. Interkultureller Dialog in alten Schriften, Wien 2010.

Kurt Schubert (Hg.), Die österreichischen Hofjuden und ihre Zeit (Studia Judaica Austriaca XII), Eisenstadt 1991, I, B 5.

Olaf Pedersen, The Corpus Astronomicum and the Traditions of Medieval Latin Astronomy: A Tentative Interpretation, 59–76, in: O. Gingerich and J. Dobrzycki (eds.), Colloquia Copernicana III, Wroclaw 1975.

Arthur Zacharias Schwarz, Die hebräischen Handschriften der Nationalbibliothek in Wien (Museion: Abhandlungen 2), Wien et al. 1925, 201.

Johannes de Sacrobosco
Sphaera Mundi – Mareh Ha-Ofanim

Hebrew translation by Shlomo Avigdor
Germany or Austria, 15th century
Height: 8 ½, width: 5 ¾ in
Österreichische Nationalbibliothek [Austrian National Library], Wien, Cod. Hebr. 56

Johannes de Sacrobosco (ca. 1195–1256) taught mathematics and astronomy in Paris. He is best-known for his elementary textbook of spherical astronomy, presented here, which is based on Ptolemy's main work of ancient astronomy. While Sacrobosco knew Ptolemy's work through its Arabic translation, he wrote his textbook in Latin. Its title, *Almagest*, is adopted from the Arabic translation *al-Madschisti*. Sacrobosco's textbook was then translated from Latin into Hebrew at the end of the 14th century by Shlomo Avigdor, a French scholar.

The copy presented here is the Hebrew version of Sacrobosco's *Sphaera Mundi*. It reveals not only the continued impact of medieval Jewish translations on the early modern period, but also the developing networks of European scholars. This copy contains commentaries and supplements pasted inside by the physician and physicist Leo Lucerna, whose father was a rabbi in Frankfurt am Main for several years. Being Jewish, Leo Lucerna was able to study in Padua. He was a physician and a rabbi in the Jewish ghetto in Vienna, where he established a synagogue and a *Bet Ha-Midrash*, a Jewish study hall. His knowledge of Sacrobosco's work demonstrates that, for a long time, it was regarded as mandatory reading for those interested in the natural sciences.

Literature

Fingernagel, Andreas, ed. Juden, *Christen, Muslime. Interkultureller Dialog in alten Schriften*. Wien: Österreichische Nationalbibliothek, 2010.

Pedersen, Olaf. "The Corpus Astronomicum and the Traditions of Medieval Latin Astronomy: A Tentative Interpretation." Pages 59-76 in *Colloquia Copernicana III*. Edited by O. Gingerich and J. Dobrzycki. Wroclaw: Ossolineum, 1975.

Schubert, Kurt, ed. *Die österreichischen Hofjuden und ihre Zeit*. Studia Judaica Austriaca XII. Eisenstadt: Österreichisches Jüdisches Museum, 1991.

Schwarz, Arthur Zacharias. *Die hebräischen Handschriften der Nationalbibliothek in Wien*. Wien/Prag/Leipzig: Strache, 1925.

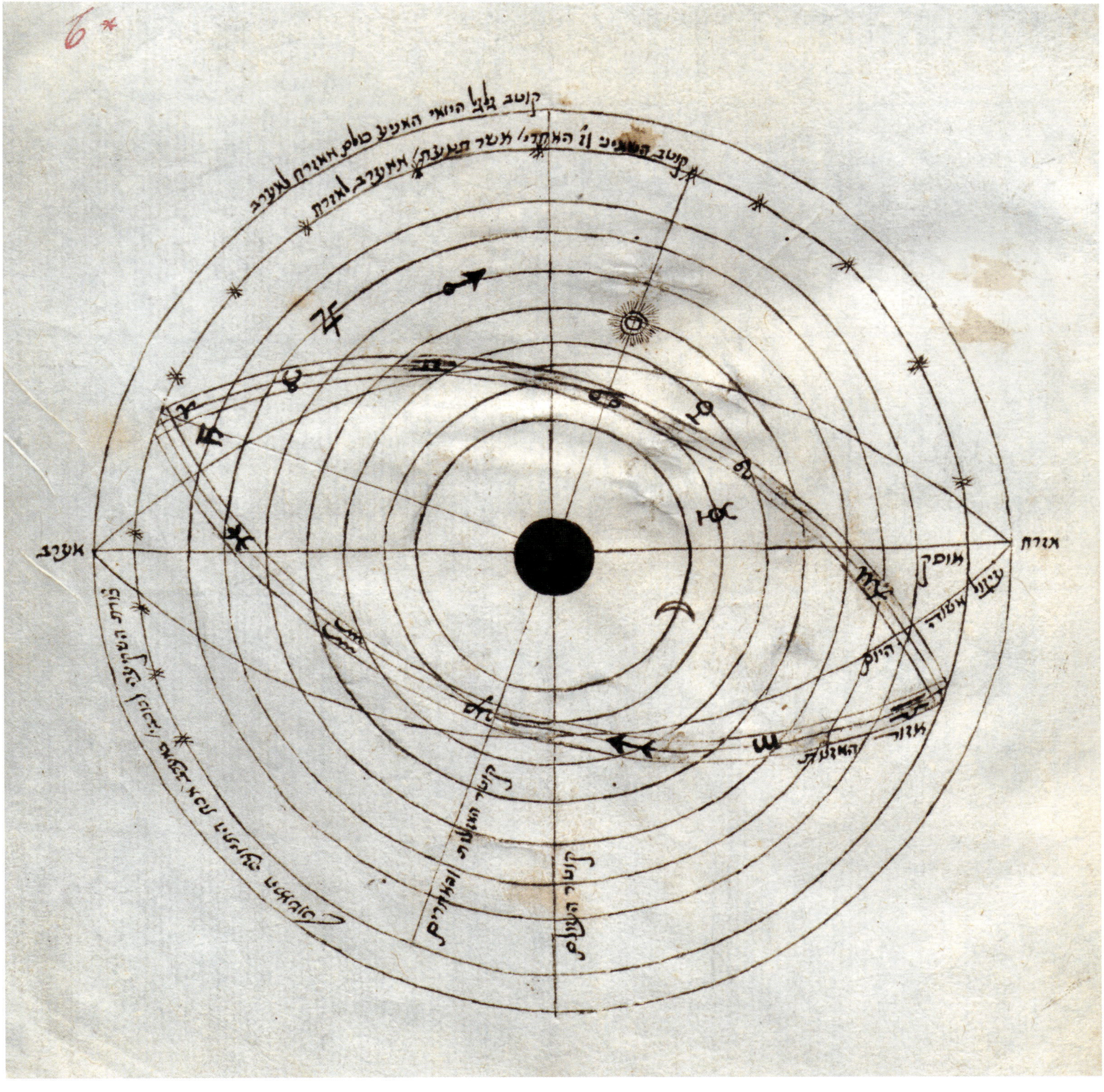

מערב
מזרח

Sefer Amana – Liber Fidei

Isny 1542
Herausgeber: Paul Fagius
Druck auf Papier
Bibliotheca Rosenthaliana, Amsterdam, RON A-5383

Die intensive Auseinandersetzung christlicher Theologen mit jüdisch-religiösen Inhalten kann nicht darüber hinwegtäuschen, dass ihr Interesse auch in der frühen Neuzeit apologetisch und missionarisch motiviert war. So ist das vorliegende lateinisch-hebräische Werk eine Verteidigung des Christentums gegenüber dem jüdischen Glauben. Der Theologe Paul Fagius (1504-1549) war ein Schüler des jüdischen Humanisten und Grammatikers Elia Levita (1469-1549), mit dem er im allgäuischen Isny auch etliche Werke gemeinsam herausgab.

Literatur

Dan Yardeni, Eliyahu Bachur (1469 – 1549) in Isny, Seforim Blog, December 20, 2010: http://www.jidaily.com/qmn (Zugriff am: 04.01.2016).

Shimeon Brisman, A History and Guide to Judaic Dictionaries and Concordances (Jewish Research Literature III,1), Hoboken 2000.

Moritz Steinschneider/Adolf Neubauer, Le Livre de la foi; Paul Fagius et Sébastien Munster, Paris 1882.

ספר אמנה

יקר טוב ונעים אשר חבר אותו איש
ישראלי חכם ונבון לפני כמה שנים להורות ולהוכיח כי
בראיות גמורות וברורות שאמונת המשיחיים שיש
להם בהלכה באב ובן ורוח הקודש ובדברים אחרים
שלימה ונכונה ובלי ספק היא מושבת על יסוד התורה
והנביאי והכתובים לפיכך קרא שמו ספר אמנה להאיר
בו עיני העורים ולהוליך בדרך ישרה השועים בעתה
מלשון עברי אל לשון רומיי על ידי פאולוש
פאגיוש ונדפס באיזנא הבירה בשנת ש״ב
לפק מבריאת עולם תהלה ושבח
וכבוד לשם עליון
השוכן בשמי
מרום

ומלאך הברית אשר אתם חפצים הנה בא אמר יהוה צבאות

אם לא תאמינו כי לא תאמנו

ברוך א עליון אשר נתן כח עבדו בן אמיתו להחל
ולכלות ספר הזה   וכן יהי רצון מלפניו
שיהיה עמי להדפיס שאר הספרים
כאשר בלבבי
ותהי השלמתו בעיר איזנא   שנת חמשת
אלפים ושלש מאות ואחת
לבריאת עולם

פ   ב

כל אילן טוב נושא פרי טוב

Sefer amanah – Liber fidei

Isny, 1542
Editor: Paul Fagius
Print on paper
Bibliotheca Rosenthaliana, Amsterdam, RON A-5383

The intensive examination of Jewish, religious subjects by Christian theologians cannot hide the fact that their motivation was missionary and apologetic in nature, even during the early modern period. The Latin-Hebrew work presented here is a defense of Christendom against the Jewish faith. The theologian Paul Fagius (1504–1549) was a student of the Jewish humanist and grammarian Elia Levita (1469–1549), with whom he also published several works in Isny im Allgäu.

Literature

Brisman, Shimeon. *A History and Guide to Judaic Dictionaries and Concordances*. Jewish Research Literature, Vol. 3, Part 1. Hoboken: KTAV Publishing House, 2000.

Steinschneider, Moritz and Adolf Neubauer. *Le Livre de la foi; Paul Fagius et Sébastien Munster*. Paris: Durlacher, 1882.

Yardeni, Dan. "Eliyahu Bachur (1469–1549) in Isny." *the Seforim blog* (blog). December 20, 2010. http://www.jidaily.com/qmn (retrieved 01/04/2016).

Bibeleinband

Von Meir Jaffe aus Ulm
Nürnberg 1468
Leder, Metall
Bayerische Staatsbibliothek, München, Cod. Hebr. 212

Ebenso wie viele christliche Handschriften können auch hebräische in prächtige Lederschnitt-Einbände wie den vorliegenden gebunden sein. Der Kunsthandwerker war Meir von Ulm, den der Nürnberger Rat ungeachtet der Tatsache, dass er Jude war, für die Aufgabe der Herstellung dieses Einbands für einen Pentateuch in der zweiten Hälfte des 15. Jahrhunderts engagiert hatte. Nicht nur die hebräische Bezeichnung, auch die florale Ornamentik, ein Hirsch und das Nürnberger Wappen sind meisterhaft ausgeführt.

Der von Meir Jaffe von Ulm gefertigte Einband ist aus verschiedenen Gründen bemerkenswert. Erstens wurde ein Jude vom Rat der Stadt Nürnberg mit dem Binden mehrerer Bücher beauftragt, wie es der entsprechenden Urkunde vom 8. Juli 1468 zu entnehmen ist: „Item: Meyerlein juden von Ulm ist vergoennt, hie zu sein uncz uf sanct Metreins tage schierst, und sol einem rat etliche Buecher ein lassen binden in der liberey, und die rat schreiber das in acht haben." Ob kein christlicher Lederarbeiter zur Verfügung war oder ob Meir Jaffe so viel kunstfertiger war und der Rat ihn deshalb beauftragte, ist nicht zu entscheiden. Möglicherweise wurde er auch engagiert, da er als Ausstatter von Handschriften bereits begehrt war, was er auch selbstbewusst in den Einband hineinschnitt: „Pentateuch für den Rat von Nürnberg, der leben möge – Meir Jaffe der Illuminator." Und tatsächlich ist uns Meir Jaffe auch sonst als Schreiber und Illustrator bekannt. Zweitens arbeitete hier ein Jude als Handwerker, wenn auch als künstlerischer, was durch das repressive geltende Recht eigentlich ausschlossen war. Dies legt nahe, dass Juden Handwerke ausüben konnten, ohne im Rahmen einer Zunft ausgebildet und organisiert zu sein. Dafür spricht beispielsweise auch, dass das Gravieren und Petschierstechen regional unterschiedslos ein traditionell jüdisches Kunsthandwerk war. Und drittens stellt sich die Frage, warum der Rat überhaupt eine hebräische Bibel in einem hebräisch beschrifteten Einband brauchte. Die Antwort wird wohl lauten, dass sie im Kontext des Rechtswesens der Stadt verwendet wurde, damit Juden bei Rechtsstreitigkeiten auf die hebräische Bibel schwören konnten.

Literatur

Yael Zirlin, Au-delà du visible. Relations entre juifs et chrétiens dissimulées dans les manuscrits hébreux enluminés (Bibliologia BIB 39), Turnhout 2015.

Joseph Schatzmiller, Cultural Exchange: Jews, Christians, and Art in the Medieval Marketplace, Princeton–Oxford 2013.

Ursula und Kurt Schubert, Jüdische Buchkunst, 2 Bde, I (Buchkunst im Wandel der Zeiten 3/1), Graz 1983.

Max Joseph Husung, Über den sogenannten ‚jüdischen' Lederschnitt, in: Soncino-Blätter I (1925-26), 29-43.

Bible cover

Artist: Meir Jaffe of Ulm
Nuremberg, 1468
Leather, metal
Bayerische Staatsbibliothek [Bavarian State Library], München, Cod. Hebr. 212

Like their Christian counterparts, Hebrew manuscripts could also be bound in splendid leather covers, such as the one presented. In spite of being Jewish, the artisan Meir Jaffe of Ulm was commissioned by the Nuremberg Council to manufacture this cover for a Pentateuch during the second half of the 15th century. He masterfully carried out this task, as can be seen with the Hebrew title, the floral ornamentation, the stag, and the Nuremberg coat of arms.

The cover, manufactured by Meir Jaffe of Ulm, is remarkable for several reasons. Firstly, he was commissioned as a Jew by the Council of the City of Nuremberg to bind several books, as indicated in the corresponding document of July 8, 1468: "To the Meyer[lein] Jew of Ulm, herewith, is granted his presence until St. Martin's Day, and he shall make covers and bind several books for the Council's library and administrators." It is unclear whether the Council commissioned him because Christian leatherworkers were unavailable or because Meir Jaffe's skill was already famed. Perhaps he was employed as a treasured outfitter of manuscripts–reflected by his own, self-assured inscription in the cover: "Pentateuch for the Council of Nuremberg, may it prosper–Meir Jaffe the illuminator." And indeed, Meir Jaffe had been well-known as an author and illustrator. Secondly, the repressive laws of the time should have actually precluded Jews from working as craftsmen, even those with exceptional artistic skills. This suggests that Jews could perform crafts even if they were not formally trained and organized within a guild. This is exemplified by engraving and signet production, an artistic craftsmanship that had been traditionally carried out by Jews throughout the region. Thirdly, the question arises why the Council was in need of a Hebrew Bible with a Hebrew-inscribed cover in the first place. The answer may lie in the requirement of such a Bible by the city's judicial system, so that Jews could give an oath on it during legal disputes.

Literature

Husung, Max Joseph. "Über den sogenannten ‚jüdischen' Lederschnitt." Pages 29-43 in *Soncino-Blätter*. Beiträge zur Kunde des jüdischen Buches 1. Berlin, 1925-1926.

Schatzmiller, Joseph. *Cultural Exchange: Jews, Christians, and Art in the Medieval Marketplace*. Princeton/Oxford: Princeton University Press, 2013.

Schubert, Kurt and Ursula. *Jüdische Buchkunst. 2* Vols. Buchkunst im Wandel der Zeiten 3/1. Graz: Akademische Druck- und Verlagsanstalt, 1983.

Zirlin, Yael. *Au-delà du visible. Relations entre juifs et chrétiens dissimulées dans les manuscrits hébreux enluminés*. Bibliologia BIB 39. Turnhout: Brepols, 2015.

Koran

Iran 1525-1550
Handschrift auf Papier; persischer Ledereinband mit Goldprägung
H: 22,5, B: 14 cm
Bayerische Staatsbibliothek, München, Cod. Arab. 12

Der Koran ist die Heilige Schrift des Islam. Er ist Glaubensgrundlage und Hauptquelle islamischen Rechts. Der arabische Begriff „Islam" bedeutet, sich dem Willen Gottes zu unterwerfen, und „Muslim" ist derjenige, der dies tut. Nach muslimischem Glauben wurde der Inhalt des Koran dem Propheten Mohammed durch die Vermittlung des Engels Gabriel von Gott offenbart. Gemäß dem Koran beginnt die Geschichte des Islam nicht erst mit Mohammed, sondern mit Abraham als erstem Muslim.

Die Sprache des Koran ist das Arabische, und der Koran gibt das Maß vor, an dem Werke in arabischer Sprache gemessen werden. Mit der Ausbreitung des Islam kam es allerdings schon im Mittelalter zu persischen und türkischen Übersetzungen. Der Koran ist in Reimprosa abgefasst und enthält 114 Suren, die wiederum aus einer unterschiedlichen Anzahl von Versen bestehen. Zur liturgischen Verwendung wird er in 30 Abschnitte eingeteilt. Der Islam erkennt sowohl Moses als auch Jesus als Propheten an und reiht sich damit als dritte in die abrahamitischen Religionen ein. Zum Offenbarungsinhalt des Koran gibt es – der Bibelexegese vergleichbar – eine breite Auslegungs- und Kommentarliteratur. Wie in Judentum und Christentum gibt es auch im Islam verschiedene theologische Strömungen, Gruppierungen und Untergruppierungen. Die Sunniten bilden die Mehrheit im Islam, die zweitgrößte Gruppe stellen die Schiiten dar. Zu den verschiedenen Bewegungen gehören auch puritanische, mystische und messianische Richtungen.

Literatur

Angelika Neuwirth, Der Koran als Text der Spätantike. Ein europäischer Zugang, Berlin 2010.

Tilman Nagel, Geschichte der islamischen Theologie von Mohammed bis zur Gegenwart, München 2008.

Die arabischen Handschriften der K. Hof- und Staatsbibliothek in München, beschrieben von Joseph Aumer (Catalogus codicum manu scriptorum Bibliothecae Regiae Monacensis T. 1, Ps. 2), München 1868.

Qur'an

Iran, 1525–1550
Manuscript on paper; Persian leather cover with gold embossing
Height: 9 ¾, width: 5 ½ in
Bayerische Staatsbibliothek [Bavarian State Library], München, Cod. Arab. 12

The Qur'an is the holy scripture of Islam, and the doctrinal basis and main source of Islamic law. The Arabic term "Islam" means "to submit" oneself to the will of God. And a person who does so is a "Muslim." According to Muslim faith, the content of the Qur'an was revealed to the prophet Muhammad by God through mediation of the angel Gabriel. In accordance with the Qur'an, the history of Islam begins not with Mohammad, but with Abraham, as the first Muslim.

The language of the Qur'an is Arabic, and the Qur'an provides the standard by which works in the Arabic language are measured. With the spread of Islam, however, Persian and Turkish translations had emerged already in the Middle Ages. The Qur'an is written in prose with rhyming final syllables or sentence clauses, and it contains 114 *surah*s, which in turn contain a varying amount of verses. For its liturgical application, the Qur'an is arranged in 30 sections. Islam recognized Moses as well as Jesus as prophets, thereby representing the third of the Abrahamic religions. Comparable to the Bible, a wide-ranging literature of exegesis and commentary exists about the content of revelation in the Qur'an. As in Judaism and Christianity, Islam has various theological currents, groupings, and sub-groupings. The Sunnis form a majority in Islam, while the Shi'ites represent the second largest group. Among the various movements are also puritanical, mystical, and messianic orientations.

Literature

Aumer, Joseph. *Die arabischen Handschriften der K. Hof- und Staatsbibliothek in München*. Catalogus codicum manu scriptorum Bibliothecae Regiae Monacensis T. 1, Ps. 2. München, 1868.

Nagel, Tilman. *Geschichte der islamischen Theologie von Mohammed bis zur Gegenwart*. München: C.H. Beck, 2008.

Neuwirth, Angelika. *Der Koran als Text der Spätantike. Ein europäischer Zugang*, Berlin: Insel Verlag, 2010.

إِنَّ رَبَّهُمْ بِهِمْ يَوْمَئِذٍ لَخَبِيرٌ

القارعة احدى عشرة آية

بِسْمِ اللَّهِ الرَّحْمَنِ الرَّحِيمِ

الْقَارِعَةُ مَا الْقَارِعَةُ وَمَا أَدْرَاكَ مَا الْقَارِعَةُ
يَوْمَ يَكُونُ النَّاسُ كَالْفَرَاشِ الْمَبْثُوثِ وَتَكُونُ
الْجِبَالُ كَالْعِهْنِ الْمَنْفُوشِ فَأَمَّا مَنْ ثَقُلَتْ مَوَازِينُهُ
فَهُوَ فِي عِيشَةٍ رَاضِيَةٍ وَأَمَّا مَنْ خَفَّتْ مَوَازِينُهُ
فَأُمُّهُ هَاوِيَةٌ وَمَا أَدْرَاكَ مَا هِيَهْ نَارٌ حَامِيَةٌ

سورة التكاثر مكية ثمان ايات

بِسْمِ اللَّهِ الرَّحْمَنِ الرَّحِيمِ

Lucas van Leyden
Mohammed und der Mönch Sergius

1508
Kupferstich
H: 28,8, B: 21,7 cm
Kunstsammlungen der Veste Coburg, Inv. Nr. VII,4,138

Die Geburt des Islam als dritte der monotheistischen Religionen im frühen 7. Jahrhundert in Arabien war für Christen und Juden eine große Herausforderung. Christliche Theologen diffamierten den Islam, indem sie behaupteten, der Häretiker Sergius sei Lehrer Mohammeds gewesen. In anti-islamischen Schriften wurde Mohammed unterstellt, er habe seinen Lehrer in Trunkenheit umgebracht und nach Entdeckung seiner Tat den Genuss von Alkohol verboten.

Sergius Bahira lebte um 600 im Süden Syriens. Einer frühen islamischen Legende zufolge soll er Mohammed seine Berufung als Prophet vorausgesagt und ihn im biblischen Schrifttum unterwiesen haben. Sergius war ein Anhänger des Nestorianismus, der in Jesus zwei vermischte und dennoch geteilte Naturen sieht, nämlich eine menschliche und eine göttliche. Diese Zwei-Naturen-Lehre wurde von der Kirche als häretisch verdammt, da sie Jesu Charakter als ungeteilt göttlich und menschlich interpretiert. Nachdem der Theologe Petrus Venerabilis, der die erste Koranübersetzung ins Lateinische in Auftrag gegeben hatte, erklärte, dass Mohammed ein von einem Häretiker beeinflusster „Lügenprophet" gewesen sei, begünstigte er in erheblichem Maße die Kreuzzugsideologie. Das Negativbild, das Venerabilis vom „Anderen" entwarf, hatte nicht nur verheerende Konsequenzen für die Moslems im „Heiligen Land", sondern auch für jene in Spanien sowie für die Juden Europas.

Literatur

Ahlam Sbaihat, Stereotypes Associated with Prototypes of the Prophet of Islam's Name till the 19th Century, in: Jordan Journal of Modern Languages and Literature VII, 1 (2015), 21-38.

Krisztina Szilágyi, Muhammad and the Monk: The Making of the Christian Bahira Legend, in: Jerusalem Studies in Arabic and Islam 34 (2008), 169-214.

Reinhold F. Glei (Hg.), Schriften zum Islam/Petrus Venerabilis (Corpus Islamo-Christianum, Series Latina, 1), Altenberge 1985.

Lucas van Leyden
Muhammad and the Monk Sergius

1508
Copperplate engraving
Height: 11 ¼, width: 8 ½ in
Kunstsammlungen [Art Collections] der Veste Coburg, VII,4,138

The birth of Islam as the third of the monotheistic religions in the early 7th century in Arabia represented a great challenge for Christians and Jews. Christian theologians defamed Islam by claiming that the heretic Sergius had been the teacher of Muhammad. Anti-Islamic writings accused Muhammad of killing his teacher while intoxicated, and–after that realization–of prohibiting the consumption of alcohol.

Sergius Bahira lived in southern Syria around 600 CE. According to an early Islamic legend, he is said to have predicted Muhammad's calling as a prophet and to have instructed him in biblical writings. Sergius was a follower of Nestorianism, who saw two combined yet separate natures in Jesus, one human and the other divine. The church condemned this doctrine of two natures as heretical since it contradicted their view of Jesus's nature being undividedly divine and human. The theologian Petrus Venerabilis (Peter the Venerable), who commissioned the first Qur'an translation into Latin, declared that Muhammad was a "false prophet" who was influenced by a heretic. By taking this position, Venerabilis significantly supported the crusader ideology. The negative image of the "other" conveyed by Venerabilis did not only have disastrous consequences for the Muslims in the "Holy Land," but also for those in Spain as well as for Jews in Europe.

Literature

Glei, Reinhold F., ed. "Petrus Venerabilis." *Schriften zum Islam*. Corpus Islamo-Christianum, Series Latina 1. Altenberge, 1985.

Sbaihat, Ahlam. "Stereotypes Associated with Prototypes of the Prophet of Islam's Name till the 19th Century." Pages 21-38 in *Jordan Journal of Modern Languages and Literature* VII, 1 (2015).

Szilágyi, Krisztina. "Muhammad and the Monk: The Making of the Christian Bahira Legend." Pages 169-214 in *Jerusalem Studies in Arabic and Islam* 34 (2008).

L
1508

Wechselbeziehungen ...

Die Wechselbeziehungen zwischen der christlichen Mehrheit und der jüdischen Minderheit umfassten mehr oder weniger direkte Auseinandersetzungen in religiösen und weltanschaulichen Dingen, aber auch Dialog und Austausch: Die selbe Ästhetik, die wir in der gotischen Sakralarchitektur und in christlichem Zeremonialgut finden, wird in der von Juden benutzten Formensprache ganz selbstverständlich ebenso verwendet. Und auch politische Ereignisse widerspiegeln sich in hebräischen Handschriften als Anspielungen auf konkrete zeitgeschichtliche Begebenheiten. Entsprechende Darstellungen machen die prekäre Situation der Juden zwischen den verschiedenen, oftmals rivalisierenden Obrigkeiten deutlich erkennbar.

Mutual associations ...

The associations between the Christian majority and the Jewish minority were marked not only by conflicts in religious and secular matters, but also by dialogue and exchange. The same aesthetic that we find in Christian Gothic sacred architecture and Christian ceremonial objects in its use by Jews employed quite naturally a Jewish stylistic idiom as well. Even political events are reflected in Hebrew manuscripts as allusions to concrete contemporary incidents. The corresponding depictions clearly reveal the precarious situation of Jews who found themselves pitted between the various, frequently rivaling authorities.

Tripartite Machsor

Bd. 1 für Schawuot, und Sukkot (sowie Ruth und Prediger)
Bodenseeraum nach 1322
Kommentator: Joseph Kara
Schreiber: Chajim
Handschrift auf Pergament
Library of the Hungarian Academy of Sciences, Budapest,
Kaufmann Collection Ms A 384 (aufgeschlagen: fol.103v)

Ritter-, Turnier- und Kampfszenen sind beliebte Motive der mittelalterlichen Ikonographie. Oftmals symbolisieren zwei Streitende den Kampf zwischen Gut und Böse. Mit den Wappen, die die Schabracken der Streitrösser der beiden Kontrahenten in dieser Darstellung aufweisen, nämlich jenem der Habsburger und jenem der Bayern, verweist die Szene auf die Schlacht bei Mühldorf am 28. September 1322 zwischen Friedrich dem Schönen und Ludwig IV.

Die Auseinandersetzungen zwischen Habsburgern und Bayern um die Würde des römisch-deutschen Kaisers fanden mit der Schlacht bei Mühldorf und dem Sieg des Wittelsbachers Ludwig ihr Ende, der 1328 den Kaisertitel erlangte. 1326 hatte er allerdings Friedrich in Ulm als römisch-deutschen König anerkannt. Die Nachfolgefrage war für die Juden deshalb bedeutsam, weil bereits Friedrich I. und Friedrich II. den deutschen Juden als ihren Kammerknechten nicht nur Sonderabgaben auferlegt, sondern auch Privilegien gewährt hatten. Über dem bayerischen Kämpfer deutet ein nackter Mann auf sein Hinterteil, was über die jüdische Perspektive auf den Gewinner hinweisen mag. Friedrich der Schöne hatte die Juden von Überlingen und von Konstanz für einen gewissen Zeitraum von Sonderabgaben befreit, während Ludwig den Bürgern von Esslingen ihre Schulden bei Juden erließ. All dies wird die Juden der Region zur Unterstützung der Habsburger bewogen haben.

Der Schreiber der Handschrift, von dem wir nur seinen Vornamen Chajim kennen, war nicht nur der Schreiber des Tripartite Machsors sondern mindestens noch zweier weiterer repräsentativer hebräischer illustrierter Handschriften aus dem Bodensee-Raum. Wie Sarit Shalev-Eyni überzeugend darlegt, hat Chajim mit einer säkularen christlichen Werkstatt zusammengearbeitet, die die Illustrationen nach seinen Vorgaben ausgeführt hat. Dies ist ein weiteres Beispiel, das zeigt, dass es im Mittelalter nicht nur ein Gegeneinander sondern auch ein produktives jüdisch-nichtjüdisches Miteinander gegeben hat.

Literatur

Sarit Shalev-Eyni, Jews among Christians: Hebrew Book Illumination from Lake Constance, London-Turnhout 2010.

Piet van Boxel/Sabine Arndt (eds.), Crossing Borders: Hebrew Manuscripts as a Meeting-place of Cultures, Oxford 2010.

Gabrielle Sed-Rajna, Le mahzor enluminé. Les voies de formation d'un programme iconographique, Leiden 1983.

Bezalel Narkiss, A tripartite illuminated Mahzor from a South German school of Hebrew illuminated manuscripts around 1300, in: Fourth World Congress of Jewish Studies. Papers, Jerusalem 1967-1968, II, 129-133.

Tripartite Mahzor

Vol. 1 for Shavuot, and Sukkot (as well as Ruth and Ecclesiastes)
Lake of Constance region, after 1322
Commentary: Joseph Kara
Scribe: Hayyim
Manuscript on parchment
Library of the Hungarian Academy of Sciences, Budapest,
Kaufmann Collection Ms A 384 (opened at: fol.103v)

Scenes of knights, tournaments, and battles are favorite motifs for medieval iconography. They often symbolize the two quarrelling sides in the fight between good and evil. The coat of arms, which is indicated by the trappings of the war horses of both adversaries in this image–one a Habsburg and the other a Bavarian–refers to the scene of the Battle of Mühldorf, on the 28th of September, 1322, between Frederick the Fair and Louis IV.

The confrontation between the House of Habsburg and Bavaria in the fight over the title of Roman-German Emperor was settled with the Battle of Mühldorf and the victory of Louis IV of Wittelbach. While he attained the title of emperor in 1328, he did recognize Frederick in 1326 as the Roman-German King in Ulm. The succession issue was important for Jews because Frederick I and Frederick II had not only imposed special levies on Jews, but had also granted them privileges. Above the Bavarian combatant, a naked man points to his buttocks which may allude–from the Jewish perspective–to the winner. Frederick the Fair had freed the Jews of Überlingen and Constance for a period of time from special levies, while Louis had released the citizens of Esslingen from having to pay back Jewish debt. All this probably induced the Jews of the region to support the House of Habsburg.

The scribe of this manuscript, of whom we only know the first name—Hayyim—had copied not only the Tripartite Mahzor, but also at least two other representative, illustrated Hebrew manuscripts from the Bodensee region. As persuasively demonstrated by Sarit Shalev-Eyni, Hayyim had collaborated with a secular Christian workshop, which had executed his directions for the illustrations. This is another example showing that the Middle Ages were not marked only by confrontations with Jews, but also by productive collaboration of Jews and non-Jews.

Literature

Narkiss, Bezalel. "A tripartite illuminated Mahzor from a South German school of Hebrew illuminated manuscripts around 1300." Pages 129-133 in *Fourth World Congress of Jewish Studies. Papers*, II. Jerusalem: World Union of Jewish Studies, 1967-1968.

Shalev-Eyni, Sarit. *Jews among Christians: Hebrew Book Illumination from Lake Constance*. London/Turnhout: Harvey Miller/Brepols, 2010.

Sed-Rajna, Gabrielle. *Le mahzor enluminé. Les voies de formation d'un programme iconographique*. Leiden: E.J. Brill, 1983.

van Boxel, Piet and Sabine Arndt, eds. *Crossing Borders: Hebrew Manuscripts as a Meeting-Place of Cultures*. Oxford: Bodleian Library, 2010.

מִלְּבָנוֹן כַּלָּה מֵרֹאשׁ אֲמָנָה תָּשׁוּרִי
בְּטוֹהַר עֲדָיַי לְבוּשׁ הִתְכַּהֲנִי וְהִתְפָּאֲרִי
ב וְשֵׁם רִיקוּחַ הִתְבַּשְּׂמִי מוֹר וּלְבוֹ
נָה וּלְבוֹנָה הִתְקַטְּרִי כִּי בָא עֵת וְהִגִּ
יעַ שָׁעָה אֲשֶׁר לַמֶּלֶךְ תָּשׁוּרִי
בין שָׂרַי יָלִין אֶשְׁכֹּל הַכֹּפֶר מִנֹּפֶת צוּפִית
וְנֹאוָמִית כַּלָּה בְּאִמְרֵי שֶׁפֶר בִּנְיָמִין
וּבוֹלוּ רַחֲשִׁים בְּלִי חֵפֶר חוֹק זֵכֶר קְדֻשָּׁתוֹ
נַעֲרִיצָן וְנִסְפַּר בְּמַעְלָה יִתְקַדֵּשׁ וּבְמַטָּה יִסְתַּלְסֵל תָּמִיד
לַיְלָ וָנֶשֶׁף קָדוֹשׁ

8 בנימן בן זרח חזק

אתי מלבנון כלה הפייט יסד ייוצר זה שלגלות מיעדים
לכך התחיל מזה הפסוק׳ אתי מלבנון כ׳
פת׳ אתי תשובי מן הגלות שנישלח
ללבנון אתי׳ ויליד שהק׳ שרוי עם ישר
בגלות׳ ומראש אמנה תשורי כזאת יוצאת
שהיוויען מראש ראית לגיוס׳ כמ׳ ׳
ישורנו ולא קרוב׳ בטוהר עדיי לובש התעמי
כשגלו ישר הופשטו מבגדי כהונה׳ וכוש
יהדרו מזה ספ׳ כי עלם כעדי תלבשי כי בא
עת והגיע שעה לענות מן הגלות׳ אשר
למלך תשורי׳ תגישתי ותביני עטרין להו
פני המלך׳ ותשורי למלך משורין לש סיסה
בין שרי ילין׳ בין שני בדי ארון ילין׳
הק׳ שהוא אשכל הכפר׳ יסתלסל
עניין שבח הוא׳ כמ׳ לא תסולה בכתם
אופיר׳ סלו לרוכב בערבות׳ לש הילול׳

Machsor für Rosch ha-Schana

Deutschland oder Österreich 1344-1347 (Ergänzung: 15. Jh.)
Schreiber: Chaim; Auftraggeber: Mosche
Handschrift auf Pergament
H: 22,4, B: 14 cm
Österreichische Nationalbibliothek, Wien, Cod. Hebr. 163
(aufgeschlagen: fol. 100r)

Das Gebetbuch für Rosch ha-Schana, das jüdische Neujahrsfest, weist zahlreiche Leisten- und Rankenornamente auf. In den Initialen tummeln sich – gleich wie in lateinischen Handschriften – wie hier oft Grotesken und Drachen, aber auch ein Storch ist zu sehen. Der Schreiber und Illustrator wahr wohl ein bekannter Profi, ist er doch identisch mit dem in der Österreichischen Nationalbibliothek befindlichen „Großen Buch der Gebote" und einer Bibelhandschrift in Cambridge von 1347.

Literatur

Aaron Freimann, Jewish Scribes in Medieval Italy, in: Alexander Marx Jubilee Volume, New York 1950, 231-242.

Arthur Zacharias Schwarz, Die hebräischen Handschriften der Nationalbibliothek in Wien, Wien et al. 1925, Nr. 91 und Nr. 63.

Salomon Marcus Schiller-Szinessy, Catalogue of the Hebrew Manuscripts Preserved in the University Library Cambridge, Cambridge 1876, Nr. 25.

Machzor for Rosh Hashanah

Germany or Austria, 1344-1347 (amendment: 15th century)
Scribe: Chaim; commission by Moshe
Manuscript on parchment
Height: 8 ¾, width: 5 ½ in
Österreichische Nationalbibliothek [Austrian National Library], Wien,
Cod. Hebr. 163 (opened at: fol. 100r)

The prayer book for Rosh Hashanah, the Jewish New Year celebration, exhibits numerous margin and tendril ornamentations. The initials are bustling–like in Latin manuscripts–with grotesque creatures and dragons; but a stork is seen as well. The scribe and illustrator may have been a well-known professional since he is identical with the one who wrote "The Great Book of Commandments" held at the Austrian National Library and a Bible manuscript of 1347 held in Cambridge.

Literature

Freimann, Aaron. „Jewish Scribes in Medieval Italy." Pages 231-242 in *Alexander Marx Jubilee Volume*. New York: Jewish Theological Seminary of America, 1950.

Schiller-Szinessy, Salomon Marcus. *Catalogue of the Hebrew Manuscripts Preserved in the University Library, Cambridge*. No. 25. Cambridge: Cambridge University Press, 1876.

Schwarz, Arthur Zacharias. *Die hebräischen Handschriften der Nationalbibliothek in Wien*. No. 63. Wien/Prag/Leipzig: Strache, 1925.

100

ויהוה

פקד את שרה
כאשר אמר
ויעש יהוה לש
לשרה כאשר
דבר ותהר ותלד
שרה לאברהם
בן לזקניו למו
למועד אשר
דבר אתו אלהים

ויקרא אברהם
את שם בנו הנולד
לו אשר ילדה ל
לו שרה יצחק
וימל אברהם את
יצחק בנו בן שמ
שמנת ימים כא
כאשר צוה אתו
אלהים ואברהם

Ofenkachel mit Ritter zu Pferd

Oberrhein 2. Hälfte 15. Jh.
Ton, gebrannt, grün glasiert
H: 15,2, B: 15 cm
Germanisches Nationalmuseum, Nürnberg, A 3079

Die gotische Hohlkachel zeigt einen geharnischten Ritter mit Schild und Lanze auf seinem galoppierenden Pferd. Zur Zeit der Herstellung der Kachel waren die Tage der Panzerreiterei als Rückgrat des europäischen Heerwesens bereits gezählt. Die schwindende militärische Bedeutung des Rittertums tat der Verklärung ritterlicher Lebensweise keinen Abbruch, die dem Reiterkrieger Tapferkeit, Kühnheit und christliche Tugenden zusprach.

Stove tile with knight on horse

Oberrhein, second half of the 15th century
Clay, fired, green glazed
Height: 6, width: 6 in
Germanisches Nationalmuseum [Germanic National Museum], Nürnberg, A 3079

This Gothic-styled, glazed tile shows an armor-clad knight with shield and lance on his galloping horse. At the time of manufacturing this tile, the days of armor-plated cavalry as the backbone of European armed forces were already numbered. The diminishing military significance of knighthood did not impair the transfiguration of the chivalrous way of life, which attributed knightly warriors with bravery, audacity, and Christian virtues, to others.

Turnierritter

Zwei Bodenfliesen aus dem Ulmer Franziskanerkloster
Ulm um 1300
Ton, modelgepresst und gebrannt
H: 13, B: 13 cm
Ulmer Museum

Die Bodenfliesen mit den Figuren eines Ritters und eines Zentauren im Turnier wiederspiegeln idealisiert wahrgenommene Aspekte höfischen Lebens. Transportiert wurden solche Vorstellungen nicht zuletzt durch mittelalterliche Ritterromane, die sich als Mischungen aus Heldenepen und Romanzen großer Beliebtheit erfreuten. Romane dieser Art wurden für das weibliche jüdische Publikum auch ins Jiddische übertragen, wie z.B. „Di beschtendige Libschaft fun Floris und Pankefler", die erstmals um 1160 in Frankreich unter dem Titel „Floire et Blancheflor" bekannt wurde.

Literatur

Sara Offenberg, A Jewish Knight in Shining Armour: Messianic Narrative and Imagination in Ashkenazic Illuminated Manuscripts, in: The University of Toronto Journal of Jewish Thoughts 4 (2014), 1-14.

Jutta Zander-Seidel/Anja Kregeloh (Hg.), Geschichtsbilder. Die Gründung des Germanischen Nationalmuseums und das Mittelalter (Die Schausammlungen des Germanischen Nationalmuseums 4), Nürnberg 2014, Nr. 119.

Jutta Zander-Seidel, Daniel Hess, Frank Matthias Kammel, et al., Mittelalter. Kunst und Kultur von der Spätantike bis zum 15. Jahrhundert (Die Schausammlungen des Germanischen Nationalmuseums Bd. 2), Nürnberg 2007, Nr. 328.

Tournament knight

Two floor tiles from the Franciscan Monastery in Ulm
Ulm, around 1300
Clay, pressed tiles and fired
Height: 5, width: 5 in
Ulmer Museum

The floor tiles with the figures of a knight and a centaur in a tournament replicate the idealistically perceived aspects of courtly life. Such imagery was conveyed also by medieval knightly epics, which became quite popular as a blending of the genres of heroic sagas and romances. Such epics had also been translated into Yiddish for female Jewish clientele, for instance, *Di beschtendige Libschaft fun Floris und Pankefler* (*The Continued Liaison between Floris and Pankefler*), which had been first known in France under the title *Floire et Blancheflor*.

Literature

Offenberg, Sara. "A Jewish Knight in Shining Armour: Messianic Narrative and Imagination in Ashkenazic Illuminated Manuscripts." Pages 1-14 in *University of Toronto Journal of Jewish Thought* 4 (2014).

Zander-Seidel, Jutta and Anja Kregeloh, eds. *Geschichtsbilder. Die Gründung des Germanischen Nationalmuseums und das Mittelalter.* Die Schausammlungen des Germanischen Nationalmuseums 4. No. 119. Nürnberg: Germanisches Nationalmuseum, 2014.

Zander-Seidel, Jutta, Daniel Hess, Frank Matthias Kammel, et al., eds. *Mittelalter. Kunst und Kultur von der Spätantike bis zum 15. Jahrhundert.* Die Schausammlungen des Germanischen Nationalmuseums 2. No. 328. Nürnberg: Germanisches Nationalmuseum, 2007.

Jüdischer Hochzeitsring

Deutschland um 1500
Gold
H: 4,3, Dm: 2,5cm
Bayerische Verwaltung der staatlichen Schlösser, Gärten und Seen,
Residenz München, Schatzkammer, Schk. 52 WL

Der Verwendungszusammenhang der Schauobjekte, die heute als jüdische Hochzeitsringe bekannt sind, ist in einem rechtlichen Kontext zu sehen und war ursprünglich in der Verlobungs-Zeremonie verankert. Seit dem hohen Mittelalter scheinen sie in den eigentlichen Heiratsakt unter den Trauhimmel verschoben worden zu sein. Der Mann reicht der Frau den – je nach Mode gearbeiteten, hier gotischen – Hochzeitsring und spricht dazu: „Durch diesen Ring bist du mir angelobt nach dem Gesetz Moses und Israels." Der Architekturaufbau wird als Anspielung auf das gemeinsame künftige Heim des Paares interpretiert.

Die bis heute älteste eindeutige Darstellung des Ringrituals findet sich in einem jüdischen Ehevertrag aus dem niederösterreichischen Krems von 1391/92. Hier steht Zemach, die zur Verdeutlichung ihres deutschen Namens Blümel eine blaue Blume in der Linken hält, am oberen linken Bildrand und streckt ihre Rechte erwartungsvoll dem Bräutigam entgegen. Schalom ben Menachem, zu Deutsch Tröstl, erhebt am rechten Bildrand den Ring demonstrativ, vermutlich damit alle Anwesenden ihn sehen können. Von nun an wird die Szene oft bildnerisch eingefangen, legt sie doch nicht nur Zeugnis von der materiellen Absicherung der Braut ab, sondern die Eheschließung wird damit auch vor den Anwesenden besiegelt. Der besondere Charakter der jüdischen Hochzeitsringe lässt sich auch an der Tatsache ablesen, dass sie Gemeindegut waren und nicht etwa in den Besitz der Braut übergingen. Sie wurden bei jeder Eheschließung als Zeichen der Rechtsgültigkeit des Aktes innerhalb der Gemeinde verwendet. Auf den wenigen überlieferten Stücken findet sich wie auf vorliegendem das als vermeintlicher Glückwunsch „Viel Glück" gedeutete hebräische „Masal tow". Doch geht es weniger um das einfache Glück des Paares. Denn auf etlichen jüdischen Zeremonialobjekten, die sich auf einen Übergangsritus beziehen, der einem Mitglied der jüdischen Gemeinschaft gilt, findet sich der Wunsch, dies möge unter „einem guten Stern" – so die korrekte Übersetzung – geschehen. So steht es auf dem Beschneidungswimpel eines neugeborenen Jungen ebenso wie auf Bar-Mizwa-Amuletten. Der „gute Stern" meint, man möge der himmlischen Sphäre gerecht werden, also die göttlichen Gebote einhalten. Der Ausspruch „Durch diesen Ring bist du mir angelobt" in Verbindung mit dem „guten Stern" beinhaltet daher das vor Zeugen gegebene Versprechen, seinen Dienst an der jüdischen Gemeinschaft zu tun.

Literatur

Barbara Staudinger, Die jüdische Welt und die Wittelsbacher, München 2007, Nr. 1.

Historisches Museum der Pfalz (Hg.), Europas Juden im Mittelaltert. Texte von Javier Castaño et al., Ostfildern 2004, 198.

Bernward Deneke (Hg.), Siehe der Stein schreit aus der Mauer. Geschichte und Kultur der Juden in Bayern, Nürnberg 1988, Nr. 3/167.

Jewish wedding ring

Germany, around 1500
Gold
Height: 1 ¾, diameter: 1 in
Bayerische Verwaltung der staatlichen Schlösser, Gärten und Seen
[Bavarian Administration of State Castles, Gardens, and Lakes],
Residenz München, Schatzkammer [treasure chamber], Schk. 52 WL

The original context for the showpiece known today as Jewish wedding rings is to be seen within a legal framework set in the engagement ceremony. Since the High Middle Ages, the actual marriage ceremony seems to have been reassigned to taking place beneath the betrothal canopy. The man would hand the wedding ring–this one with Gothic ornamentation–to the woman, saying, "By this ring you are betrothed to me according to the law of Moses and Israel." The architectural arrangement on the ring alludes to the couple's common, future home.

This unambiguous depiction of the ring-ritual is the oldest to date. It is found in a Jewish marriage agreement of 1391/1392 in Krems, Lower Austria. Zemach (the bride) stands at the upper left corner of the image holding a blue flower in her left hand, which illustrates her German name "Blümel" (little flower). She expectantly reaches out her right hand to her bridegroom. Shalom ben Menachem–"Tröstl" in German–at the right edge of the image, demonstratively holds up the ring presumably for everyone present to see. This scene is often visually captured to portray not only the attestation of the bride's material assurance, but also the sealing of matrimony witnessed by all those present. The special character of the Jewish wedding ring is exposed by the fact that it remained in possession of the congregation and was not turned over to the bride. This ring symbolized the legal validity of the matrimonial act for the congregation. Only a few of the surviving pieces, such as this one, display the presumed felicitation: "good luck"–in Hebrew, "*mazel tov*." This, however, refers to a lesser extent simply to the couple's fortune. Inscribed on several Jewish ceremonial objects associated with transitional rites for a member of the Jewish congregation, *mazel tov* literally expresses the wish that it may happen "under a good star." That felicitation is also imprinted on circumcision streamers of newly-born boys as well as on bar mitzvah amulets. The "good star" refers to the challenge of living up to the heavenly constellation, which means the keeping of God's commandments. The expression, "By this ring you are betrothed to me," in association with the "good star," conveys therefore the promise of serving the Jewish community, a promise made in front of witnesses.

Literature

Deneke, Bernward, ed. *Siehe der Stein schreit aus der Mauer. Geschichte und Kultur der Juden in Bayern*. No. 3/167. Nürnberg: Germanisches Nationalmuseum, 1988.

Historisches Museum der Pfalz, ed. *Europas Juden im Mittelalter*. Ostfildern: Speyer, 2004.

Staudinger, Barbara. *Die jüdische Welt und die Wittelsbacher*, No. 1. Ausstellungskatalog. München: Jüdisches Museum, 2007.

Hostienmonstranz

Um 1460/1470, mit späteren Änderungen
Unbekannter Goldschmied
Silber, gegossen, graviert, teilweise vergoldet
H: 68,5, B: 21,5 cm
Katholische Kirchengemeinde St. Michael zu den Wengen, Ulm

Auch die aus der Reliquienmonstranz entwickelte Hostienmonstranz ist ein Schauobjekt. Als Objekttypus entstand sie erst im 13. Jahrhundert. Sie dient dazu, die konsekrierte Hostie der versammelten Gemeinde feierlich zu zeigen. Ursprünglich ein einfacher Glasbehälter, wurden im 14. Jahrhundert größere Monstranzen im Stil der Gotik geschaffen, teils auch mit turmförmigen Aufbauten. Die gotischen Stilelemente dieser Monstranz finden sich nicht nur in dem jüdischen Hochzeitsring wieder, sondern auch in Architekturdarstellungen in hebräischen Handschriften.

Literatur

Hartmut Kühne, otensio reliquiarum. Untersuchungen über Entstehung, Ausbreitung, Gestalt und Funktion der Heiltumsweisungen im römisch-deutschen Regnum (Arbeiten zur Kirchengeschichte Bd. 75), Berlin–New York 2000.

Rudolf Huber (Hg.), Kirchengeräte, Kreuze und Reliquiare der christlichen Kirchen (Glossarium Artis 2), München et al. 1991.

Hermann Fillitz, Die beiden Reliquien-Monstranzen der Klosterneuburger Schatzkammer, in: Jahrbuch des Stiftes Klosterneuburg, NF 4, 1964, 129-137.

Monstrance for hosts

Around 1460/1470, with later alterations
Unknown goldsmith
Silver, cast, engraved, partially gold-plated
Height: 30, width: 8 in
Katholische Kirchengemeinde [Catholic Church Congregation]
St. Michael of Wengen, Ulm

The monstrance for hosts developed from that of relic monstrances and, therefore, it is also a showpiece. It did not originate until the 13th century. Its purpose is to exhibit the consecrated host ceremoniously in front of the gathered congregation. Starting out as simple glass containers, the Gothic-styled monstrance became larger in the 14th century, some of them also with tower-shaped superstructures. The Gothic elements of this monstrance are found not only on the Jewish wedding ring, but also in architectural depictions in Hebrew manuscripts.

Literature

Fillitz, Hermann. "Die beiden Reliquien-Monstranzen der Klosterneuburger Schatzkammer." Pages 129-137 in *Jahrbuch des Stiftes Klosterneuburg*, NF 4 (1964).

Huber, Rudolf, ed. *Kirchengeräte, Kreuze, und Reliquiare der christlichen Kirchen.* Glossarium Artis 2. München: K.G. Saur Verlag, 1991.

Kühne, Hartmut. *ostensio reliquiarum. Untersuchungen über Entstehung, Ausbreitung, Gestalt und Funktion der Heiltumsweisungen im römisch-deutschen Regnum.* Arbeiten zur Kirchengeschichte 75. Berlin/New York: Walter de Gruyter, 2000.

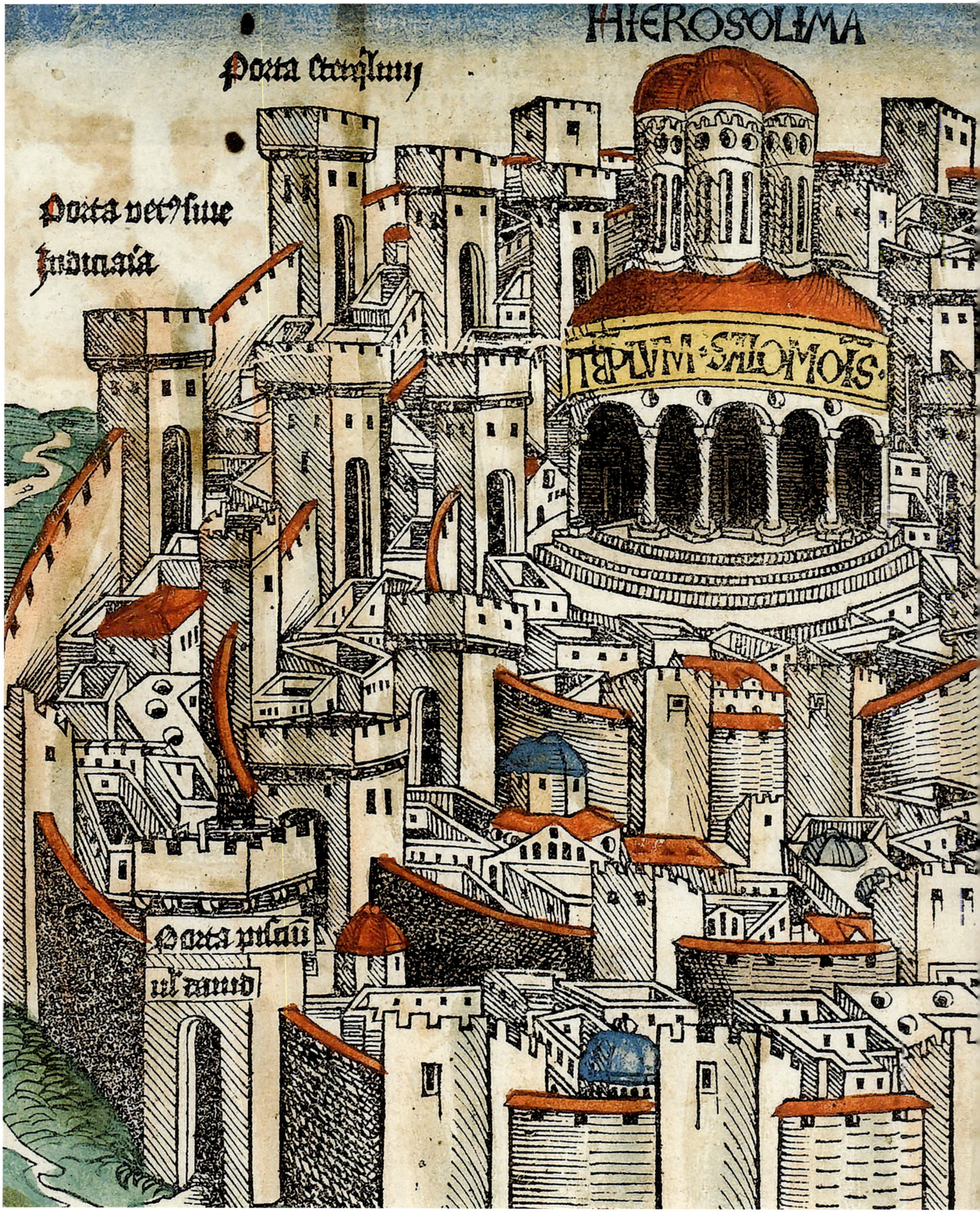
HIEROSOLIMA
TEPLVM·SALOMOIS

Humanismus …

Humanismus und Reformation prägten die Zeit der Wende vom Mittelalter zur Neuzeit. War der Renaissance-Humanismus eine Bildungsbewegung, die sich an antiken Vorbildern orientierte, so war die Reformation eine kirchliche Erneuerungsbewegung mit politischen Wurzeln, die zur Glaubensspaltung in Europa führte. Beide Bewegungen setzten sich intensiv mit hebräisch-jüdischem Schrifttum auseinander. Es kam zu persönlichen jüdisch-christlichen Kooperationen. Diese können jedoch nicht darüber hinwegtäuschen, dass die christlichen Gelehrten im Großen und Ganzen in ihren antijüdischen Ressentiments gefangen blieben und ihr Ziel in der Missionierung der Juden sahen.

Humanism …

Humanism and the Reformation shaped the era during which the Middle Ages transitioned to the Modern Era. While the Renaissance humanistic epoch was an educational movement based on ancient models, the Reformation was an ecclesiastic renewal movement with political roots that led to religious division in Europe. Both movements intensely absorbed themselves with Hebrew and Judaic literature. Personal Judeo-Christian collaborations were established. However, even these could not detract from the fact that Christian scholars, by and large, were trapped in their anti-Judaic sentiments and that they saw their objective in converting the Jews.

Hartmann Schedel
Hierosolima

Templum Salomonis
Nürnberg 1493
Verlag: Anton Koberger
Druck auf Papier, Holzschnitt, handkoloriert
H: 41,7, B: 28,5 cm
Gross Family Collection, Tel Aviv, 088.011.009

Jerusalem ist den drei monotheistischen Religionen gleichermaßen heilige Stätte. Nach dem Ersten und dem Zweiten Tempel wird Jerusalem nach jüdischem Glauben auch der Ort des Dritten Tempels im messianischen Zeitalter sein. Nach christlichem Glauben ist Jerusalem der Ort des „Alten" Bundes, der Ort der Passion, Grablegung, Auferstehung und Wiederkunft Jesu. Nach islamischem Glauben betete Mohammed hier gemeinsam mit Abraham, Mose und Jesu und wurde vom Tempelberg in den Himmel entrückt.

Das Blatt ist aus der Weltchronik des Hartmann Schedl. Die Schedel'sche Weltchronik oder auch Nürnberger Chronik des Arztes und Historikers Hartmann Schedel (1440-1514) ist dessen wichtigstes Werk, das an der Wende vom Mittelalter zur frühen Neuzeit erschien. Die Holzschnitt-Illustrationen stammen aus der Werkstatt von Michael Wolgemut, einige vermutlich von seinem Schüler, dem jungen Albrecht Dürer. Auffallendste ikonographische Elemente des Holzschnitts sind der imaginierte Tempel Salomos und die Stadtmauer mit ihren Toren. Darstellungen wie diese waren lange Zeit prägend für das Bild, das man sich von Jerusalem machte. Sie folgt Schedels Beschreibung: „Iherusalez in dem land palestina ein hawbtstat der iuden. ist zu erst Jebus. darnach Salem. zum dritten hierosolima. zu letst helia genant. der selben stat erster pawman was Canaan. der ein gerechter koenig genant was. vnd hieß melchisedech ein briester des hoehsten gottes. vnd pawet alda ein tempel den hieß er Solimam. Solymi warn lewt bey dem land licia in den gebirgen wonende. die haben hierosolimam nach ine genant. die selb stat ist bis zu dauids zeiten ein wonung des cananeyschen volcks gewest. Josue der iuden fuerst mocht die selben chananeyschen oder ihebuseyschen nit außtreiben. aber als dauid nach außtreybung der ihebuseyschen dise stat wider pawet hieß er hierosolimam. das ist die allerbefestigsten. Gelegenhait vnd befestigung diser stat was felsig mit dryfeltiger mawr bewaret. inwendig an wassern ueberfluessig. von außen gantz trucken vnd mit einem graben auß steyn gehawen. ... von dem darauß gehawen stein warden die zinnen vnd mawr des allerloeblichsten tempels aufgefurt ...".

Literatur

Hanno Loewy/Hannes Sulzenbacher (Hg.), Endstation Sehnsucht. Eine Reise durch Jerushalajim-Jerusalem-Al Quds, Berlin 2015.

Oleg Grabar/Benjamin Z. Kedar (eds.), Where Heaven and Earth Meet: Jerusalem's Sacred Esplanade, Jerusalem–Austin 2009.

Christoph Reske, Die Produktion der Schedelschen Weltchronik in Nürnberg (Mainzer Studien zur Buchwissenschaft 10), Wiesbaden 2000.

Hartmann Schedel
Hierosolima

"Templum Salomonis"
Nuremberg, 1493
Publisher: Anton Koberger
Print on paper, woodcut, hand-colored
Height: 16 ½, width: 11 ¼ in
Gross Family Collection, Tel Aviv, 088.011.009

Jerusalem is an equally holy site for the three monotheistic religions. After the First and Second Temples, Jerusalem will also be the site of the Third Temple during the messianic age, according to Jewish faith. According to Christian faith, Jerusalem is the location of the "Old" covenant, the place of the passion, the entombment, the resurrection, and the return of Jesus. And according to Islamic faith, Muhammad prayed here together with Abraham, Moses, and Jesus, and was carried away into heaven from the Temple Mount.

This page is from the *World Chronicle*, or *Nuremberg Chronicle*. Compiled by the physician and historian Hartmann Schedel (1440-1514), it is his most important work, which appears at the turning point of the Middle Ages to the early modern era. The woodcut illustrations originate from the workshop of Michael Wolgemut; a few of them were probably made by his student, the young Albrecht Dürer. The most striking iconographic elements of the woodcut are the imagined Temple of Solomon and the city wall with its gates. For a long time, depictions like that had remained formative for the image generally constructed of Jerusalem. It follows Schedel's description: "*Jerusalem in the land of Palestine, the capitol of the Jews, firstly Jebus, secondly Shalem, and thirdly Hierosolyma, and finally named Helia, whose first builder was Canaan and ruled by a righteous king named Melchizedek, a priest of the highest God, and built there was a temple he named Solimam. Solimites were people living the land of Licia in the mountains who have named Jerusalem after themselves, in the city lived the Canaanite people until the time of David. Joshua, leader of the Jews, did not want to drive out the Canaanite or Jebusite people, but when David drove the Jebusites out, he rebuilt the city calling it Jerusalem, the fortification. The location and stronghold of this city is on a rock protected by a three-fold wall and plentiful water inside, from the outside quite dry and surrounded by a trench hewn in the rock ... the stone of which became the towers and walls of the most magnificent temple ...*".

Literature

Grabar, Oleg and Benjamin Z. Kedar, eds. *Where Heaven and Earth Meet: Jerusalem's Sacred Esplanade*. Jerusalem/Austin: Yad Ben-Zvi Press/University of Texas Press, 2009.

Loewy, Hanno and Hannes Sulzenbacher, eds. *Endstation Sehnsucht. Eine Reise durch Yerushalayim-Jerusalem-Al Quds*. Berlin: Parthas Verlag, 2015.

Reske, Christoph. *Die Produktion der Schedelschen Weltchronik in Nürnberg*. Mainzer Studien zur Buchwissenschaft 10. Wiesbaden: Harrassowitz, 2000.

Hierosolima nomē vrbis in palestina metropolis iudeoꝝ: pri⁹ Jeb⁹. postea salē. tercio hierosolima. vltio helia dicta. Cuius vrbis prim⁹ ꝯditor fuit (vt Joseph⁹ testat̄) Canaan q̄ iust⁹ appellat⁹ erat rex. Et h̄ q̄dē melchisedech sacerdos dei altissimi dicebatur. Qui cū ibidē phanū edificassꝫ illud Solimā appellauit. solimi fuerūt ppl'i iuxta liciā q̄s homer⁹ pugnatissimos: ꝛ a bellerophōte deuictos dicit. et in mōtib⁹ h̄itasse. Et corneli⁹ tacit⁹ cū de iudeoꝝ origine opionē narrat ait. Alij clara iudeoꝝ initia solimos carmib⁹ celebratā homeri gēte ꝯditam vrbē hierosolimā noīe suo fecisse. vn̄ Juuenalis interpres legū solimaꝝ. q̄ ciuitas cananee gētis vsq3 ad tp̄a dauid reg] h̄itatio fuit. Nec iosue iudeorū pn̄ceps eos cananeos seu iebuseos expellere potuit. Dauid iebuseis expulsis cū ciuitatem reedificasset eā hierosolimā. i. munitissimā nūcupauit. Hui⁹ vrb̄ situs ꝛ munitio petrosa erat. ꝛ triplici muro cingebatur. q̄ vt Strabo ait interi⁹ aq̄s abundans exteri⁹ v̄o oīno siccam fossam h̄ebat ī lapide excisam. xl. pedū ꝓfunditate. latitudo v̄o. cc. l. E lapide aūt exciso educta erant celeberrimi tēpli menia. Hec hierosolima lōge clarissima vrbium oriētis sup̄ duos colles erat ꝯdita īteruallo discretos ī quā dom⁹ creberrime desinebāt. Colliū alter q̄ supior citas excelsior ꝛ ī ꝓlixitate directior castellū dauid dicebatur. Alter q̄ īferiorē sustinet citatez vndiq3 decliuis ē vall' ī medio ad syloā ptinꝫ ita fōtē q̄ dulc] ē vocabāt. firmissime āt dō salomōis aliorūq3 ī terra regū opa ornata fuit. agrippa eē ptez citat] addiderat ꝛ cinxerat. Exuberās em̄ m̄ltitudine paulatī extra menia h̄pebat. Noīata ē ps addita noua citas. Om̄e āt citat] ī giro spaciū. xxx. ꝛ trib⁹ stadijs finiebat̄. Et si ī toto admirabil'. tercius mur⁹ admirabilior ob excellētiaꝫ turr] q̄ ad septētrionē occidētēq3 surgebat ī āgulo. de q̄ sole orto arabia ꝓspici poterat ꝛ mare vsq3 ad fines hebreoꝝ. Et iuxta eā turr] yppico: ꝛ due q̄s herodes ī ātiq̊ muro edificauerat. Mirabil' fuit lapidū magnitudo ex secto marmore cādido ita adūati vt singl'e turres singl'a saxa viderēt̄. hij̄s ī septētriōali pte aula r̄gia p̄stāstissima ꝯiūgebatur. Muro alto cincta ac varietate saxorū ornata Alte deniq3 portic⁹ p circl'm flexe colūneq3 ī singulis: q̄ īter eas s̄b diuo patebāt spacia vbi erāt viridaria cū cisternis eneis. q̄b⁹ aq̄ effundebat̄. Pudet dicere h̄ r̄gia q̄l' fuerat cū flāma ab itestinis īsidiatorib⁹ oīa ꝯsumpsit. De excidio tn̄ h⁹ regie vrb̄ īferi⁹ patebit: vrbē aūt sacraꝫ reddidit mors xp̄i. Plaq3 sac̄ ī eo loco videre possumus Amnē. s. q̊ lot⁹ ē xp̄s. Tēplū seu tēpli ruinaꝫ ī q̊ docuit. locū vbi cū sūma h̄ūilitate passus ē corꝑe vt nos aī passionib⁹ libaret. sepulcꝝ vbi sactissimū illō corp⁹ s̄bstitit. Et vn̄ ascēdit in celū. q̊ ad iudiciū r̄uersur⁹ credit̄. vbi vēt] ꝛ fluctib⁹ īꝑauit vbi deiq3 elegit īdoctos atꝫ iopes piscatores. q̊rū hamis ꝛ rhetib⁹ piscarēt̄ īꝑatores ꝛ r̄ges gētiuꝫ. vbi cecos illūiauit. leprosos mūdauit. paraliticos erexit. mortuos suscitauit. Multaq3 ꝛ alia q̄ lōge ꝓseq̄ tediosū eēt. cū ex euāge. nō sint

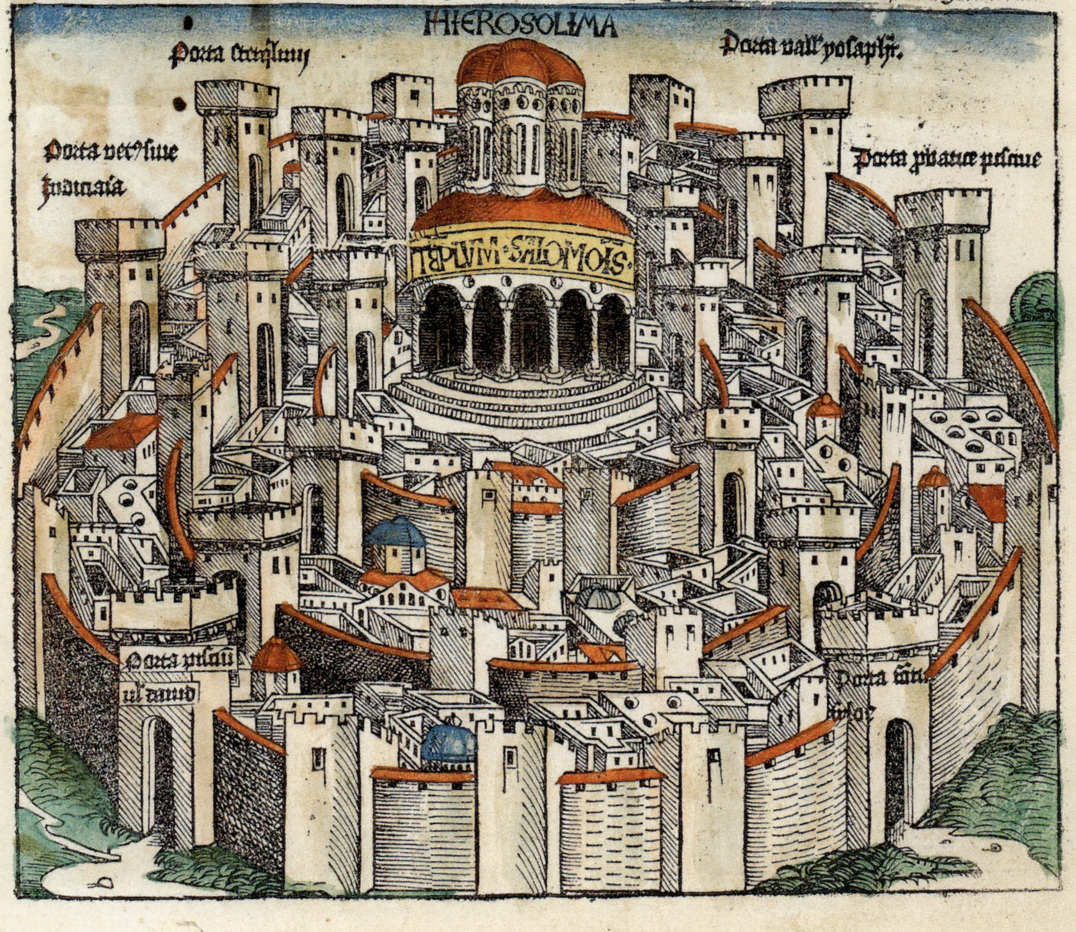

Johannes Reuchlin
De rudimentis Hebraicis und De Arte Cabbalistica

Hagenau 1506
Druck auf Papier
H: 28,8, B: 21,5,cm
Gross Family Collection, Tel Aviv, NHB.174

Johannes Reuchlin (1455-1522) gilt neben Erasmus von Rotterdam als bedeutendster Humanist Europas. Der umfassend gebildete christliche Hebraist legte mit seinem althebräischen Lehrbuch „De rudimentis Hebraicis" die wissenschaftliche Grundlage für das philologische Studium des Ersten Testaments. Seine Schrift „De Arte Cabbalistica", die er dem Papst widmete, beschäftigte sich eingehend mit der jüdischen Mystik.

Als Kaiser Maximilian 1509 anordnete, alle jüdischen Bücher im Heiligen Römischen Reich als häretisch und blasphemisch zu konfiszieren, schritt Reuchlin ein: 1511 veröffentlichte er den „Augenspiegel", in welchem er den kaiserlichen Erlass auf zivil- und kirchenrechtlicher Basis zurückwies. Auch inhaltlich wies Reuchlin nach, dass der Vorwurf der Ketzerei und der Gotteslästerei in jüdischem Schrifttum haltlos war. Einen Sturm der Entrüstung entfesselte er, indem er die Juden als „Mitbürger" und „unsere Brüder" bezeichnete und als er einen Brief an seinen Hebräischlehrer Rabbi Jacob ben Jehiel Loans veröffentlichte, der mit der Anrede begann: „Lieber Meister Jacob, mein Kollege, mein lieber Vertrauter, mit großer Sehnsucht wünsche ich dein gesegnetes Antlitz zu sehen, um mich an dem glänzenden Schein deines Angesichtes zu ergötzen, indem ich die reinste Lehre von dir vernehme." Der Inquisitor Jakob Hoogstraeten und die Universität Köln klagten Reuchlin der Ketzerei an. Die nachfolgenden Prozesse gegen ihn zogen sich über Jahre und teilten die europäischen Gelehrten in zwei Lager: Die humanistische Elite stand hinter Reuchlin, die traditionellen Scholastiker fürchteten eine Untergrabung der Autorität christlicher Theologen. 1514 und 1516 wurde Reuchlin durch Kirchengerichte von der Anklage freigesprochen. Wenige Tage nach der ersten Verurteilung Luthers allerdings erließ der Papst ein Urteil gegen Reuchlins „Augenspiegel".

Literatur

Valerie Hotchkiss/David Price, Johannes Reuchlin and the Campaign to Destroy Jewish Books, Oxford 2011.

„Miracle within a Miracle", online exhibition: http://www.library.illinois.edu/rbx/exhibitions/Reuchlin/ (Zugriff am: 15.01.2016).

Erika Rummel, The case against Johann Reuchlin: Religious and Social Controversy in Sixteenth-Century Germany, Toronto 2002.

Matthias Dall'Asta/Gerald Dörner (Hg.), Johannes Reuchlin, Briefwechsel, Stuttgart-Bad Cannstadt, 1999ff., Nr. 105.

Johannes Reuchlin
De rudimentis Hebraicis and De Arte Cabbalistica

Hagenau, 1506
Print on paper
Height: 11, width: 8 ½ in
Gross Family Collection, Tel Aviv, NHB.174

Johannes Reuchlin (1455-1522) ranks as perhaps Europe's most important humanist next to Erasmus of Rotterdam. The comprehensively educated Christian Hebraist established the scientific fundamentals for the philological study of the First Testament with his ancient Hebrew textbook *De rudimentis Hebraicis*. His writing *De Arte Cabbalistica*, which he dedicated to the pope, is a thorough study of Judaic mysticism.

In 1509, when Emperor Maximilian ordered the confiscation of all Jewish books within the Holy Roman Empire, declaring them heretical and blasphemous, Reuchlin intervened. In 1511, he published a pamphlet titled *Augenspiegel* in which he rejected the emperor's decree on the basis of civil and ecclesiastical rights. In regard to the decree's substance, Reuchlin proved that the accusation of heresy and blasphemy had no bearing in Jewish literature. He released a storm of indignation by calling the Jews "fellow citizens" and "our brothers," and by publishing a letter to his Hebrew teacher, Rabbi Jacob ben Jehiel Loans, which he began with the address: "*Dear Master Jacob, my colleague, my dear confidante, with great longing I wish to see your blessed countenance so that I can delight in the beaming glow of your face by taking in your purest teachings.*" The inquisitor Jacob Hoogstraeten and the University of Cologne accused Reuchlin of heresy. Two subsequent trials against him dragged on for years, and divided European scholars into two camps: the humanist elite supported Reuchlin, the traditional scholars feared the undermining of authority of Christian theologians. In 1514 and 1516, Reuchlin was exonerated by the ecclesiastical courts. A few days after the first condemnation of Luther, however, the pope issued a judgment against Reuchlin's *Augenspiegel*.

Literature

Hotchkiss, Valerie and David Price. *Johannes Reuchlin and the Campaign to Destroy Jewish Books*. Oxford: Oxford University Press, 2011.

„Miracle within a Miracle": Johannes Reuchlin and the Jewish Book Controversy. Online exhibition curated by Valerie Hotchkiss and David Price. http://www.library.illinois. edu/rbx/exhibitions/Reuchlin/ (retrieved 01/15/2016).

Reuchlin, Johannes. *Briefwechsel*. No. 105. Edited by Matthias Dall'Asta and Gerald Dörner. Stuttgart/Bad Cannstadt: Frohmann-Holzboog, 1999.

Rummel, Erika. *The case against Johann Reuchlin: Religious and Social Controversy in Sixteenth-Century Germany*. Toronto: University of Toronto Press, 2002.

& p̄s.li.Ecce enim ueritatem dilexisti.& accipit he aspirationem in fi/ne הֵנָּה ut Isaię.xxiij.Ecce dies ueniunt dicit dominus.& seruit pro nominibus sicut eccum et ellum apud latinos.

הֵנָּה Modo uel huc.pręsens uel loci uel temporis.quod utroq; modo simul inuenitur in nostra translatione. Gen̄.xv. Generatione autē quarta reuertētur huc necdū enim completę sunt iniquitates Amor/reorum usq; ad pręsens tempus.

הֵן Pronomen fœminini generis pluralis numeri,tertię personę.ut Numeri.xxvij.pro eo quod legimus.Et ei in hereditatem succedant. hebraica ueritas habet.Et trāsire facias hereditatem patris earum ad eas.& per paragogen recipit etiam he in fine הֵנָּה idest ipsę uel illę. ut Exodi primo.Ipsę enim obstetricandi habent scientiam.

הָסָה Tacuit. siluit. Amos sexto. Tace et non recorderis nominis domini.& ab eo transitiuum Numeri decimotertio . Inter hęc Caleb compescens murmur. hoc est silere fecit.

הָפַךְ Subuertit. vertit. conuertit. Threnorum tertio. Tantum in me uertit et conuertit manum suam.transfertur quandoq; pro muta uit.ut Leuitici.xiij.Et pilos in album mutatos colorem . idest uersos. vnde deriuatur מִתְהַפֶּכֶת idest versatilis.Gen̄ tertio.Et flam/meum gladium atq; uersatilem.& sic de cęteris deriuatis.

מַהְפֶּכֶת Compedes.vincula.neruus.carcer.domus captiuorum. Ieremię.xxix. Vt mittas eum in neruum et in carcerem.

הֹצֶן Rheda uel quadriga.est autem instructio uecturę. Ezechielis xxiij.Et uenient super te instructi curru et rota.vel secundum quosdā instructio exercitus.

הָרָר Mons.ut Gen̄.xiiij.In mōtibus Seir usq; ad cāpestria.& p̄s.l. Iumēta in mōtibus et boues.& per apocopē inuenit̄ sepius הַר ut p̄s xxiiij.Quis ascēdet in montē dn̄i.et inuenit̄ in masculino et in fœmīno genere Amos.i.Eoquod dissecuerit pregnantes Galaad.quod hebrę orum quidam interpretantur.Eo quod dissecuerint montes Galaad.

Johannes Pfefferkorn
Libellus de Judaica confessiones

Nürnberg 1508
Druck auf Papier
H: 20,8, B: 15 cm
Gross Family Collection, Tel Aviv, NHB.330 (aufgeschlagen: p. 2)

Einer der vehementesten Gegner Reuchlins war Johannes Pfefferkorn (1469-nach 1521). 1508 veröffentlichte Pfefferkorn „Libellus de Judaica confessiones", zu Deutsch „Die Judenbeicht", worin er besonders die jüdischen Bußrituale verächtlich machte und jüdische Gebete als antichristlich diffamierte. Die aufgeschlagene Szene zeigt das Innere einer Synagoge, in der die Gläubigen versammelt sind. Sie tragen alle eine Augenbinde, was sie als blind gegenüber der Wahrheit des christlichen Glaubens abstempeln soll.

Pfefferkorn leitete seine „Judenbeicht" mit den Worten ein: „Ich will darlegen und ans Licht bringen die fortschreitende und selbstzerstörerische Blindheit des judischen Volkes". Er war 1505 mit seiner Familie in Köln vom Judentum zum Christentum konvertiert und leitete mit der Unterstützung antijüdischer Kräfte eine Kampagne zur Konfiskation der hebräischen Schriften ein. Besondere Mitwirkung fand Pfefferkorn bei Dominikanern und Franziskanern, die mit der Inquisition befasst waren. Inquisitionsverfahren richteten sich gegen Beschuldigte, denen Häresie, Blasphemie, und Sektiererei vorgeworfen wurde. Die Tatsache, dass der Papst wenige Tage nach der ersten Verurteilung Luthers ein – wenn auch letztlich konsequenzloses – Urteil gegen Reuchlins „Augenspiegel" aussprach, hatte wohl mit der Angst der Kirche vor einem Bedeutungsverlust der Inquisition zu tun. Pfefferkorn unterstellte Reuchlin auch, durch seinen Kampf um Gerechtigkeit für die Juden und mit seiner liberalen religiösen Haltung, Luthers Reformation ausgelöst zu haben.

Literatur

Valerie Hotchkiss/David Price, Johannes Reuchlin and the Campaign to Destroy Jewish Books, Oxford 2011.

„Miracle within a Miracle", online exhibition: http://www.library.illinois.edu/rbx/exhibitions/Reuchlin/ (Zugriff am: 15.01.2016).

Kurt Schubert, Christentum und Judentum im Wandel der Zeiten, Wien-Köln et al. 2003.

Diane Wolfthal, Imaging the Self: Representations of Jewish Ritual in Yiddish Books of Customs, in: Eva Frojmovic (ed.), Imagining the self, imagining the other: Visual representation and Jewish Christian dynamics in the Middle Ages and early modern period, Leiden 2002, 189-212.

Elisheva Carlebach, Divided Souls: Converts from Judaism in Germany, 1500-1750, New Haven-London 2001.

Johannes Pfefferkorn
Libellus de Judaica confessiones

Nuremberg, 1508
Print on paper
Height: 8 ¼, width: 6 in
Gross Family Collection, Tel Aviv, NHB.330 (opened at p. 2)

One of the most fervent opponents of Reuchlin was Johannes Pfefferkorn (1469-ca. 1521). In 1508, Pfefferkorn published *Libellus de Judaica confessions*, or *Book of Jewish Confessions*, in which he disparaged Jewish penance rituals and defamed Jewish prayers as anti-Christian. The scene on the opened page shows the interior of a synagogue in which the faithful are gathered. They all wear blindfolds, supposedly marking them as being blind to the truth of Christian faith.

Pfefferkorn introduced his *Book of Jewish Confessions* with the words, "I will demonstrate and bring to light the advanced and self-destructive blindness of the Jewish people." In 1505, he converted, together with his family, from Judaism to Christianity in Cologne, and with the support of anti-Jewish authorities he introduced a campaign for confiscating Hebrew literature. Dominicans and Franciscans, particularly, cooperated with Pfefferkorn by engaging in Inquisition trials against those accused of heresy, blasphemy, and sectarianism. A few days after the first condemnation of Luther, however, the pope issued a judgement–albeit inconsequential–against Reuchlin's *Augenspiegel*, which was likely motivated by the church's fear of diminishing the Inquisition's significance. Pfefferkorn accused Reuchlin, with his fight for justice for Jews and his liberal, religious attitude, of having set off Luther's Reformation.

Literature

Carlebach, Elisheva. *Divided Souls: Converts from Judaism in Germany, 1500-1750*. New Haven, CT/London: Yale University Press, 2001.

Hotchkiss, Valerie and David Price. *Johannes Reuchlin and the Campaign to Destroy Jewish Books*. Oxford: Oxford University Press, 2011.

„Miracle within a Miracle": Johannes Reuchlin and the Jewish Book Controversy. Online exhibition curated by Valerie Hotchkiss and David Price. http://www.library.illinois.edu/rbx/exhibitions/Reuchlin/ (retrieved 01/15/2016).

Schubert, Kurt. *Christentum und Judentum im Wandel der Zeiten*. Wien/Köln/Weimar: Böhlau, 2003.

Wolfthal, Diane. "Imaging the Self: Representations of Jewish Ritual in Yiddish Books of Customs." Pages 189-212 in *Imagining the Self, Imagining the Other: Visual Representation and Jewish-Christian Dynamics in the Middle Ages and Early Modern Period*. Edited by Eva Frojmovic. Leiden: E.J. Brill, 2002.

-dispares ab illorū sive cerimonie et ritus gracia etiā ꝛ virt..s in con/
fessione sint. vt de aliis taceā in hoc libello sacramentis nouis. qm̄
priora illa transierunt.

¶ Partiemur itaqȝ hoc opusculum in partes sex vt subiecta lectō monstrabit.

De preparatione judaice confessionis et quo tempore fiat. et quo ritu.

Paolo Riccio
Portae Lucis

Augsburg 1516
Druckerei: Johann Miller
Druck auf Papier, Holzschnitt, illustriert
H: 18,5, B: 14,7 cm
Gross Family Collection, Tel Aviv, NHB. 137

Als Konvertit zum Christentum vermittelte Paolo Riccio (1480-1541) jüdische Religion an die christliche Umwelt. Sein bekanntestes Werk ist das vorliegende, welches eine gekürzte lateinische Übersetzung von Joseph Gikatillas kabbalistischem Werk „Schaare Ora" („Tore des Lichts") ist, aus dem wiederum Reuchlin und andere Humanisten u.a. ihr Wissen über die jüdische Mystik schöpften. Auf der Titelseite ist die erste gedruckte Version der kabbalistischen Sefirot zu sehen, der Emanationen Gottes im mystischen Lebensbaum.

Der hebräische Begriff „Kabbala" ist mit „Überlieferung", „Übernahme", oder auch „Tradition" zu übersetzen und meint ursprünglich jede mündlich überlieferte Tradition im Judentum. Als Terminus für die jüdische Mystik taucht der Begriff erstmals um 1200 in der Provence auf. Ziel der Kabbala ist es, die göttliche und die menschliche Welt in ihrer Beziehung zueinander zu verstehen. Der Weg, der zu diesem Ziel führt, ist die mystische Erfahrung. Von der Provence aus verbreitete sich die Kabbala nach Kastilien, wo sie ihren vorläufigen Höhepunkt fand, als Mosche de Leon (gest. 1305) den „Sohar", das Hauptwerk der Kabbala verfasste, welches aus Kommentaren zur Tora, den Megillot und mystischen Erzählungen besteht. Ungefähr zur selben Zeit schrieb Josef ben Abraham Gikatilla, Schüler des ekstatischen Kabbalisten Abraham Abulafia, eine Reihe einflussreicher kabbalistischer Abhandlungen und Kommentare.

Die Idee der kabbalistischen Sefirot basiert auf der neuplatonischen philosophischen Lehre von den Hypostasen (Daseinsformen). Im jüdisch-mystischen Lebens- oder Weltenbaum wiederspiegelt sich die Anordnung von Gottes schöpferischen Kräften. Die zehn Sefirot der jüdischen Mystik wirken von oben nach unten in die Welt. Die oberste Sphäre ist Keter, die höchste Krone. Darunter folgt Chochma, die Weisheit, dann Bina, die Einsicht, Chessed, die Liebe, Gewura, die Stärke, Tiferet, die Verherrlichung, Nezach, die Ewigkeit, Hod, der Glanz, Jessod, das Fundament und schließlich Malchut, das Königtum. Das System der zehn Sefirot geht auf das „Sefer Jezira", das „Buch der Schöpfung" zurück, das an der Wende von der Antike zum Mittelalter abgefasst wurde.

Literatur

Domagoj Akrap, Eine Handschrift des Sefer Jezira, in: Felicitas Heimann-Jelinek/Michaela Feurstein-Prasser, Die ersten Europäer. Habsburger und andere Juden – eine Welt vor 1914, Wien 2014, Nr. 03.

Rachel Elior, Jewish Mysticism: The Infinite Expression of Freedom, Oxford 2007.

Moshe Idel, Abraham Abulafia und die mystische Erfahrung, Frankfurt/Main 1994.

Ders., Kabbala: New Perspectives, New Haven 1988.

Gershom Scholem, Ursprung und Anfänge der Kabbala, Berlin 1962.

Paolo Riccio
Portae Lucis

Augsburg, 1516
Print shop: Johann Miller
Print on paper, woodcut, illustrated
Height: 6 ¼, width: 5 ¾ in
Gross Family Collection, Tel Aviv, NHB. 137

Being a Christian convert, Paolo Riccio (1480-1541) conveyed Jewish religion to the Christian milieu. Displayed here is his best-known work, an abbreviated Latin translation of Joseph Gikatilla's Kabbalistic work *Sha'are Orah*, *Gates of Light*, from which in turn Reuchlin and other humanists drew their knowledge about Jewish mysticism. Seen on the title page is the first printed version of the Kabbalistic *Sephirot*, the emanations of God in the mystical tree of life.

The Hebrew term *kabbalah* can be translated as "passing on," "reception," or even "tradition"–in its original meaning referring to the tradition of Judaism as it was handed down orally. As an expression of Jewish mysticism, this term first appeared around 1200 CE in Provence. The goal of Kabbalah is to understand the divine and human spheres in their relation to one another. The path leading to that goal represents the mystical experience. Originating in Provence, Kabbalah spread to Castile where it found its first culmination when Moses de Leon (1250-1305) compiled the *Zohar*, the main work of the Kabbalah, which consists of commentaries about the Torah and the *Megillot*, as well as of mystical accounts. At approximately the same time, Josef ben Abraham Gikatilla, student of the ecstatic Kabbalist Abraham Abulafia, wrote a series of influential Kabbalistic treatises and commentaries.

The idea of the Kabbalistic *Sephirot* is based on the neo-Platonic philosophical idea of the *hypostases* (forms of existence). In the Jewish-mystical tree of life or tree of the world, the arrangement of God's creative powers is reflected. The ten *Sephirot* of Jewish mysticism take effect from the top downwards to the world. The upper sphere is *Keter*, the highest crown. Below follows *Chokhmah*, wisdom, then *Binah*, understanding, *Chesed*, love, *Gevurah*, strength, *Tiferet*, glorification, *Netzach*, eternity, *Hod*, splendor, *Yesod*, foundation, and finally *Malkuth*, kingdom. The system of the ten *Sephirot* is based on the *Sefer Yetzirah*, the *Book of Creation*, which was compiled at the turning point between antiquity and the Middle Ages.

Literature

Akrap, Domagoj. "Eine Handschrift des Sefer Jezira." Pages 72-73 in *Die ersten Europäer. Habsburger und andere Juden – eine Welt vor 1914*. Edited by Felicitas Heimann-Jelinek and Michaela Feurstein-Prasser. Wien: Mandelbaum, 2014.

Elior, Rachel. *Jewish Mysticism: The Infinite Expression of Freedom*. Oxford: Littman, 2007.

Idel, Moshe. *Abraham Abulafia und die mystische Erfahrung*. Translated by Eva-Marie Thimme. Frankfurt am Main: Suhrkamp, 1994.

—— *Kabbala: New Perspectives*. New Haven, CT: Yale University Press, 1988.

Scholem, Gershom. *Ursprung und Anfänge der Kabbala*. Berlin: De Gruyter, 1962.

PORTAE LVCIS
Hec est porta Tetragrāmaton iusti intrabūt p eam.
זה השער ליהוה צדיקים יבאו בו
כתר
בינה
חכמה
גבורה
גדולה
תפארת
הוד
נצח
יסוד
מלכות

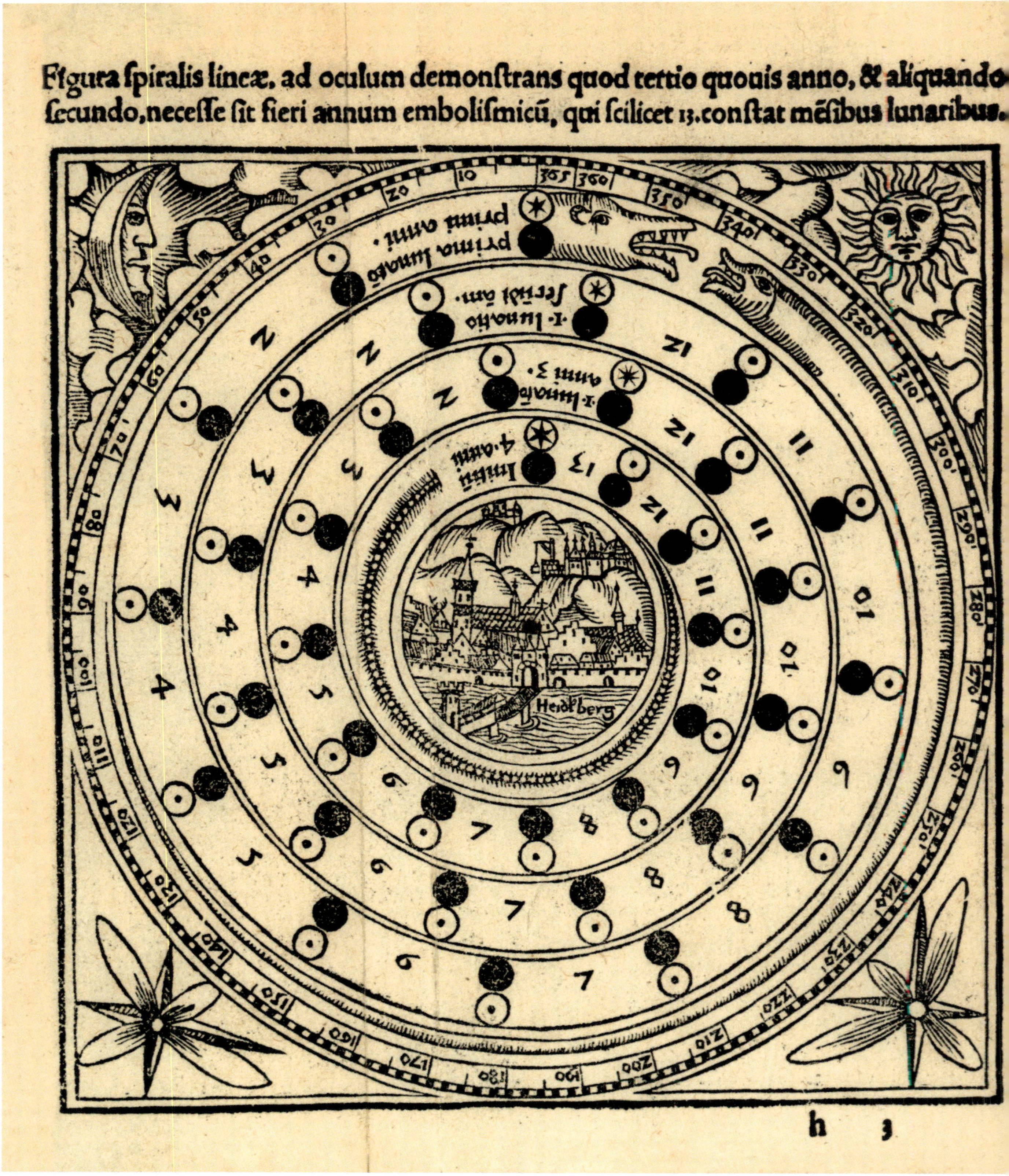
Figura spiralis lineæ, ad oculum demonstrans quod tertio quouis anno, & aliquando secundo, necesse sit fieri annum embolismicũ, qui scilicet 13. constat mẽsibus lunaribus.

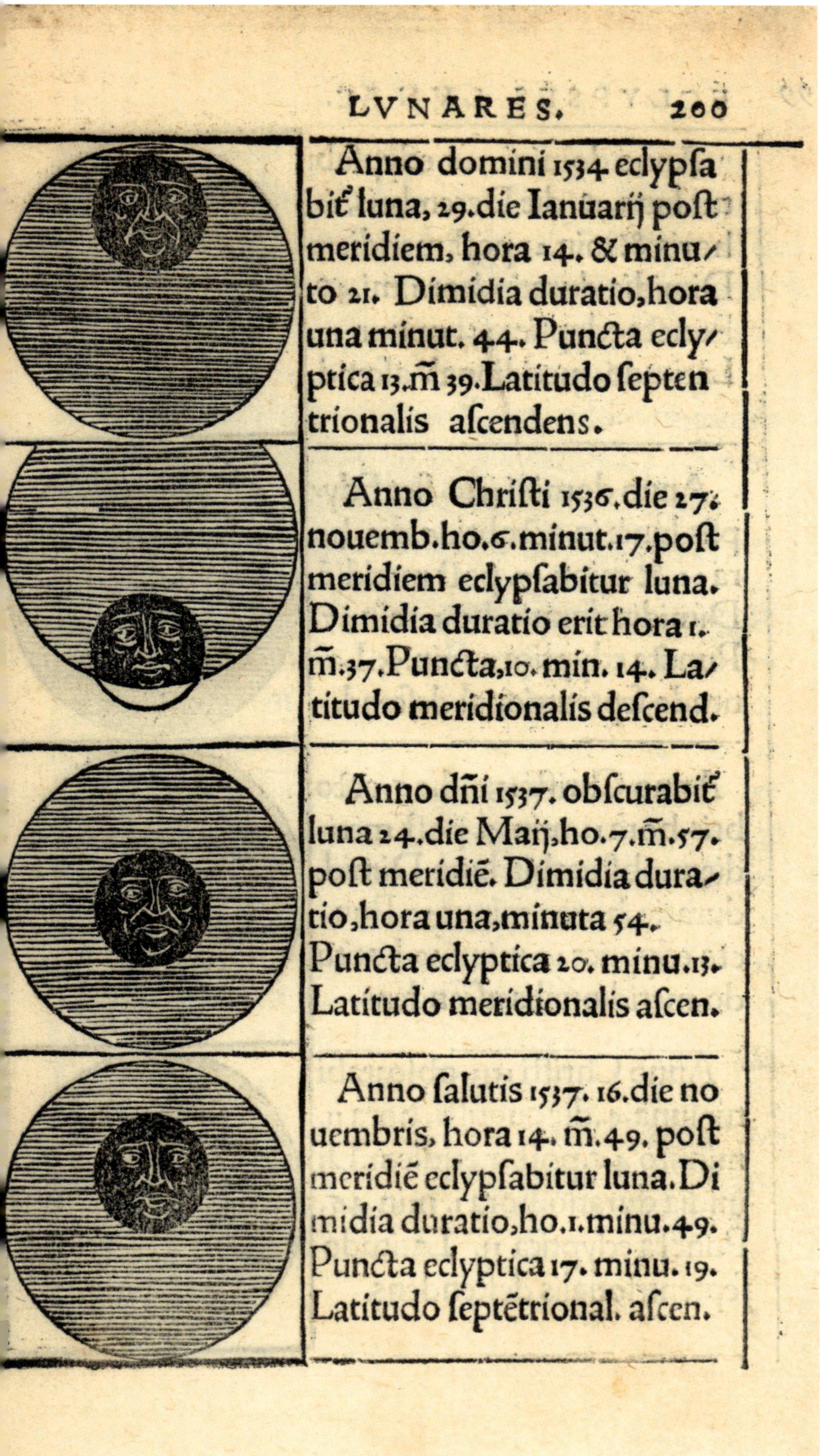
LVNARES. 200

Anno domini 1534. eclypſabit luna, 29. die Ianuarij poſt meridiem, hora 14. & minuto 21. Dimidia duratio, hora una minut. 44. Puncta eclyptica 13. m̃ 39. Latitudo ſeptentrionalis aſcendens.

Anno Chriſti 1536. die 27. nouemb. ho. 6. minut. 17. poſt meridiem eclypſabitur luna. Dimidia duratio erit hora 1. m̃. 37. Puncta, 10. min. 14. Latitudo meridionalis deſcend.

Anno dñi 1537. obſcurabit luna 24. die Maij, ho. 7. m̃. 57. poſt meridiẽ. Dimidia duratio, hora una, minuta 54. Puncta eclyptica 20. minu. 13. Latitudo meridionalis aſcen.

Anno ſalutis 1537. 16. die nouembris, hora 14. m̃. 49. poſt meridiẽ eclypſabitur luna. Dimidia duratio, ho. 1. minu. 49. Puncta eclyptica 17. minu. 19. Latitudo ſeptẽtrional. aſcen.

Chochmat ha-Masalot
Kalendarium hebraicum

Basel 1527
Herausgeber: Sebastian Münster
Verlag: Johann Froben
Druck auf Papier, Holzschnitt
H: 20, B: 15,5 cm
Gross Family Collection, Tel Aviv, B. 742

Sebastian Münster (1489-1552) gehörte zum Kreis der an hebräischem Schrifttum interessierten Humanisten. Vorliegendes Werk des Gelehrten beinhaltet eine Darstellung des jüdischen Kalenders, der – anders als der christliche – mit der Erschaffung der Welt beginnt und lunisolar – an den Bewegungen von Mond und Sonne orientiert ist. Der in Ingelheim geborene Kartograph und Hebraist lebte in Basel, wo er die erste Weltbeschreibung auf Deutsch sowie etliche hebräische Werke mit lateinischer Übersetzung und ein lateinisch-griechisch-hebräisches Wörterbuch herausgab.

Chochmat ha-Masalot
Kalendarium hebraicum

Basel, 1527
Editor: Sebastian Münster
Publisher: Johann Froben
Print on paper, woodcut
Height: 7 ¾, width: 6 in
Gross Family Collection Tel Aviv, B. 742

Sebastian Münster (1489–1552) belonged to the circle of humanists interested in Hebrew literature. The scholarly work displayed here contains a depiction of the Jewish calendar which begins–as opposed to the Christian one–with the creation of the world, and which follows a lunisolar orientation indicating both the moon phase as well as the time of the solar year. Born in Ingelheim and living in Basel, Sebastian Münster was a cartographer and Hebraist who published the first cosmography (description of the world) in German as well as several Hebrew works, including their Latin translations, and a Latin-Greek-Hebrew dictionary.

Hebräische Bibel, Arbaa we-Esrim

Basel 1536
Verlag: Sebastian Münster
Verlag: Hieronymus Froben
Druck auf Papier, Holzschnitt
Einband: Holz, Pergament, Eisen
H: 27,4, B: 22 cm
Gross Family Collection, Tel Aviv, B.739 incl. 025.012.004

Sebastian Münster gab auch die erste christliche Bibelausgabe in Hebräisch mit lateinischer Übersetzung heraus. Diese war nicht nur für ein christliches Publikum gedacht, sondern auch für ein jüdisches, da sie die Haftarot, die Lesungen aus den Prophetenbüchern an den jüdischen Feiertagen und am Schabbat enthält. Der Baseler Buchdrucker und Verleger Hieronymus Froben (1501-1563) gab – wie schon sein Vater Johann – eine Reihe von hebräischen Büchern in Zusammenarbeit mit den Humanisten seiner Zeit heraus.

Literatur

C. Philipp E. Nothaft/Justine Isserls, Calendars beyond Borders: Exchange of Calendrical Knowledge between Jews and Christians in Medieval Europe (12th-15th Century), in: Medieval Encounters 20 (2014), 1-37.

Matthew McLean, The Cosmographia of Sebastian Münster: Describing the World in the Reformation (St Andrews Studies in Reformation History), Hampshire-Burlington 2007.

Dean Philipp Bell, Jewish and Christian Historiography in the Sixteenth Century: A Comparison of Sebastian Münster and David Gans, in: Deborah L. Ellens/J. Harold Ellens et al. (eds.), God's Word for Our World, 2 Bde., II, London et al. 2004, 141-158.

Günther Wessel, Von einem, der daheim blieb, die Welt zu entdecken – Die Cosmographia des Sebastian Münster oder Wie man sich vor 500 Jahren die Welt vorstellte, Frankfurt/Main 2004.

Karl Heinz Burmeister, Sebastian Münster – Eine Bibliographie, Wiesbaden 1964.

Hebrew Bible, Arbaa we-Esrim

Basel, 1536
Editor: Sebastian Münster
Publisher: Hieronymus Froben
Print on paper, woodcut
Cover: wood, parchment, iron
Height: 10 ¾, width: 8 ¾ in
Gross Family Collection, Tel Aviv, B.739 incl. 025.012.004

Sebastian Münster also published the first Christian Bible edition in Hebrew with a Latin translation. This was intended not only for Christian, but also for Jewish audiences since it contains the *haftarah*, readings from the prophets for Jewish holidays and the Shabbat. Hieronymus Froben (1501–1563), the book printer and publisher from Basel, issued a series of Hebrew books in collaboration with the humanists of his time, just like his father Johann before him.

Literature

Bell, Dean Philipp. "Jewish and Christian Historiography in the Sixteenth Century: A Comparison of Sebastian Münster and David Gans." Pages 141-158 in Vol. 2 of *God's Word for Our World*, 2 Vols. Edited by Deborah L. Ellens and J. Harold Ellens, et al. London: Continuum-3PL, 2004.

Burmeister, Karl Heinz. *Sebastian Münster–Eine Bibliographie*. Wiesbaden: Guido Pressler, 1964.

McLean, Matthew. *The Cosmographia of Sebastian Münster: Describing the World in the Reformation*. St. Andrews Studies in Reformation History. Hampshire/Burlington: Ashgate, 2007.

Nothaft, C. Philipp E. and Justine Isserls. "Calendars beyond Borders: Exchange of Calendrical Knowledge between Jews and Christians in Medieval Europe (12th-15th Century)." Pages 1-37 in *Medieval Encounters* 20 (2014).

Wessel, Günther. *Von einem, der daheim blieb, die Welt zu entdecken – Die Cosmographia des Sebastian Münster oder Wie man sich vor 500 Jahren die Welt vorstellte*. Frankfurt am Main: Campus Verlag, 2004.

I. CAPUT.

בְּרֵאשִׁית

IOI

ברא אלהים את השמים ואת הארץ׃ והארץ היתה תהו ובהו וחשך
על־פני תהום ורוח אלהים מרחפת על־פני המים׃ ויאמר אלהים יהי
אור ויהי־אור׃ וירא אלהים את־האור כי־טוב ויבדל אלהים בין
האור ובין החשך׃ ויקרא אלהים לאור יום ולחשך קרא לילה
ויהי־ערב ויהי־בקר יום אחד׃ פ ויאמר אלהים יהי רקיע בתוך
המים ויהי מבדיל בין מים למים׃ ויעש אלהים את־הרקיע ויבדל
בין המים אשר מתחת לרקיע ובין המים אשר מעל לרקיע ויהי־
כן׃ ויקרא אלהים לרקיע שמים ויהי־ערב ויהי־בקר יום שני׃
פ ויאמר אלהים יקוו המים מתחת השמים אל־מקום אחד ותראה
היבשה ויהי־כן׃ ויקרא אלהים ליבשה ארץ ולמקוה המים קרא
ימים וירא אלהים כי־טוב׃ ויאמר אלהים תדשא הארץ דשא עשב
מזריע זרע עץ פרי עשה פרי למינו אשר זרעו־בו על־הארץ ויהי־
כן׃ ותוצא הארץ דשא עשב מזריע זרע למינהו ועץ עשה־פרי
אשר זרעו־בו למינהו וירא אלהים כי־טוב׃ ויהי־ערב ויהי־בקר יום
שלישי׃ פ ויאמר אלהים יהי מארת ברקיע השמים להבדיל

Ciuitas Ierosolymitana ante multa tēpora sub rege Malkizedec uocata fuit Salem, fuit'q; tunc metropolis exigui & cōtracti regni: deinde uero dicta fuit Iebus à Iebusæis incolis, quos Iudæi longo tempore post subactam terram eijcere nequiuerūt, donec Dauid mortuo Saule unctus fuit in regem. Is expugnato fortalicio huius ciuitatis, monte Zion, qui & postea ciuitas Dauid appellatus fuit, atque superatis Iebusæis, trāstulit regiam sedem ex Hebron in Ierusalem, dilatauit'q; supra modum pomeria regni eius: quin et dominus deus hanc unicam in uniuerso mundo sibi & cultui suo delegit, ponens nomen suum in medio eius, iubens cōstrui in ea templum, prophetas'que suscitās qui prædicerēt, hinc salutem prodituram in uniuersum mundum. Quantam à tempore Dauid hæc urbs felicitatem & infelicitatem habuerit usque ad Christum passum, atq; hinc usque ad tempora nostra, nemini non constat, qui saltem historias & oracula ueteris testamenti legerit: & nos suprà abundè multa ex historijs adduximus, quæ ei & habitatorib. eius euenerint post destructionem à Romanis factam.

Iericho.

CRebra fit mentio huius ciuitatis in Iehosuæ libro. Ager eius cōiunctus olim ualli syluestri & paradiso dei, ubi hodie est mare mortuū, ostendit eximiam fertilitatē terræ quā habuit uallis illa ante subuersionē Sodomæ & Gomorrhæ Creuit enim in sola Hierichunte nobilissima balsami herba, à qua urbs nomen illud est sortita. Nam sonat יְרִיחוֹ Hebraica

braica uox bonum odorẽ. De hoc Plinius sic scribit: Omnibus odoribus præfertur balsamum, uni terræ Iudææ concessum. Quondam in duobus tantũ hortis, utroque regio, creuit. Malleolis seri dicitur, uincitur ut uitis, nec sine adminiculis se sustinet. Properat nasci, intra tertiũ annum fructum ferens. Folium proximũ rutæ perpetua coma. Inciditur uitro, lapide, osseis'ue cultellis. Ferro lædi uitalia, odit. Incidentis manus libratur, ne quid ultra corticẽ uiolet. Succus è plaga manat, quem opobalsamum uocãt, eximiæ suauitatis, sed tenui gutta. Alexandro magno ibi res gerente, toto die æstiuo unam concham impleri iustũ erat. Præcipua gratia est lachrymæ, secũda semini, tertia cortici, minima ligno. Cæterũ postq̃ Ro. princeps Titus destruxit Ierosolymã in ultionẽ mortis Christi & Iudæos in perpetuũ exilium adegit, balsami quoq; herba & plantatio trãslata est in Aegyptũ: de quo & iuxta urbem Cairi nonnihil dicam. De rosis Hierichuntinis quæ ad terras nostras portãtur, sciendũ, q̃ illæ non in agro Iericho, sed ultra Iordanẽ è regione Iericho distantia quatuor milliariorũ in Arabia crescunt. Habent autem denominationem à

Balsamum.

Rosa Iericho

Sebastian Münster
Jerusalem civitas sancta, olim metropolis regni Judaica, hodie uero colonia Turcae

Basel 1541
Druckerei: Henricus Petri
Druck auf Papier
H: 29,7, B: 38 cm
Gross Family Collection, Tel Aviv, 088.011.013

Die Jerusalem-Karte aus Münsters bekanntestem Werk, der „Cosmographia Universalis", zeigt Jerusalem um die Mitte des 16. Jahrhunderts mit der Omar-Moschee als „Salomonisch tempel", der Grabeskirche, dem Davidsturm und den Stadttoren sowie dem Berg Zion und Garten Gethsemane. Wie Paul Fagius, Johannes Reuchlin und andere Humanisten stand Münster mit dem jüdischen Philologen Elia Levita in engem Kontakt. Münster übersetzte drei von Levitas hebräisch abgefassten sprachwissenschaftlichen Arbeiten ins Lateinische.

(Abbildung Seite 114/115)

Literatur

C. Philipp E. Nothaft/Justine Isserls, Calendars beyond Borders: Exchange of Calendrical Knowledge between Jews and Christians in Medieval Europe (12th-15th Century), in: Medieval Encounters 20 (2014), 1-37.

Matthew McLean, The Cosmographia of Sebastian Münster: Describing the World in the Reformation (St Andrews Studies in Reformation History), Hampshire-Burlington 2007.

Dean Philipp Bell, Jewish and Christian Historiography in the Sixteenth Century: A Comparison of Sebastian Münster and David Gans, in: Deborah L. Ellens/J. Harold Ellens et al. (eds.), God's Word for Our World, 2 Bde., II, London et al. 2004, 141-158.

Günther Wessel, Von einem, der daheim blieb, die Welt zu entdecken – Die Cosmographia des Sebastian Münster oder Wie man sich vor 500 Jahren die Welt vorstellte, Frankfurt/Main 2004.

Karl Heinz Burmeister, Sebastian Münster – Eine Bibliographie, Wiesbaden 1964.

Sebastian Münster
Jerusalem civitas sancta, olim metropolis regni Judaica, hodie uero colonia Turcae

Basel, 1541
Print shop: Henricus Petri
Print on paper
Height: 11 ¾, width: 15 in
Gross Family Collection, Tel Aviv, 088.011.013

The map of Jerusalem from Münster's best-known work, the *Cosmographia Universalis*, shows Jerusalem around the middle of the 16th century with the Mosque of Omar as the "Salomonisch temple" [Solomonic Temple], the Church of the Holy Sepulcher, the Tower of David, the city gates, as well as Mount Zion and the Garden of Gethsemane. Just like Paul Fagius, Johannes Reuchlin, and other humanists, Münster also remained in close contact with the Jewish philologist Elia Levita. Münster translated into Latin three of Levita's philological works written in Hebrew.

(illustration pages 114/115)

Literature

Bell, Dean Philipp. "Jewish and Christian Historiography in the Sixteenth Century: A Comparison of Sebastian Münster and David Gans." Pages 141-158 in Vol. 2 of *God's Word for Our World*, 2 Vols. Edited by Deborah L. Ellens and J. Harold Ellens, et al. London: Continuum-3PL, 2004.

Burmeister, Karl Heinz. *Sebastian Münster–Eine Bibliographie*. Wiesbaden: Guido Pressler, 1964.

McLean, Matthew. *The Cosmographia of Sebastian Münster: Describing the World in the Reformation*. St. Andrews Studies in Reformation History. Hampshire/Burlington: Ashgate, 2007.

Nothaft, C. Philipp E. and Justine Isserls. "Calendars beyond Borders: Exchange of Calendrical Knowledge between Jews and Christians in Medieval Europe (12th-15th Century)." Pages 1-37 in *Medieval Encounters* 20 (2014).

Wessel, Günther. *Von einem, der daheim blieb, die Welt zu entdecken – Die Cosmographia des Sebastian Münster oder Wie man sich vor 500 Jahren die Welt vorstellte*. Frankfurt am Main: Campus Verlag, 2004.

Paulus Fagius
Precationes Hebraicae

Isny 1542
Druck auf Papier
H: 20,8, B: 15 cm
Gross Family Collection, Tel Aviv, NHB.144

Der Theologe Paul Fagius (1504-1549), Schüler des jüdischen Humanisten und Grammatikers Elia Levita (1469-1549), legte mit diesem Buch auszugsweise eine lateinische Übersetzung des hebräischen „Birkat ha-Mason" vor. Dabei handelt es sich um jüdische Segenssprüche insbesondere vor und nach der Mahlzeit. Zielpublikum war ein christliches, dem die Möglichkeit gegeben werden sollte, die Tischgebete in der Sprache zu rezitieren, in der sie – wie im Lukas-Evangelium beschrieben – beim letzten Abendmahl Jesu gesprochen wurden.

Paul Fagius gab gemeinsam mit Elia Levita eine hebräische Grammatik, ein chaldäisches (aramäisches) Lexikon sowie ein Lexikon zum Talmud heraus. Er selber verfasste neben den „Precationes Hebraicae" eine Übersetzung des Mischna-Traktats Sprüche der Väter unter dem Titel „Sententiae vere elegantes piae", ein exegetisches Werk zu Genesis 1-4, einen lateinischen Kommentar zu den Büchern Jesus Sirach und Tobias, sowie eine lateinische Übersetzung und Erklärung des Targum Onkelos, einer aramäischen Übersetzung der Fünf Bücher Mose. Außerdem gab er das Alphabet Jesus Sirach und David Kimchis Kommentar zu den Psalmen 1-10 heraus. Eine Ausgabe seiner „Precationes" schickte er mit einer handschriftlichen hebräischen Widmung an den Konstanzer Reformator Ambrosius Blaurer von Giersberg, einen Gefährten Zwinglis. Als Reformator verließ Fagius seinen letzten deutschen Wirkungsort Straßburg, um eine Professur in Cambridge anzunehmen. Hier wurde er während der katholischen Gegenreformation posthum zum Feuertod verurteilt. Seine Gebeine wurden mit jenen des Reformators Martin Bucers, der 1531 eine Kirchenverfassung für Ulm entworfen hatte, auf dem Scheiterhaufen verbrannt.

(ohne Abbildung)

Literatur

Theodor Dunkelgrün, An exciting find: http://www.joh.cam.ac.uk/newly-discovered-inscription (Zugriff am: 10.01.2016).

Debra Kaplan, Beyond Expulsion: Jews, Christians, and Reformation Strasbourg, Stanford 2011.

Paulus Fagius
Precationes Hebraicae

Isny, 1542
Print on paper
Height: 8 ¼, width: 6 in
Gross Family Collection, Tel Aviv, NHB.144

With this book, the theologian Paul Fagius (1504–1549), student of the Jewish humanist and grammarian Elia Levita (1469–1549), presented excerpts of the Hebrew *Birkat Hamazon* in Latin translation. This work concerns Jewish blessings, particularly before and after meals. The target audience was Christian, which now was given the opportunity of reciting table prayers in the language spoken by Jesus during the Last Supper as described in the Gospel of Luke.

In collaboration with Elia Levita, Paul Fagius published a Hebrew grammar, a Chaldean (Aramaic) lexicon, and an encyclopedia of the Talmud. In addition to the *Precationes Hebraicae*, he published his own translation of the Mishnah tractate, *Ethics of the Fathers* under the title *Sententiae vere elegantes piae*, an exegetical work about Genesis 1–4, a Latin commentary about the books of Jesus ben Sirach and Tobias, and a Latin translation and explication of the *Targum Onkelos*, which is an Aramaic translation of the five books of Moses. Furthermore, he published the *Alphabet of Jesus ben Sirach* and David Kimchi's commentary on Psalms 1–10. He sent an edition of his *Precationes* with a handwritten dedication in Hebrew to the Constance reformer, Ambrosius Blaurer of Giersberg, a companion of Zwingli. As a reformer, Fagius left Strasbourg–his last place of activity in Germany–to accept a professorship in Cambridge. In the course of the Catholic Reformation, he was posthumously sentenced to death by fire. His bones, together with those of the reformer Martin Bucer–who in 1531 had drafted a church constitution for Ulm–were burnt at the stake.

(without illustration)

Literature

Dunkelgrün, Theodor. "An exciting find." http://www.joh.cam.ac.uk/newly-discovered-inscription (retrieved 1/10/2016).

Kaplan, Debra. *Beyond Expulsion: Jews, Christians, and Reformation Strasbourg*. Stanford: Stanford University Press, 2011.

Abraham Bar Chija/
Elia ben Abraham Misrachi
Tzurat ha-aretz

Basel 1546
Herausgeber: Henricus Petri
Druck auf Papier, Holzschnitt
H: 20, B: 15 cm
Gross Family Collection, Tel Aviv, B. 747

Auch mathematische und astronomische Arbeiten der mittelalterlichen Gelehrten Abraham Bar Chija und Elia ben Abraham Misrachi wurden von Sebastian Münster gemeinsam mit seinem Schüler Erasmus Oswald Schreckenfuchs ins Lateinische übertragen und so an die christliche Umwelt vermittelt. Die Druckerei „Officina Henricpetrina" sollte später auch Johann Buxtorfs Beschreibung jüdischen Lebens und Brauchtums herausgeben, die zu einer Versachlichung der Wahrnehmung des Judentums beitrug.

Literatur

Stephen G. Burnett, Christian Hebraism in the Reformation Era (1500-1660): Authors, Books, and the Transmission of Jewish Learning (Library of the Written Word 19, The Handpress World 13), Leiden 2012.

Marvin J. Heller, Studies in the Making of the Early Hebrew Book. Leiden/Boston 2008.

Christoph Reske, Die Buchdrucker des 16. und 17. Jahrhunderts im deutschen Sprachgebiet: auf der Grundlage des gleichnamigen Werkes von Josef Benzing (Beiträge zum Buch- und Bibliothekswesen Bd. 51), Wiesbaden 2007.

Eva Grabherr (Hg.), Geschichten von Gegenständen. Judaika aus dem Beziehungsraum der Hohenemser Juden. The Gross Family Collection, Tel Aviv, Hohenems 1994, 82ff.

Abraham Bar Chija/
Elia ben Abraham Misrachi
Tzurat ha-aretz

Basel, 1546
Print shop: Henricus Petri
Print on paper, woodcut
Height: 7 ¾, width: 6 in
Gross Family Collection, Tel Aviv, B. 747

Together with his student, Erasmus Oswald Schreckenfuchs, Sebastian Münster translated into Latin mathematical and astronomical works written by the medieval scholars Abraham Bar Chija and Elia ben Abraham Misrachi, thereby conveying these works to the Christian world of the day. Later on, the print shop *"Officina Henricpetrina"* would publish Johann Buxtorf's description of Jewish life and tradition, which constituted an objective acknowledgment of Judaism.

Literature

Burnett, Stephen G. *Christian Hebraism in the Reformation Era (1500-1660): Authors, Books, and the Transmission of Jewish Learning*. Library of the Written Word 19, The Handpress World 13. Leiden: E.J. Brill, 2012.

Grabherr, Eva ed. *Geschichten von Gegenständen. Judaika aus dem Beziehungsraum der Hohenemser Juden. The Gross Family Collection, Tel Aviv*, Pages 82-84. Hohenems: Jüdischen Museum Hohenems 1994.

Heller, Marvin J. *Studies in the Making of the Early Hebrew Book*. Leiden/Boston: E.J. Brill, 2008.

Reske, Christoph. *Die Buchdrucker des 16. und 17. Jahrhunderts im deutschen Sprachgebiet: auf der Grundlage des gleichnamigen Werkes von Josef Benzing*. Beiträge zum Buch- und Bibliothekswesen vol. 51. Wiesbaden: Harrassowitz, 2007.

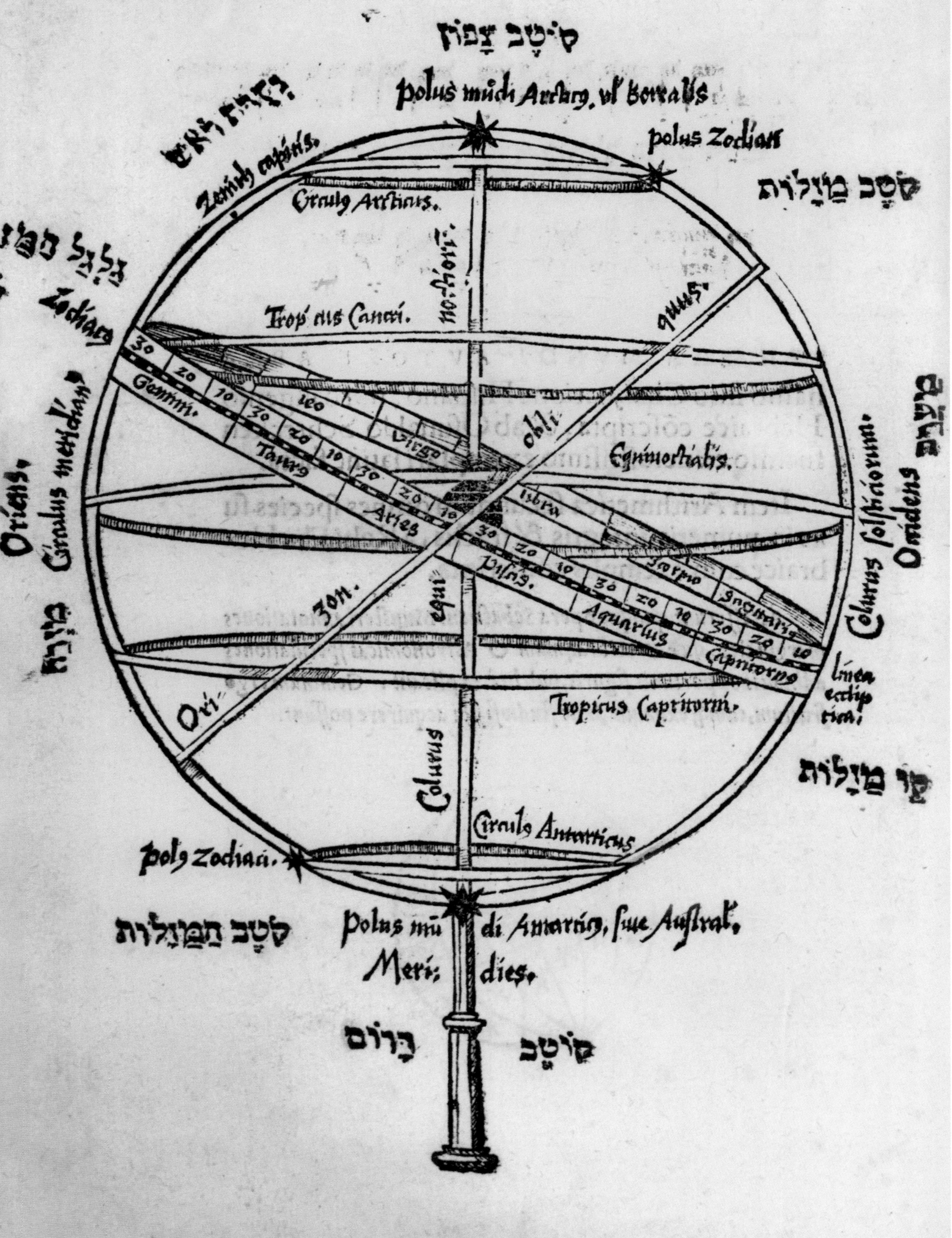

קֹטֶב צָפוֹן
polus mūdi Artic⁹. vl borealis
polus Zodiaci
Zenith capitis.
Circul⁹ Articus.
Zodiacus
Tropicus Cancri.
Orizon.
Gradus meridiani
Oriens.
מִזְרָח
Equinoctialis.
Coluus solsticiorum.
Occidens
מַעֲרָב
Geminí.
Leo
Virgo
Taurus
Aries
Libra
Scorpio
Pisces.
Sagittari⁹
Aquarius
Capricorn⁹
linea ecliptica.
Tropicus Capricorni.
Coluus equinoctialis
Circul⁹ Antarticus.
pol⁹ Zodiaci.
קֹטֶב הַמַּזָּלוֹת
Polus mūdi Antarticus. siue Australis.
Meri: dies.
קוֹטֶב דָּרוֹם

Disputation und Konklusion ...

Zwischen dem 12. und dem 15. Jahrhundert kam es zu einer Reihe von Disputationen zwischen Christen und Juden. Sie wurden letzteren vor allem aufgezwungen um den Talmud zu verteidigen. Der Talmud ist das Hauptwerk des rabbinischen Judentums und sein wichtigstes Gesetzeskompendium. Das Christentum nahm ihn erst im 12. Jahrhundert wahr und machte ihn zur Zielscheibe seiner Angriffe und Polemiken. Die Disputationen führten zur Konfiskation jüdischer Bücher, ihrer Zerstörung oder Verbrennung. Vielfach wurden auch die Juden selbst verbrannt, obgleich sie formal unter dem Schutz des Landesherren standen.

Disputation and conclusion ...

Between the 12th and 15th centuries, a series of disputations occurred between Christians and Jews. These disputations were forced upon the latter group in defense of the Talmud. The Talmud is the main work of Rabbinic Judaism, and its most important compendium of laws. Not until the 12th century did Christianity take notice of it when making it the target of attacks and polemics. The disputations led to confiscations of Jewish books and to their destruction or burning. Often, Jews themselves were burnt at the stake even when formally under the sovereign's protection.

Hebräischer Psalter

Norditalien um 1280
Handschrift auf Pergament
H: 13,5, B: 10 cm
Biblioteca Palatina, Parma, Ms Parm 1870 (aufgeschlagen: fol. 118v)

Die aufgeschlagene Szene dürfte als Wikkuach-Szene zu verstehen sein, als polemische, auch visuell geführte christlich-jüdische Auseinandersetzung. Zu dem Text von Psalm 83 „Schweig doch nicht, o Gott, bleib nicht still, o Gott, bleib nicht stumm! Sieh doch, deine Feinde toben; die dich hassen, erheben das Haupt. Gegen dein Volk ersinnen sie listige Pläne und halten Rat gegen die, die sich bei dir bergen." sieht man einen Mönch mit Kapuze und Tonsur, der vor drei Bewaffneten predigt und diese vermutlich aufhetzt.

Der vorliegende 452seitige Psalter ist die älteste erhaltene mittelalterliche hebräische Psalter-Handschrift. Darüber hinaus beinhaltet sie den Psalmen-Kommentar des spanischen Gelehrten Ibn Esra aus dem 11. Jahrhundert. Dessen astrologische, astronomische und mathematische Schriften wurden schon früh ins Lateinische übersetzt und hatten großen Einfluss auf die mittelalterlichen naturkundlichen Wissenschaften. Die Integrierung seines Kommentars in diese Handschrift mag auf die Gelehrsamkeit des Auftraggebers schließen lassen. Die prachtvolle Ausstattung – jeder Psalm ist illuminiert, zahlreiche sind mit Musikinstrumenten oder auch szenisch illustriert – legt nahe, dass dieser ein wohlhabender Kunstkenner war. Die 150 Psalmen werden von manchen Gläubigen in einem bestimmten Zeitraum komplett gebetet. Zur Orientierung bezeichnet das Manuskript die Wochentage, an denen der jeweilige Psalm zu beten ist. Der Handschrift später hinzugefügt wurden auch alle Zeremonien, anlässlich derer Psalmen rezitiert werden. Da die Psalmen die im Zweiten Testament am häufigsten zitierten Texte der hebräischen Bibel sind, fanden sie Eingang sowohl in das private christliche Gebet als auch in die kirchliche Liturgie.

Literatur

Andreas Nachama/Marion Gardei, Du bist mein Gott, den ich suche: Psalmen lesen im jüdisch-christlichen Dialog, Gütersloh 2012.

The Parma Psalter, Facsimile of the Biblioteca Palatina, MS Parm, 1870 (c. 1280 CE), 2 Vols., London 1996; commentary volume ed. by Jeremy Schonfield with contributions by Emmanuel Silver, Malachi Beit-Arié, Thérèse Metzger, Nice Ugolotti.

Ursula und Kurt Schubert, Jüdische Buchkunst, 2 Bde., I (Buchkunst im Wandel der Zeiten 3/1), Graz 1983.

Hebrew Psalter

Northern Italy, around 1280
Manuscript on parchment
Height: 5 ¼, width: 4 in
Biblioteca Palatina Parma, Ms Parm 1870 (opened at: fol. 118v)

The opened page may show a *Wikkuach* (religious disputation) scene, in which the polemical character of the Christian-Jewish confrontation is visually discernable. The text of Psalm 83:1–3 "O God, do not keep silence; do not hold your peace or be still, O God! Even now your enemies are in tumult; those who hate you have raised their heads. They lay crafty plans against your people; they consult together against those you protect." is illustrated by a hooded monk with tonsure who preaches in front of three armed individuals presumably inciting them.

The 452-page psalter shown is the oldest preserved medieval Hebrew psalter manuscript. It contains the 11th century commentary on Psalms by the Spanish scholar Ibn Ezra. His astrological, astronomical, and mathematical writings were translated into Latin early on, and they greatly impacted the medieval natural sciences. The integration of his commentary in this manuscript may be indicative of the scholarliness of its commissioning client. The magnificent furnishings–each psalm is illuminated, many of them illustrated with musical instruments or with scenes–suggests that this client was a wealthy art connoisseur. All 150 psalms were prayed in their entirety by some believers within a specific timeframe. For guidance, the manuscript indicates the days of the week on which the respective psalm is to be prayed. Added at a later time to the manuscript were all the ceremonial occasions for which psalms are to be recited. Since the psalms are the most frequently quoted texts of the Hebrew Bible in the Second Testament, they were introduced not only into private Christian prayer traditions but also into the Christian liturgy.

Literature

Nachama, Andreas and Marion Gardei. *Du bist mein Gott, den ich suche: Psalmen lesen im jüdisch-christlichen Dialog*. Gütersloh: Gütersloher Verlagshaus, 2012.

Schubert, Ursula and Kurt. *Jüdische Buchkunst,* 2 Bde, I. Buchkunst im Wandel der Zeiten 3/1. Graz: Akademische Druck- und Verlagsanstalt, 1983.

The Parma Psalter, Facsimile of the Biblioteca Palatina, MS Parm, 1870 (c. 1280 CE). 2 Vols. Edited by Jeremy Schonfield, with contributions by Emmanuel Silver, Malachi Beit-Arié, Thérèse Metzger, and Nice Ugolotti. London: Facsimile Editions, 1996.

שיר מזמור לאסף. אלהים כמ׳ שופט. דמי שתיקה מגז׳ וידם אהרן ...
שהוא משרש אחר. וטעם אל שיתה יתקן. שתוכל להושיע. כי יהמיון

שיר מזמור לאסף
אלהים אל
דמי לך אל תחרש ואל
תשקט אל: כי הנה אויביך
יהמיון ומשנאיך
נשאו ראש: על עמך
יערימו סוד ויתיעצו על
צפוניך: אמרו לכו
ונכחידם מגוי ולא יזכר שם
ישראל עוד: כי נועצו לב
יחדו עליך ברית יכרתו:
אהלי אדום וישמעאלים

... עליהם. ואהלי הטעם אדום מאהליהם ... שוכני ...
... אליהם והנה הם העיקר וככה ... עוד.

Pesikta Rabbati

Zweiseitiges Fragment
Deutschland oder Österreich, nicht datiert
Handschrift auf Pergament
Als Makulatur verwendet
Fragm. 1: ca.30 x 20,5 cm – Fragm. 2: ca. 30 x 22 cm
Österreichische Nationalbibliothek, Wien, Fragm. Hebr. A 50

Die hebräische Handschrift wurde ausgelöst aus:
Astesanus de Ast, Summa casuum, Pars I
Auftraggeber: Georgius de Apfentaler
Wien, ca. um 1420/1425
Handschrift auf Papier
H: 30,4, B: 21,0 cm
Österreichische Nationalbibliothek, Wien, Cod. 3680 Han (fol. 1r)

Im Zusammenhang mit Pogromen fielen hebräische Handschriften in die Hände von Plünderern und wurden dann meist auseinander genommen. Als wertvolles Rohmaterial wurde das Pergament seitenweise oder in Streifen geschnitten verkauft, zum Binden lateinischer Bücher oder zur Einbandverstärkung verwendet. Fragmente derselben Handschrift eines mittelalterlichen jüdischen Auslegungstextes wurden auch aus einer anderen lateinischen Handschrift im Besitz der Österreichischen Nationalbibliothek ausgelöst.

(ohne Abbildung)

Literatur

Martha Keil, Gelehrsamkeit und Zerstörung. Hebräische Fragmente in österreichischen Handschriften und Frühdrucken, in: Hanns Peter Neuheuser/Wolfgang Schmitz (Hg.), Fragment und Makulatur. Überlieferungsstörungen und Forschungsbedarf bei Kulturgut in Archiven und Bibliotheken (Buchwissenschaftliche Beiträge, Bd. 91) Wiesbaden 2015, 209-222.

Andreas Lehnhardt/Judith Olszowy-Schlanger (eds.), Books within Books – New Discoveries in Old Book Bindings. European Genizah: Text and Studies 2, Leiden-Boston 2014.

Katharina Hranitzky/Veronika Pirker-Aurentammer et al., Mitteleuropäische Schulen V (ca. 1410-1450). Wien und Niederösterreich (Veröffentlichungen (I) der Kommission für Schrift- und Buchwesen Band: 14), Wien 2013, Kat. 68 (Fragmente).

Arthur Zacharias Schwarz, Die hebräischen Handschriften der Nationalbibliothek in Wien, Wien-Prag-Leipzig 1925, Nr. A 50.

Pesikta Rabbati

Two-sided fragment
Germany or Austria, not dated
Manuscript on parchment; used as wastepaper
Fragment 1: approx. 12 x 8 in – Fragment 2: approx. 12 x 8 ½ in
Österreichische Nationalbibliothek [Austrian National Library], Wien, Fragm. Hebr. A 50

The Hebrew manuscript was extracted from:
Astesanus de Ast, Summa casuum, Pars I
Commissioned by Georgius de Apfentaler
Vienna, around 1420/1425
Manuscript on paper
Height: 12, width: 8 ¼ in
Österreichische Nationalbibliothek [Austrian National Library], Wien, Cod. 3680 Han (fol. 1r)

In conjunction with pogroms, Hebrew manuscripts fell into the hands of plunderers and were subsequently dismantled. Being precious raw material, the parchment was cut sideways in strips, sold, and used for binding Latin books or for reinforcing book covers. Fragments of this manuscript (of a medieval Jewish exegetical text) were also extracted from another Latin manuscript held in the Austrian National Library.

(without illustration)

Literature

Hranitzky, Katharina, Veronika Pirker-Aurenhammer, et al. *Mitteleuropäische Schulen V (ca. 1410-1450). Wien und Niederösterreich.* Die illuminierten Handschriften und Inkunabeln der ÖNB 14. Text- u. Tafelband. Wien: Österreichische Nationalbibliothek, 2012.

Keil, Martha. "Gelehrsamkeit, and Zerstörung. Hebräische Fragmente in österreichischen Handschriften und Frühdrucken." Pages 209-222 in *Fragment und Makulatur. Überlieferungsstörungen und Forschungsbedarf bei Kulturgut in Archiven und Bibliotheken.* Edited by Hanns Peter Neuheuser and Wolfgang Schmitz. Buchwissenschaftliche Beiträge 91. Wiesbaden: Harrassowitz, 2015.

Lenhardt, Andreas and Judith Olszowy-Schlanger, eds. *Books within Books – New Discoveries in Old Book Bindings.* European Genizah: Text and Studies 2. Leiden/Boston, E.J. Brill, 2014.

Schwarz, Arthur Zacharias. *Die hebräischen Handschriften der Nationalbibliothek in Wien. No. 63.* Wien/Prag/Leipzig: Strache, 1925.

Fragment eines hebräischen Gebetbuchs

Als Makulatur für Bucheinband verwendet
Deutschland um 1300
Handschrift auf Pergament
H: 21,5, B: 36 cm
Gross Family Collection, Tel Aviv, 025.012.001

Anders als im Christentum werden hebräische Handschriften und Drucke, die den Gottesnamen enthalten nicht entsorgt oder wiederverwertet, sondern sie werden in einem eigenen Raum aufbewahrt, bis sie beerdigt werden. Das Zirkulieren von hebräischen Einzelblättern wie des vorliegenden widerspiegelt jüdisches Schicksal und weist auf den christlichen Umgang mit der jüdischen Religion und ihren Bekennern nach Pogromen hin.

Fragment of a Hebrew prayer book

Used as wastepaper for book covers
Germany, around 1300
Manuscript on parchment
Height: 8 ½, width: 14 in
Gross Family Collection, Tel Aviv, 025.012.001

Hebrew manuscripts and prints which contain the name of God are not disposed of or recycled, unlike Christian manuscripts, but stored in a separate room until they are buried. The continued circulation of Hebrew single sheets, such as this one, reflects Jewish fate, and indicates the Christian attitude toward Jewish religion and their support for pogroms.

Diebold Lauber
Schwabenspiegel

Hagenau 1441-1445
Handschrift auf Papier
H: 39,5, B: 30,5 cm
Bibliothèque Royale de Belgique, Brüssel, ms. 14689-91
(aufgeschlagen: fol. 204r)

Der Schwabenspiegel beinhaltete das Kaiserrecht, das heißt die Reichsgesetze für das Heilige Römische Reich. Das darin zusammengefasste Judenrecht war in hohem Maße kirchlich beeinflusst, berücksichtigte aber auch jüdisches Recht. Zu den festgehaltenen Sonderregelungen für Juden gehörte der im Zusammenhang mit christlich-jüdischen Rechtsstreitigkeiten abzulegende Judeneid, der im Laufe der Zeit unter immer diskriminierenderen Bedingungen zu leisten war. So muss hier der Schwörende auf einer Sauhaut stehen.

Der Schwabenspiegel war wie der Sachsenspiegel eine weit verbreitete, auf das 13. Jahrhundert zurückgehende Rechtssammlung. Für die Juden gab er die rechtlichen Rahmenbedingungen vor, innerhalb derer sie als Minderheit lebten. Seit den blutigen Judenverfolgungen zur Zeit des Ersten Kreuzzugs wurden sie als besonders schutzbedürftige Gruppe in das Kaiserrecht aufgenommen. Aus der Formulierung, die Juden gehörten zur kaiserlichen „Kammer", womit die kaiserlichen Finanzen gemeint waren, leitete sich ihr Status als Kammerknechte ab, der sich später in willkürlichen Maßnahmen ihnen gegenüber als besonders negativ erwies. Denn die Vorstellung von der „Kammerknechtschaft" verband sich mit dem Kirchenrecht, das die „Judenknechtschaft" als Prinzip ins kanonische Recht aufgenommen hatte. Vielfach wurde das Judenregal vom Kaiser an die territorialen Machthaber verpfändet. Den Rechtsstatus von Kammerknechten ließen sich diese von den Juden teuer bezahlen.

Literatur

Michael Toch, Die Juden im Mittelalterlichen Reich (Enzyklopädie deutscher Geschichte, Bd. 44), München 2013.

Mitchell B. Merback (ed.), Beyond the Yellow Badge: Anti-Judaism and Antisemitism in Medieval and Early Modern Visual Culture, Leiden 2007.

Evelyn Brockhoff/Jan Gerchow et al. (Hg.), Die Kaisermacher. Frankfurt am Main und die Goldene Bulle. 1356-1806, Frankfurt/Main 2006.

Christine Magin, „Wie es umb der iuden recht stet". Der Status der Juden in spätmittelalterlichen Rechtsbüchern, Göttingen 1999.

Diebold Lauber
Schwabenspiegel

Hagenau, 1441-1445
Manuscript on paper
Height: 15 ½, width: 12 in
Bibliothèque Royale de Belgique [Royal Library of Belgium], Bruxelles, ms. 14689-91 (opened at: fol. 204r)

The *Schwabenspiegel*, the emperor's legal code, contains the imperial laws for the Holy Roman Empire. Its summary of Jewish rights was influenced to a large extent by the church, but it also contained Jewish law. Its special regulations included an oath Jews were required to take when involved in Christian-Jewish legal disputes. The oath was carried out under increasingly humiliating circumstances, such as depicted here, where the individual taking an oath is forced to stand on the skin of a sow.

The *Schwabenspiegel* was a widely used legal code going back to the 13th century. It defined the legal framework within which Jews lived as a minority. Since the bloody Jewish persecutions at the time of the First Crusade, Jews were included in the emperor's legal code as a group in particular need of protection. As a part of this formulation, Jews belonged to the imperial "chamber," a reference to the imperial treasury. Jews derived their status from this as "chamber servants," which would become particularly disadvantageous for them later, in the form of arbitrary measures taken against them. The image of being "chamber servants" was incorporated into church law, which had adopted Jewish servitude into its canon law. The "Jewish-servitude," which granted the right of imperial protection for Jews, was frequently pawned to territorial rulers who required Jews to pay dearly for their legal status as chamber servants.

Literature

Brockhoff, Evelyn, Jan Gerchow, et al., eds. *Die Kaisermacher. Frankfurt am Main und die Goldene Bulle. 1356-1806*. Frankfurt am Main: Societäts-Verlag, 2006.

Magin, Christine. *„Wie es umb der iuden recht stet". Der Status der Juden in spätmittelalterlichen Rechtsbüchern*. Göttingen: Wallstein Verlag, 1999.

Merback, Mitchell B., ed. *Beyond the Yellow Badge. Anti-Judaism and Antisemitism in Medieval and Early Modern Visual Culture*. Leiden: E.J. Brill, 2007.

Toch, Michael. *Die Juden im Mittelalterlichen Reich*. Enzyklopädie deutscher Geschichte Vol. 44. München: Oldenbourg Verlag, 2013.

CC lxix

Dis sait uns von dem Juden aide wie sü sweren süllent.

Hartmann Schedel
Nürnberger Chronik
Liber Cronicarum Cum Figuris Et Imaginibus

Nürnberg 1493
Verlag: Anton Koberger
Druck auf Papier, Holzschnittillustrationen
H: 46,5, B: 32,8 cm
Museum of the Bible, Washington, DC, GC.INC.000151

Der vom Landesherrn teuer erkaufte Rechtsstatus von „Kammerknechten" bot den Juden keine Garantie des Schutzes vor Vertreibung oder gar Ermordung. In der Chronik des Hartmann Schedel (1440-1514) sieht man die Verbrennung von Juden, die entweder an der Pest Schuld gewesen sein, Hostien entweiht, oder christliche Kinder gemartert haben sollen. In der deutschen Übersetzung heißt es dazu: „Die juden, die sich an vil enden gemeret hetten sind ... von irer boesen handlung wegen zu Nuermberg, Wuertzburg, Rotenburg und an enden daselbstumb verprennt worden".

Hartmann Schedel
Nürnberger Chronik (Nuremberg Chronicle)
Liber Cronicarum Cum Figuris Et Imaginibus

Nuremberg, 1493
Publisher: Anton Koberger
Print on paper, woodcut illustrations
Height: 18 ¼, width: 13 in
Museum of the Bible, Washington, DC, GC.INC.000151

Even after purchasing, at great expense, protection for their legal status as chamber servants, Jews were not guaranteed protection from expulsion or even murder. Hartman Schedel's *Chronicle* (1440–1514) reports burnings of Jews at the stake who had been blamed, allegedly, either for the plague, for the desecration of hosts, or for the torture of children: *"Jews who everywhere have increased in numbers ... have been burnt because of their evil deeds in Nuremberg, Würzburg, Rothenburg, and other places."*

Cum eo tpe quidam electores imperij. pcipue ecclesiastici principes ob diuersa discidia in albertū regē varias cōiurationes ac simultates attemptarunt. dicentes adophum dnm suū in bello pemisse. ideo eū regia dignitate indignū censebant. Quā ob rem ceteri principes primarij in regno germanie Rudolphum palatinū rheni imperij iudicem statuerunt vt deinceps futuris temporibus sua industria hoc officium pagere deberet. Ex qua consuetudine reges romanoꝝ mouerent ne aliquod malū vitupatione dignū in regno molirentur. ac indigni imperio iudicarentur.

Seductor ac dolosus quidā ostentabat se fore fridericum impatorē indicijs varijs. quē olī pditū fuisse ac nullisi postea inuētum fuisse dixerūt. Is sua astutia cū multos sibi adherentes acquisiuisset ab impatore ɔphensus de tectis fallacijs igne ɔbustus fuit.

Iudei q̃z anno primo alberti impatoris aucti in plerisq̃z locis ob male gesta nurmberge in Herbipoli. rotenburge. ac in plerisq̃z locis finitimis igni traditi sunt. n sexui nō etati parcentes. infelicem gentem aliq̃t milia perijsse ferunt seruati infantes baptismi gratia.

Cū āno vnde tricēsimo ꝛ millesimo iacobuz arragonē siculū regē obijsse diē icrebuiss; robert⁹ calabrie dux caroli genitoris iussu in siciliā traductis copijs cathina vrbe potitus est. Philipp⁹ q̃z tarentinus dux frater suus cū patissima classe illico est subsecut⁹. Siculi interea correptis populariter armis sese aduersus exosum gallicū nomē vt tuerent terra mariq̃z parauerant. ꝛ fridericu arragonē eavocauerunt ratione vt regnū trinacrie sibi etiā tardiuscule aduēturo ɔseruādū eē. plene cōfisus copias ex hispanis traducendas. vel adhibita longiore mora contraheret. Nauigauerat interea sulutiore disciplina classis philippi principis tarentini eā p̄ se ferens securitatem quā ne excepta a roberto fratre omni sicilia debuit ostētare. quin etiā roberti classis ex cathinensi portu soluens illi q̃z primū e longinquo apparuit absq̃z bellici apparatus armatura obuiā est pgressa. in vtrāq̃z igit classem pari socordia sed motu ventoꝝ dispari vicissim se petentē siculoꝝ classis magno ordine. maioriq̃z apparatu. maximo animoꝝ ardore delata est. primaq̃z impetito que posterior nauigare ceperat roberti ducis classe armamētisq̃z destituta nullo siculoꝝ labore dissipata est. partim demersa partim intercepta est. partim ad hostiles portus adducta est. adeo vt pauci triremes remigio vse acceleratione cathinata ad robertū fuerint reuerse. Durius postea fuit siculis cū philippensi classe plūs his duobus incomodis robertus dux animi anxius in fugā sententiā inclinauit. Cathina itaq̃z in ciuiū potestate relicta cū paucis que ex vtraq̃z classe supfuerant triremibus in italiā est reuersus.

Dinus iuris doctor

Dinus mugelan⁹ iuris vtriusq̃z peritissim⁹ doctor hoc tpe claruit. ꝛ primū locū inter doctores in italia obtinuit. eo q̃ in dicendo. disputando. decidēdoq̃z tantā loquēdi vim habuit q̃ eo p̄sente vniuersalis legalis phie synodus adeē videret. ꝛ pterea copiose eleganterq̃z totū ciuile ius multis voluminibus declarauit. nā sup infortiato digestoq̃z veteri ac nouo pulchre scripsit. Insup ꝛ de mandato bonifacij pape ꝛ post archidiaconū bononiensem in iure pontificio sextū declarauit. scripsit etiam consilia elegantissima.

Petrus de bellaptita natione burgūd⁹ p̄dicti dini pfessionis ꝛ doctrine ɔsilis hisdē tpibus floruit. q̄ ꝛ ipo dino nō min⁹ docte ꝛ accurate sup toto digesto codiceq̃z ac institutis scripsit. Habent etiā eius centū disputationes a se edite ꝛ in maximo p̄cio apud doctos habite.

Jacob⁹ de arena iur. ɔsult⁹

Ann⁹ aduenerat salutis millen⁹ terdeciesq̃z cēten⁹ in q̄ octau⁹ bonifaci⁹ pō. ro. vt p̄missū ē prudēti pioq̃z vsus ɔsilio p̄rēs imitat⁹ ve. te. annū instituit iubileū. cēteno inde quoq̄ futuꝝ āno. cui⁹ ea fuit rō vt q̄ ex trāsalpinis vltra marinisq̃z veniētes octo. q̄ ex italia ꝛ ei⁹ insul. xv. dieb⁹ sacra vrbis loca orādo obirēt plenaria pecaminū venia donati eēnt. Magnū ea sūmi pon. indulgētia alicubi fructū attulit q̃ diffidētes aliq̄ ꝛ acerrimis etiā capitalibusq̃z inimicicijs publice ꝛ priuatim vsi in pacem beniuolentiāq̃z conciliati sunt.

Iacob⁹ de arena natōe pormēsis iuris ɔsult⁹ pitissim⁹. cui⁹ opiniones i explanādis legib⁹ vt bartol⁹ testat sp de mēte iuris extitert. his tpib⁹ breuit vtilit q̃z sup digesto toto ꝛ codice scripsit. indeq̃z disputatiōes pulchras ac tractatū de excussione cōposuit.

Nicola⁹ de neapoli his ɔtēporane⁹ existēs sup prima infortiati ꝛ toto volumie copiose ꝛ pulchre ɔscripsit. ac q̄dā alia edidit.

Ha-Wikkuach

Basel 1529/1539
Herausgeber: Johann Froben
Übersetzung: Sebastian Münster
Druck auf Papier, Holzschnitt
H: 17, B: 12 cm
Gross Family Collection, Tel Aviv, B. 741

Zwischen dem 13. und dem 15. Jahrhundert wurden Juden mehrere Disputationen mit Christen aufgezwungen, in deren Rahmen sie ihren Glauben zu verteidigen hatten. Der Theologe Paul Fagius (1504-1549) griff diese fragwürdigen Dialoge mit seinem Sefer Amana auf. Münsters (1488-1552) Wikkuach basierte wiederum auf Fagius. Die fiktive Auseinandersetzung zwischen einem Christen und einem Juden über den Messias endet mit den Worten des Christen: „…so werdet ihr doch nie erlöst werden, weil ihr immer ein verstocktes und aufsässiges Volk gewesen seid."

Literatur

Kulturabteilung der Burgenländischen Landesregierung (Hg.), Judentum im Mittelalter. Ausstellung im Schloß Halbturn, 4. Mai – 26. Oktober 1978. Katalog, Eisenstadt 1978, hg. von der Kulturabteilung der Burgenländischen Landesregierung, Kat. F 10a.

Moritz Steinschneider/Adolf Neubauer, Le Livre de la foi; Paul Fagius et Sébastien Munster, Paris 1882.

ויכוח הנוצרי המאמין ו
ויהודית החצת והמורד :
הנוצרי מדבר
הלא האיש הזה אשר בא לקראתי
הוא יהודי . באמת פניו מגלים
את הארם : אך אברך אותו בלשון הקדש
ובכן אוכל לדעת אם הוא יהודי או לא :
אם יהודי הוא יענה לי יהודית ואם לא י
יהודי יחריש כי לא מבין מה שמדבר א
אני : שלום לך יהודי :
היהודי
ושלום לך : מאין הכרת כי יהודי אני וא
ואשר בן בלשון עברי אתה דברת עמדי :
הלא גם אתה יהודי ומעמנו היית :
הנוצרי
אינני יהודי הייתי ולא הכרתיך אלא שמ
שמצורת פניך ידעתי כי אתה איש עברי
כי יש לכם יהודיים צורה משונה מצ
מצורות הכל הגוים אשר בעולם והיא נפ
נפלאה בעיני : כי אתם שחורים ובעורים
ואין לבנים ויפים ברוב הגוים אחרים :
2 א היהודי

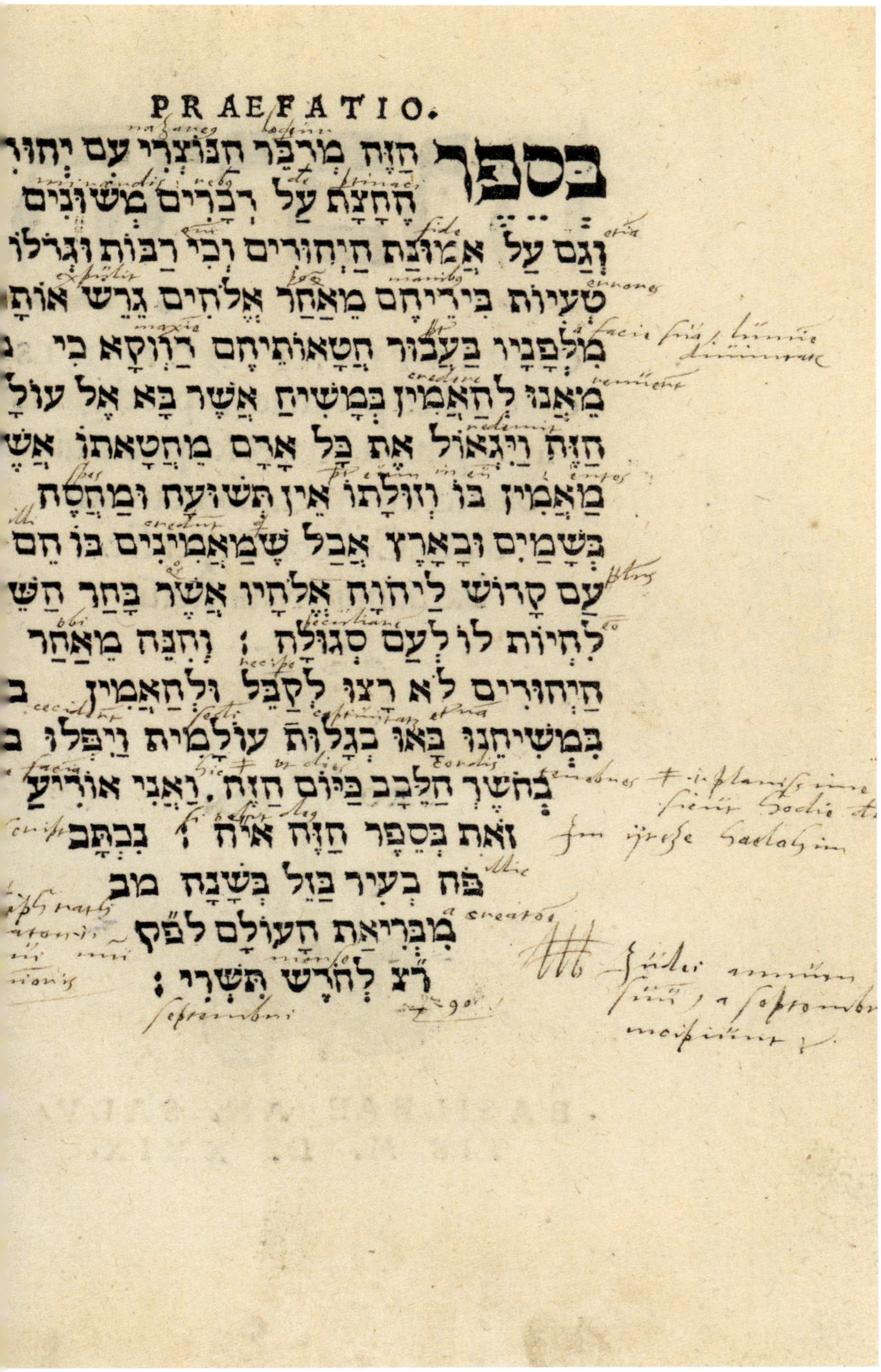
PRAEFATIO.

בספר הזה מדבר הנוצרי עם יהוד
החצת על דברים משונים
וגם על אמונת היהודים וכי רבות וגדלו
טעיות בידיהם מאחר אלהים גרש אות
מלפניו בעבור חטאותיהם רחוקא כי
מאנו להאמין במשיח אשר בא אל עול
הזה ויגאול את כל אדם מחטאתו אש
מאמין בו וזולתו אין תשועה ומחסה
בשמים ובארץ אבל שמאמינים בו הם
עם קדוש ליהוה אלהיו אשר בחר הש
להיות לו לעם סגולה ; והנה מאחר
היהודים לא רצו לקבל ולהאמין ב
במשיחנו באו בגלות עולמית ויפלו ב
בחשך הלבב ביום הזה . ואני אודיע
זאת בספר הזה איה ; נכתב
פה בעיר בזל בשנת טוב
מבריאת העולם לפ״ק
רצ לחדש תשרי ;

Ha-Wikkuach

Basel, 1529/1539
Editor: Johann Froben
Translation: Sebastian Münster
Print on paper, woodcut
Height: 6 ¾, width: 4 ¾ in
Gross Family Collection, Tel Aviv, B. 741

Between the 13th and the 15th centuries, Jews were forced to engage in several disputations with Christians in which they had to defend their faith. The theologian Paul Fagius (1504-1549) took up these questionable dialogues in his *Sefer Amana*. Sebastian Münster's (1488-1552) *Wikkuach* was based on Fagius's work. The fictitious confrontation between a Christian and a Jew about the messiah ends with the words of the Christian: *"... and thus you will never find salvation because you have always been an impenitent and defiant people."*

Literature

Judentum im Mittelalter. Exhibition in Schloß Halbturn, May 4 – October 26, 1978. Edited by Kurt Schubert. Eisenstadt: Kulturabteilung des Amtes der Burgenländischen Landesregierung, 1978

Steinschneider, Moritz and Adolf Neubauer. *Le Livre de la foi; Paul Fagius et Sébastien Munster*. Paris: Durlacher, 1882.

Umdeutungen ...

Im 15. Jahrhundert verschlechterte sich das Verhältnis zwischen Christen und Juden zunehmend. Die Angst vor jüdischen Konkurrenten wuchs in einer Zeit, da der traditionelle mittelalterliche Handel niederging und sich neue, frühkapitalistische Wirtschaftsformen entwickelten. Damit gingen die Schwächung des Judenrechts, Beschränkungen jüdischer Handelsmöglichkeiten und ein Anwachsen der religiösen Judenfeindschaft einher. Mit der Unterstellung, Juden würden sich durch Wucherzinsen bereichern, Ritualmorde und Hostienschändungen begehen, wurden Pogrome und Ausweisungen ganzer jüdischer Gemeinden legitimiert. Eine solche Ausweisung trat Ende des 15. Jahrhunderts auch in Ulm in Kraft.

Reinterpretations ...

During the 15th century, the relationship between Christians and Jews increasingly deteriorated. Fear of Jewish competition grew at a time when traditional medieval trade declined and new economic systems of early capitalism evolved. This triggered the weakening of Jewish rights, increasing restraints on Jewish trade opportunities and a surge of religiously motivated hostilities against the Jews. By accusing Jews of getting rich through usurious interests, ritual murder, and desecration of hosts, pogroms and expulsions of entire Jewish congregations were legitimized, such as the one carried out in Ulm at the end of the 15th century.

Bartholomäus Zeitblom
Beschneidung Jesu

Ulm um 1500
Mischtechnik auf Tannenholz
H: 121,2, B: 65,1 cm
Evangelische Münstergemeinde Ulm (Ulmer Münster, Neithart-Kapelle)

Gemäß dem Lukas-Evangelium wurde Jesus nach jüdischem Gebot am achten Tag beschnitten. Das Ereignis wird in Zeitbloms Werk diskreditierend dargestellt: Bildmittelpunkt ist das nackte Jesuskind zwischen sieben Männern. Ihre teils orientalisierende Kleidung unterstreicht die Fremdheit des Rituals. Das unrealistisch große Messer ist kein Beschneidungsmesser und die übertriebene textile Verhülltheit der Männer steht in krassem Gegensatz zum Körper Jesu, dessen Nacktheit die Wahrheit seiner Botschaft signalisieren soll.

Die Beschneidung, hebräisch Brit Mila, besiegelte den Bund, den Gott mit Abraham geschlossen hatte. Bis heute bestätigt die rituelle Beschneidung der männlichen Vorhaut die Aufnahme des Kindes in das Judentum. Sie wird – die Gesundheit des Säuglings vorausgesetzt – am achten Tag nach der Geburt durchgeführt. Das kirchliche „Fest der Beschneidung des Herrn" wurde am 1. Januar liturgisch gefeiert. Allerdings kam dem Aspekt der Namensgebung Jesu an dem Tag zunehmend mehr Bedeutung zu. Denn bereits nach paulinischer Auslegung war die „Beschneidung des Fleisches" eine buchstäbliche Fehlinterpretation des biblischen Gebots und durch die geistige „Beschneidung des Herzens" überwunden worden. Da die Beschneidung Jesu theologisch als Teil der Heilsgeschichte interpretiert wurde, war die Szene ein häufiges Motiv und ließ im christlichen Bildgut Meisterwerke von affirmativen oder auch beschreibenden Wiedergaben des Geschehens entstehen. Daneben finden sich aber auch ablehnende Illustrationen, die die Beschneidung als erstes Leiden und damit als Teil der Passion Jesu präsentierten. Die Diffamierung der Beschneidung als Martyrium führte schließlich zur Dämonisierung des Aktes, der mit Phantasien vorgeblicher jüdischer Ritualmorde an Knaben und Hostienschändungen verbunden wurde. Auch hier ist die Darstellungsweise nicht von Sympathie geprägt: Nur eine der Figuren schaut dem Akt zu, es ist vermutlich Joseph. Die anderen scheinen in den Buchstaben des Gesetzes verfangen oder schauen ins Leere. Die in diesem Bild ausgedrückte antijüdische Stimmung korrespondiert mit dem Fakt der Vertreibung der Juden aus Ulm im Jahre 1499.

Literatur

Eva Leistenschneider, Der Flügelaltar aus St. Michael zu den Wengen – Rekonstruktion und Bildprogramm, in: Ulmer Museum (Hg.), Jerusalem in Ulm. Der Flügelaltar aus St. Michael zu den Wengen, Ulm 2015, 40–53, Kat. Nr. 11.

Thomas Lentes, Der hermeneutische Schnitt. Die Beschneidung im Christentum, in: Felicitas Heimann-Jelinek/Cilly Kugelmann, Haut ab! Haltungen zur rituellen Beschneidung, Göttingen 2014, 105–113.

Andrew S. Jacobs, Christ Circumcised: A Study in Early Christian History and Difference, Philadelphia 2012.

Henry Abramson/Carrie Hannon, Depicting the Ambiguous Wound: Circumcision in Medieval Art, in: Elizabeth Wyner Mark (ed.), The Covenant of Circumcision: New Perspectives on an Ancient Jewish Rite, Hanover–London 2003.

Heinz Schreckenburg, The Jews in Christian Art, New York 1996.

Bartholomäus Zeitblom
Circumcision of Jesus

Ulm, around 1500
Mixed media on fir wood
Height: 47 ¾, width: 25 ½ in
Evangelische Münstergemeinde [Protestant Congregation in Münster] Ulm (Ulmer Münster, Neithart-Kapelle) ([Minster of Ulm, Neithart-Chapel)]

According to the Gospel of Luke, Jesus was circumcised on the eighth day according to Jewish law. The event is depicted disparagingly in Zeitblom's work: the infant Jesus is seen at the center surrounded by seven men. Their oriental-style clothing accentuates the ritual's foreignness. The completely cloaked men are in stark contrast to the body of Jesus whose nakedness signifies the truth of his message.

The ritual of circumcision–*brit milah* in Hebrew–seals the covenant that God had established with Abraham. To this day, the ritualistic circumcision of the foreskin confirms the child's acceptance into Judaism. It is carried out–provided the infant is healthy–on the eighth day after the boy's birth. The religious "Feast of the Circumcision of Christ" has been liturgically celebrated on January 1st. As the aspect of the naming of Jesus became increasingly significant, more meaning was dedicated to that day. According to Pauline exegesis, the "circumcision of the flesh" was a literal misinterpretation of the biblical command, and was overtaken by the "circumcision of the heart." Since the circumcision of Jesus has been theologically understood as part of the history of salvation, this scene was a frequent motif in Christian visual masterpieces, rendering the event partly as affirmative and partly as descriptive. Alongside, however, are also adverse illustrations, which present the circumcision as the first agony of Jesus, and thus as part of the passion of Christ. The defamation of circumcision as martyrdom, finally led to the demonization of the act, and it was associated with fantasies of alleged Jewish ritual murders of boys and the desecrations of hosts. Here as well, the method of presentation is not sympathetic: only one of the figures, presumably Joseph, watches the act. The others appear to be entangled in the letter of the law or staring into a void. The anti-Jewish sentiment expressed in this image corresponds with the actual expulsion of Jews from Ulm in the year 1499.

Literature

Abramson, Henry and Carrie Hannon. "Depicting the Ambiguous Wound: Circumcision in Medieval Art." Pages 98-113 in *The Covenant of Circumcision: New Perspectives on an Ancient Jewish Rite*. Edited by Elizabeth Wyner Mark. Hanover/London: Brandeis University Press, 2003.

Jacobs, Andrew S. *Christ Circumcised. A Study in Early Christian History and Difference*. Philadelphia: University of Pennsylvania Press, 2012.

Leistenschneider, Eva. "Der Flügelaltar aus St. Michael zu den Wengen – Rekonstruktion und Bildprogramm." Pages 40-53; No. 11 in *Jerusalem in Ulm. Der Flügelaltar aus St. Michael zu den Wengen*. Edited by Ulmer Museum. Ulm, 2015.

Lentes, Thomas. "Der hermeneutische Schnitt. Die Beschneidung im Christentum." Pages 105-113 in *Haut ab! Haltungen zur rituellen Beschneidung*. Edited by Felicitas Heimann-Jelinek and Cilly Kugelmann. Göttingen: Wallstein Verlag, 2014.

Schreckenberg, Heinz. *The Jews in Christian Art: An Illustrated History*. New York: Continuum International Publishing Group, 1996.

Bartholomäus Zeitblom
Darbringung Jesu im Tempel

Ulm um 1500
Mischtechnik auf Tannenholz (auf 2-lagige Holztafel übertragen)
H: 121,2, B: 65,2 cm
Evangelische Münstergemeinde Ulm (Ulmer Münster, Neithart-Kapelle)

Ein traditionelles Bildsujet aus der Kindheit Jesu ist auch seine Darbringung im Tempel. Wiederum ist das Jesuskind Bildmittelpunkt. Und auch hier signalisiert seine Nacktheit, die in der Realität jeder Grundlage entbehrt, die unverhüllte Wahrheit seiner Heilsbotschaft. Die Gebotstafeln mit der hebräischen Beschriftung definieren den Ort der Begebenheit als einen jüdischen. Allerdings ergeben die Buchstaben keinen Sinn, außer vielleicht dem, dass der Buchstabe des jüdischen Gesetzes sinnentleert sei.

Die christliche Darbringung Jesu im Tempel in Jerusalem – an das heute das kirchliche Fest Mariae Lichtmess erinnert – wie sie im Lukasevangelium berichtet wird, entspricht dem jüdischen Ritual nicht ganz. Bei Lukas lesen wir, dass jede männliche Erstgeburt dem Herrn geweiht sein soll. Dies ist in der Pessach-Geschichte begründet, da seit dem Auszug aus Ägypten bzw. der zehnten Ägyptischen Plage jeder Erstgeborene Eigentum Gottes ist und durch ein Geldopfer vom Tempeldienst ausgelöst werden muss. Dieses Ritual der Auslösung ist im Judentum bis heute lebendig geblieben. Die Darbringung zweier Tauben, wie sie auf dem Bild zu sehen sind, ist hingegen als Reinigungsopfer der Frau 40 Tage nach der Geburt eines Knaben zu verstehen. Zeitbloms und anderer Künstler Interesse richtet sich jedoch nicht auf die Umsetzung des Rituals wie es in der hebräischen Bibel beschrieben wird. Ihm geht es wohl viel eher um den Beleg, dass Jesus schon früh als Messias erkannt wurde. Denn Maria und Joseph stehen mit Jesus vor Simeon, dem geoffenbart worden war, er würde vor seinem Tod den Messias sehen. Er erkennt ihn in Jesus und „segnete sie und sagte zu Maria, der Mutter Jesu: Dieser ist dazu bestimmt, dass in Israel viele durch ihn zu Fall kommen und viele aufgerichtet werden" (Lk 2,34). Auch sagt er Maria ihr Leid voraus. Die weibliche Gestalt im Hintergrund wird die Prophetin Hanna sein, „sie pries Gott und sprach über das Kind zu allen, die auf die Erlösung Jerusalems warteten." (Lk 2,38). Die Platzierung Jesu auf einem Altartisch bringt seinen künftigen Tod mit Opferritualen im Jerusalemer Tempel in einen assoziativen Zusammenhang.

Literatur

Eva Leistenschneider, Der Flügelaltar aus St. Michael zu den Wengen – Rekonstruktion und Bildprogramm, in: Ulmer Museum (Hg.), Jerusalem in Ulm. Der Flügelaltar aus St. Michael zu den Wengen, Ulm 2015, 40–53, Kat. Nr. 13.

Margaretha Boockmann, Schrift als Stigma. Hebräische und hebraisierende Inschriften auf Gemälden der Spätgotik, Heidelberg 2013.

Dorothy C. Schorr, The Iconographic Development of the Presentation in the Temple, in: The Art Bulletin, Vol. 28, No. 1 (1946), 17–32.

Bartholomäus Zeitblom
Presentation of Jesus at the Temple

Ulm, around 1500
Mixed media on fir wood
Height: 47 ¾, width: 25 ½ in
Evangelische Münstergemeinde [Protestant Congregation in Münster] Ulm (Ulmer Münster, Neithart-Kapelle) ([Minster of Ulm, Neithart-Chapel)]

Another traditional visual theme from Jesus's childhood is his presentation at the temple. The child Jesus stands at the center of the image. And again, his nakedness–without any basis in reality– signifies the unveiled truth of his salvation message. The commandment panels with Hebrew inscriptions define the place of the event as a Jewish one. The letters, however, are not legible or meaningful, other than perhaps that the letter of the Jewish law is void of meaning.

The Christian presentation of Jesus at the temple in Jerusalem–reminiscent today of the "Feast of Candles" or "Candlemas" (*Mariae Lichtmess*)–as reported in the Gospel of Luke, does not quite correspond to the Jewish ritual. In Luke, we read that each firstborn male is supposed to be dedicated to the Lord. This is based on the Pesach story and on the tenth Egyptian plague respectively, according to which each firstborn is considered property of God who must be released from Temple service through a money offering since the time of the exodus from Egypt. In Judaism, this ritual of release is still alive today. The presentation of two doves, as seen in this image, is to be understood, however, as a woman's cleansing offering forty days after giving birth to a boy. Nevertheless, the interest of Zeitblom and other artists was not directed toward the manifestation of the ritual according to the Hebrew Bible. They were more likely interested in the early recognition of Jesus as the messiah. Mary and Joseph stand with Jesus in front of Simeon, to whom it was revealed that, before his death, he would see the messiah. He recognizes him in Jesus, and he "blessed them and said to his mother Mary, 'This child is destined for the falling and the rising of many in Israel'" (Luke 2:34). He also predicts Mary's suffering. The female figure in the background may be the prophet Anna, who "began to praise God and to speak about the child to all who were looking for the redemption of Jerusalem" (Luke 2:38). The placement of Jesus on the altar table associates his future death with the offering rituals in the Jerusalem Temple.

Literature

Boockmann, Margaretha. *Schrift als Stigma. Hebräische und hebraisierende Inschriften auf Gemälden der Spätgotik.* Heidelberg: Universitätsverlag Winter, 2013.

Leistenschneider, Eva. "Der Flügelaltar aus St. Michael zu den Wengen – Rekonstruktion und Bildprogramm." Pages 40-53; No. 13 in *Jerusalem in Ulm. Der Flügelaltar aus St. Michael zu den Wengen.* Edited by Ulmer Museum. Ulm, 2015.

Schorr, Dorothy C. "The Iconographic Development of the Presentation in the Temple." Pages 17-32 in *The Art Bulletin* 28, no. 1 (1946).

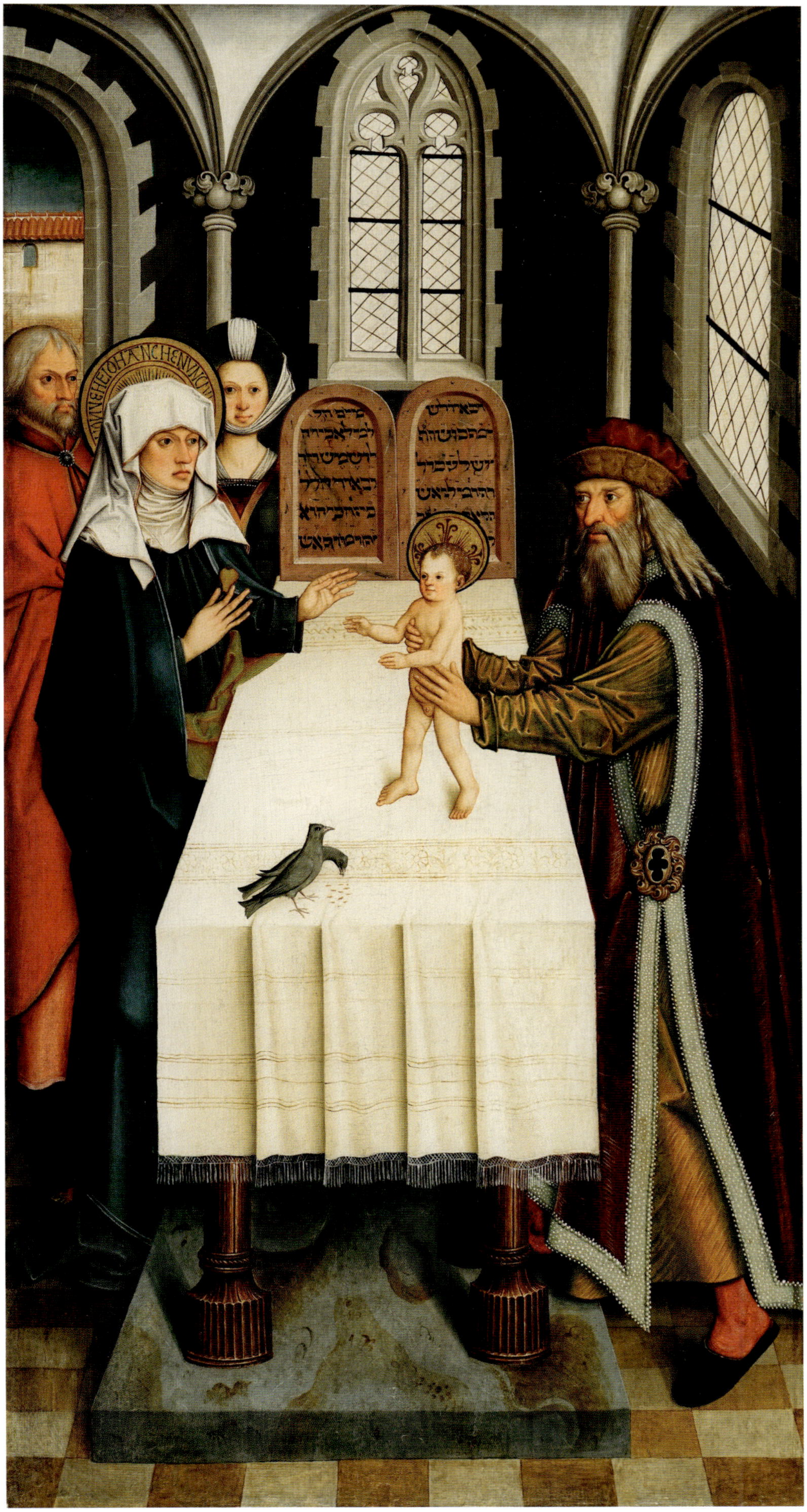

Bartholomäus Zeitblom
Judas führt die Häscher zum Ölberg

Ulm um 1500
Mischtechnik auf Tannenholz
H: 121,2, B: 65,1 cm
Ulmer Museum, Dauerleihgabe der Lübecker Museen – St. Annen-Museum, 2482d

Nach der Überlieferung der Evangelien hat Jesu Jünger Judas ihn verraten, indem er den Mitgliedern des jüdischen Gerichts seinen Aufenthaltsort im Garten Gethsemane preisgab. Die Übergabe Jesu an die Römer durch das Jerusalemer Gericht hatte nach dieser Beschreibung den Kreuzestod Jesu zur Folge. Bereits in der Spätantike wurde Judas zum Symbol für das Judentum. Im Bild, das eine bewaffnete Menge hinter Judas zeigt, trägt jemand eine Fahne mit hebraisierenden Schriftzeichen. Die Juden werden so als „Gottesmörder" diffamiert.

Literatur

Margaretha Boockmann, Schrift als Stigma. Hebräische und hebraisierende Inschriften auf Gemälden der Spätgotik, Heidelberg 2013.

Bartholomäus Zeitblom
Judas leads the captors to the Mount of Olives

Ulm, around 1500
Mixed media on fir wood
Height: 47 ¾, width: 25 ½ in
Ulmer Museum, permanent item on loan from the Lübecker Museen – St. Annen-Museum, 2482d

According to the tradition of the Gospels, Judas, the disciple of Jesus, betrayed him by exposing his whereabouts in the garden of Gethsemane to court officers of the temple. The handing over of Jesus to the Romans by the Jerusalem court, according to this description, has led to Jesus's death on the cross. Already in late antiquity, Judas had become a symbol for Judaism. The image shows an armed crowd behind Judas with someone holding a flag with Hebrew-looking characters. The Jews are thus defamed as "murderers of God."

Literature

Boockmann, Margaretha. *Schrift als Stigma. Hebräische und hebraisierende Inschriften auf Gemälden der Spätgotik*. Heidelberg: Universitätsverlag Winter, 2013.

Christus am Kreuz mit Maria, Johannes und den drei Engeln

Deutschland 2. Hälfte 15. Jh.
Holzschnitt auf Papier, koloriert
H: 35,5, B: 24,9 cm
Staatliche Kunsthalle Karlsruhe, 1973–49 G

Der Einblattdruck diente der privaten Andacht. Die Darstellung fokussiert auf das Leiden des Gekreuzigten und fordert den Betenden zum Mitleiden auf. Jesu strömendes Blut, das von drei Engeln in goldenen Kelchen aufgefangen wird, sollte auf die Wandlung von Brot und Wein in Jesu Leib und Blut während der Messe hinweisen, aber auch den Mitleidsdruck erhöhen. Dieser wurde nicht nur in Bildern forciert sondern auch in Passionsspielen, anlässlich derer er sich häufig in antijüdischen Pogromen entlud.

Christ on the cross with Mary, John, and three angels

Germany, second half the 15th century
Woodcut on paper, colored
Height: 14, width: 10 in
Staatliche Kunsthalle [Art Hall of the State] Karlsruhe, 1973–49 G

This single page print was intended for private devotion. The depiction focuses on the agony of the crucified, and it prompts the praying individuals to have compassion. Jesus's flowing blood, collected by three angels in golden cups, intended not only to reference the transformation of bread and wine into Jesus's body and blood during mass, but also to induce elevated feelings of compassion. This is suggested not only in imagery, but also in passion plays, during which demands for anti-Jewish pogroms frequently surfaced.

Literatur

Das besondere Blatt: http://info-culture.com/public/manifestation/65792/de?PHPSESSID=02365f594f735fb43c06bfbf64274c95 (Zugriff am: 15.01.2016)

Literature

Anonymous. "Christus am Kreuz mit Maria, Johannes und drei Engeln." Staatliche Kunsthalle Karlsruhe. http://swbexpotest.bsz-bw.de/skk/detaildbb.xhtml?id=9266E2EE48D3D517ED2072A9333800F3&img=1 (retrieved 01/24/2016).

INRI
matheus
iohes
marcus

Historienbibel Marienleben

Augsburg 1457
Handschrift auf Pergament
H: 40, B: 28,3 cm
Bayerische Staatsbibliothek, München, Cgm. 206
(aufgeschlagen: fol. 230v)

Die Darstellung zeigt den gekreuzigten Jesus, dessen Blut von der gekrönten Frauengestalt, die links steht, in einem Kelch aufgefangen wird. Sie ist Ecclesia, die Kirche, der rechts Synagoga, die Synagoge, gegenübersteht, die sich vom Kreuz abwendet. Ihre Augen sind verbunden, das heißt, sie sieht die Wahrheit nicht. Sie ist besiegt und entthront: Die Krone fällt ihr vom Kopf, ihr Feldzeichen ist zerbrochen. Der antijüdischen Polemik der Zeit entsprechend, zeigt ihre Fahne den Kopf eines Ziegenbocks.

Die Illustration steht in der Tradition der sogenannten lebenden Kreuze. Diese tauchen in der ersten Hälfte des 15. Jahrhunderts als Rückgriff auf ein Bildmotiv des 9. Jahrhunderts auf und sind radikal antijüdisch. Wieder sind Ecclesia und Synagoga als Frauengestalten dargestellt, aber anders als in vorliegender Illustration enden die Balken lebender Kreuze in vier Armen. Der untere Arm zerstört das Höllentor, der obere öffnet mit einem Schlüssel das Himmelstor. Die Botschaft ist für die Betrachter leicht zu erkennen: Jesus errettet die an ihn glauben vor dem Schicksal der Hölle und führt sie zum ewigen Leben. Ein Arm des Querbalkens krönt Ecclesia und durchbohrt Synagoga mit einem Schwert. Letztere wird häufig als auf einem Ziegenbock reitend dargestellt, während Ecclesia auf einem geflügelten Löwen sitzt. Wieder ist die Botschaft leicht zu erfassen: Synagoga, die den überwundenen Unglauben personifiziert, ist abgesetzt, während der wahre Glaube in Gestalt der Ecclesia seine Herrschaft antritt. Mit solchen Bildern wird nicht nur die Rechtmäßigkeit des religiösen Erbes beansprucht, auch die Ermordung der Juden wird legitimiert.

Literatur

Nina Rowe, The Jew, the Cathedral and the Medieval City: Synagoga and Ecclesia in the Thirteenth Century, Cambridge 2011.

Herbert Jochum, Ecclesia und Synagoga. Alter und Neuer Bund in der christlichen Kunst, in: Hubert Frankemölle (Hg.), Der ungekündigte Bund? Antworten des Neuen Testaments (QD 172), Freiburg 1998, 248-276.

Heinz Schreckenberg, Die Juden in der Kunst Europas. Ein historischer Bildatlas, Göttingen et al. 1996.

Peter Maser, Synagoga und Ekklesia. Erwägungen zur Frühgeschichte des Kirchenbaus, in: Dietrich-Alex Koch/Hermann Lichtenberger (Hg.), Begegnungen zwischen Christentum und Judentum in Antike und Mittelalter, Festschrift für Heinz Schreckenberg (Schriften des Institutum Iudaicum Delitzschianum 1), Göttingen 1993, 271-292.

Bernhard Blumenkranz, Synagoga: mutations d'un motif de l'iconographie médiévale (Allemagne, 12e-15e siècles), in: A. Caquot/ M. Hadas-Lebel/J. Riaud (eds.), Hellenica et Iudaica, Hommage à Valentin Nikoprowetzky, Leuven-Paris 1986, 349-355.

Historienbibel (History Bible) Marienleben (Life of Mary)

Augsburg, 1457
Manuscript on parchment
Height: 15 ¾, width: 11 ¼ in
Bayerische Staatsbibliothek [Bavarian State Library], München,
Cgm. 206 (opened at: fol. 230v)

The image shows the crucified Jesus, whose blood is collected in a cup by the crowned female figure to the left. She is *Ecclesia*, the "church." Standing opposite of her to the right is *Synagoga*, the "synagogue," who looks away from the cross. Her eyes are blindfolded, which means that she does not see the truth. She is defeated and dethroned: the crown falls from her head, and her insignia is broken to pieces. Corresponding to the anti-Jewish polemic of the time, her flag shows the head of a male goat.

The illustration follows the tradition of the so-called "living crosses". These appeared in the first half of the 15th century, but are retrospective of a 9th century image motif; they are radically anti-Jewish. *Ecclesia* and *Synagoga* are again depicted as female figures, but as opposed to the image in this manuscript, the beams of the "living cross" end in four arms. The lower arm destroys the gates of hell, and the upper arm opens the gates of heaven with a key. The message is easy for the viewer to discern: Jesus saves those who believe in him from the fate of hell and leads them to eternal life. One arm of the crossbeam crowns *Ecclesia*, the other pierces *Synagoga* through with a sword. The latter is often shown riding on a male goat, while *Ecclesia* is seen sitting on a winged lion. Again, the message is clear: *Synagoga*, personifying unyielding disbelief, is deposed, while true faith in the character of *Ecclesia* begins its reign. Such imagery not only lays claim to the righteousness of the religious heritage, it also legitimized the murder of Jews.

Literature

Blumenkranz, Bernhard. „Synagoga: mutations d'un motif de l'iconographie médiévale (Allemagne, 12e-15e siècles). Pages 349-355 in *Hellenica et Iudaica. Hommage à Valentin Nikoprowetzky*. Edited by A. Caquot, M. Hadas-Lebel et al. Leuven/Paris: Peeters, 1986.

Jochum, Herbert. "Ecclesia und Synagoga. Alter und Neuer Bund in der christlichen Kunst." Pages 248-276 in *Der ungekündigte Bund? Antworten des Neuen Testaments*. Edited by Hubert Frankemölle. QD 172. Freiburg: Herder, 1998.

Maser, Peter. "Synagoga und Ekklesia. Erwägungen zur Frühgeschichte des Kirchenbaus." Pages 271-292 in *Begegnungen zwischen Christentum und Judentum in Antike und Mittelalter, Festschrift für Heinz Schreckenberg*. Edited by Dietrich-Alex Koch and Hermann Lichtenberger. Schriften des Institutum Iudaicum Delitzschianum 1. Göttingen: Vandenhoeck & Ruprecht, 1993.

Rowe, Nina. *The Jew, the Cathedral and the Medieval City: Synagoga and Ecclesia in the Thirteenth Century*. Cambridge: Cambridge University Press, 2011.

Schreckenberg, Heinz. *Die Juden in der Kunst Europas. Ein historischer Bildatlas*. Göttingen: Vandenhoeck & Ruprecht, 1996.

Hie wirt der Endchrist enpfangen in muter leib
der in hilfet vnd erfullet alles vbels vnd aller
schlafft sein tochter. Vnd derselb ist des Endch

Aufbegehren und Reformation ...

Im ausgehenden Mittelalter war die Kirche in den Augen vieler Menschen reformbedürftig. Korruption, die luxuriöse Hofhaltung des Papstes und die Pfründe der Kirchenpolitiker verschlangen Unsummen. Während die Monarchien Westeuropas sich dem Zugriff der Kirche weitgehend entziehen konnten, kamen wesentliche Einnahmen der Römischen Kirche aus dem Reich, wo die weltliche Macht dem Papst die Treue hielt, wo aber auch der finanzielle Aderlass die Weiterentwicklung frühkapitalistischen Wirtschaftens behinderte und schwer auf der Masse der Bevölkerung lastete. Die entstehenden Protestbewegungen wurden verteufelt, Kirchenkritiker mit dem Bann belegt, verfolgt oder gar zum Tode verurteilt.

Rebellion and reformation ...

During the closing of the Middle Ages, the church was perceived by many as in need of reform. Corruption, luxurious household expenses of the pope, and benefices of church politicians amounted to exorbitant expenditures. While Western European monarchies could largely evade the grasp of the church, a significant amount of income of the Catholic Church came from the empire, where the secular powers maintained loyalty to the pope, but where the financial bloodletting strained the early capitalist economies and weighed heavily on the masses of the population. The emerging protesting movements were demonized, church critics banned, persecuted, or even sentenced to death.

Der Antichrist und die 15 Zeichen vor dem Jüngsten Gericht

Nürnberg 1470
Blockbuch, illustriert
Museum of the Bible, Washington, DC, GC.INC.000153

Die endzeitliche Figur des Antichrist findet sich bereits im Zweiten Testament. Sie wird als Widerpart Jesu vor dessen Wiederkunft erwartet. Im Hohen Mittelalter wurden religiöse und politische Gegner sowie Minderheiten oft als Antichrist gebrandmarkt. Antichristspiele hetzten die Menge auf und führten oft zu Übergriffen gegen den oder die „Anderen". Im aufgeschlagenen Bild prophezeit Jakob seiner Sippe die Geburt des Antichrist, darunter soll gezeigt werden, wie ihn einer der Nachfahren Jakobs mit der eigenen Tochter zeugt.

The Antichrist and the 15 Signs of the Last Judgement

Nuremberg, 1470
Block book, illustrated
Museum of the Bible, Washington, DC, GC.INC.000153

The antichrist, a figure of the end times, is found in the Second Testament, and anticipated as the antithesis of Jesus before his return. In the High Middle Ages, religious and political opponents, as well as minorities, were often branded as antichrists. Antichrist-plays incited the masses, and often led to assaults against the "branded" or the "others." On the opened page, Jacob prophesies to his clan the birth of the antichrist, under which is depicted the antichrist as one of Jacob's descendants conceived by his own daughter.

Jacob sagt seinem sun Dan · Was im zukunftig wurde · mit disen worten also Dan wirt sein volck richten alls ander geschlecht von · Jerusalem · Dan wirt Coluber an dem weg Cerestes in dem pfadt :c · Alls da zu nachst vor geschriben ist · Vnd auf die wort sprach er · Herr ich bitt dich hailes

Hie wirt der Enndkrist enpfangen in muter leib durch die kraft des teufels der in fuert vnd erfullet alles vbels vnd aller poshait Vnd ain vater beschlaft sein tochter · Vnd derselb ist des Enndkrists vater

Hostienmühle

Ulmer Werkstatt um 1470
Öl auf Holz
H: 37, B: 156 cm
Ulmer Museum, Dauerleihgabe des Vereins für Kunst und Altertum in Ulm und Oberschwaben

Das allegorische Gemälde greift die Debatten um das Eucharistieverständnis auf, das heißt Fragen der Wandlung von Brot und Wein in den Leib und das Blut Jesu und damit seiner Realpräsenz während der Wandlungsworte im kirchlichen Hochgebet. Hier schafft Maria gemeinsam mit dem Heiligen Geist, den Evangelisten sowie mit der tatkräftigen Unterstützung durch die Apostel, die die Mühle antreiben, aus dem Wort Gottes die Hostie, die gemäß der Transsubstantiationslehre der Leib Jesu ist.

Mill of hosts

Workshop in Ulm, around 1470
Oil on wood
Height: 14 ½, width: 61 ½ in
Ulmer Museum, permanent item on loan from the Verein für Kunst und Altertum in Ulm und Oberschwaben [Society for Art and Antiquities in Ulm and Upper Swabia]

This allegorical painting attempts to clarify the debates concerning the understanding of the Eucharist, that is, questions about the transformation of bread and wine into the body and blood of Jesus, and, thereby, his actual presence through the transformational word of the Eucharistic prayer. Mary, together with the Holy Spirit and the assistance of the apostles, and the eager support of the church fathers driving the mill, generates the host from the word of God, which is the body of Jesus according to the teaching of transubstantiation.

Literatur

Johann Anselm Steiger, Transsubstanation, in: Religion in Geschichte und Gegenwart, Brill Online, 2016 (Zugriff am: 20.01.2016).

Wolfram Brandes/Felicitas Schmieder (Hg.), Antichrist. Konstruktionen von Feindbildern, Berlin 2010.

Jonathan Elukin, Living Together, Living Apart: Rethinking Jewish-Christian Relations in the Middle Ages, Princeton-Oxford 2007.

Jeffrey Burton Russell, Biographie des Teufels. Das radikal Böse und die Macht des Guten in der Welt, Wien et al. 2000.

Carol Poster (ed.), Translation, transformation and transubstantiation in the late Middle Ages (Disputatio 3), Evanston 1998.

Idis Hartmann, Ulmer Museum – Das Kunstwerk des Monats, Ulm 1983.

Literature

Brandes, Wolfram and Felicitas Schmieder, eds. *Antichrist. Konstruktionen von Feindbildern.* Berlin: Akademie Verlag, 2010.

Elukin, Jonathan. *Living Together, Living Apart: Rethinking Jewish-Christian Relations in the Middle Ages.* Princeton/Oxford: Princeton University Press, 2007.

Hartmann, Idis. *Ulmer Museum – Das Kunstwerk des Monats.* Ulm, 1983.

Poster, Carol, ed. *Translation, Transformation, and Transubstantiation in the Late Middle Ages.* Disputatio 3. Evanston, IL: Northwestern University Press, 1998.

Russell, Jeffrey Burton. *Biographie des Teufels. Das radikal Böse und die Macht des Guten in der Welt.* Wien: Böhlau, 2000.

Steiger, Johann Anselm. „Transsubstanation." In *Religion in Geschichte und Gegenwart.* Brill Online, 2016 (retrieved 01/20/2016).

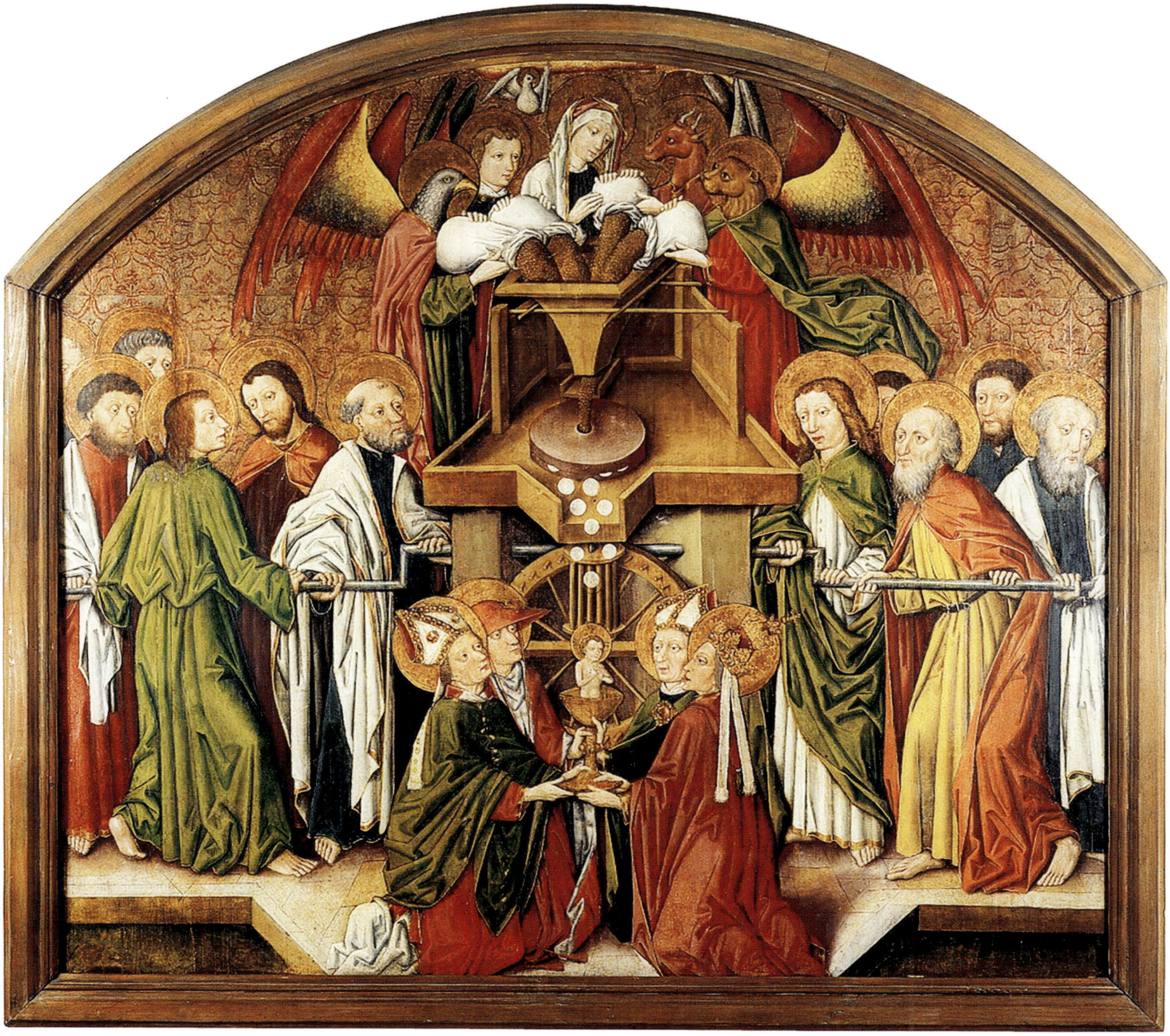

Propagatio libri: Henricus Institoris, Sanctae Romanae ecclesiae fidei recensionis clippeum adversus Waldensium heresim. [Inc.:] : Jn defensione[m] Catholice fidei sancteq[ue] Romane ecclesie aduersus Pickarditos waldenses [...]

Olmütz 1501
Herausgeber: Konrad Baumgarten
Druck auf Papier
Jagiellonska Biblioteka Krakau, Cim. vol. 34 und Cim. vol. 35

Die Anhänger des Petrus Valdes (gest. 1218), die Waldenser, konstituierten sich als radikale Armutsbewegung in Südfrankreich, von wo aus sie sich ins Reich verbreiteten. Sie lehnten die Kirchensatzungen ab, ebenso den Ablasshandel, die Heiligenverehrung, den Glauben an ein Fegefeuer, aber auch die weltliche Gerichtsbarkeit. Als Häretiker wurden sie von der Inquisition bis in die Neuzeit verfolgt. Der Begriff Waldenser wurde auch als Synonym für Hexen, Teufelsdiener und Häretiker verwendet.

(ohne Abbildung)

Albert Krantz
Hystoria von den alten Hussen zu Behemen in Keiser Sigmunds zeiten

o.O. 1523
Druck auf Papier
Österreichische Nationalbibliothek, Wien, 48.S.25.(6)

Der Theologe Jan Hus (ca. 1370-1415) rief in Böhmen eine von den Lehren des John Wyclif inspirierte reformatorische Bewegung ins Leben. Er lehnte den Primat des Papsttums ab und erklärte in Glaubensfragen die Bibel zur alleinigen Richtschnur. Er wurde auf dem Konzil von Konstanz der Häresie für schuldig befunden und am 6. Juli 1415 auf dem Scheiterhaufen verbrannt, obwohl ihm freies Geleit für seine Rückkehr von Konstanz nach Prag zugesagt worden war, was letztlich die Hussitenkriege auslöste.

(ohne Abbildung)

Literatur

Badisches Landesmuseum Karlsruhe (Hg.), Das Konstanzer Konzil. Katalog. 1414-1418. Weltereignis des Mittelalters, Darmstadt 2014.

Karl-Heinz Braun/Mathias Herweg et al. (Hg.), Das Konstanzer Konzil. Essays. 1414-1418. Weltereignis des Mittelalters, Stuttgart 2013.

Thomas A. Fudge, The Trial of Jan Hus: Medieval Heresey and Criminal Procedure, New York-Oxford 2013.

Giorgio Bouchard/Paolo Emilio Landi, Bibbia e libertà – Otto secoli di storia valdese, Torino 2006.

František Šmahel, Die Hussitische Revolution, 3 Bde. (MGH-Schriften 43/I-III), Hannover 2002.

Albert de Lange, Die Waldenser. Geschichte einer europäischen Glaubensbewegung in Bildern, Karlsruhe 2000.

Propagatio libri: Henricus Institoris, Sanctae Romanae ecclesiae fidei recensionis clippeum adversus Waldensium heresim. [Inc.:]: Jn defensione[m] Catholice fidei sancteq[ue] Romane ecclesie aduersus Pickarditos waldenses [...]

Olmütz, 1501
Publisher: Konrad Baumgarten
Print on paper
Jagiellonska Biblioteka Krakow, Cim. vol. 34 and Cim. vol. 35

The Waldensians, followers of Petrus Waldo ("Valdes", died in 1218), constituted a radical poverty movement in southern France, from where it spread into the empire. They rejected the statutes of the church, the trading of indulgences, the veneration of saints, and the belief in purgatory, as well as any worldly jurisdiction. They were persecuted as heretics by the Inquisition into the modern era. The term "Waldensian" was employed as a synonym for witches, devil-servants, and heretics.

(without illustration)

Albert Krantz
Hystoria von den alten Hussen zu Behemen in Keiser Sigmunds zeiten

(History of the old Hussen of Bohemia during the time of Emperor Sigmund)
Unknown location, 1523
Print on paper
Österreichische Nationalbibliothek [Austrian National Library], Wien, 48.S.25.(6)

The theologian Jan Hus (ca. 1370–1415) launched in Bohemia a reform movement inspired by the teachings of John Wycliffe. He rejected the primacy of the pope, and declared the Bible to be the only guide in questions of faith. Even though free passage had been granted to him for his return from Constance to Prague, at the Council of Constance he was found guilty of heresy, and he was burnt at the stake on July 6, 1415. This, ultimately, triggered the Hussite Wars.

(without illustration)

Literature

Badisches Landesmuseum Karlsruhe, ed. *Das Konstanzer Konzil 1414-1418. Weltereignis des Mittelalters. Katalog.* Darmstadt: Theiss Verlag, 2014.

Bouchard, Giorgio and Paolo Emilio Landi. *Bibbia e libertà – Otto secoli di storia valdese.* Torino: Claudiana, 2006.

Braun, Karl-Heinz, Mathias Herweg, et al., eds. *Das Konstanzer Konzil 1414-1418. Weltereignis des Mittelalters. Essays.* Stuttgart: Theiss Verlag, 2013.

de Lange, Albert, ed. *Die Waldenser. Geschichte einer europäischen Glaubensbewegung in Bildern.* Karlsruhe: Landesbildstelle Baden, 2000.

Fudge, Thomas A. *The Trial of Jan Hus: Medieval Heresey and Criminal Procedure.* New York/Oxford: Oxford University Press, 2013.

Šmahel, František. *Die Hussitische Revolution*, 3 Volumes. MGH-Schriften 43/I-III. Hannover: Hahnsche Buchhandlung, 2002.

Nikolaus von Kues
Opuscula Theologica et Mathematica

Straßburg 1489
Druck auf Papier
Universitätsbibliothek Heidelberg, Q 1625-5 Quart INC

Der Theologe, Mathematiker und Kirchenpolitiker Nikolaus von Kues (1401-1464) gilt als einer der ersten deutschen Humanisten. Seine „Opuscula" beinhalten auch die Schrift „De pace fidei", „Über den Glaubensfrieden", in der er sich für religiöse Toleranz gegenüber Judentum und Islam aussprach. In krassem Widerspruch dazu stand seine vehemente Forderung nach Kennzeichnungspflicht für Juden, Einschränkung ihrer Geschäfte sowie nach ihrer sozialen und physischen Separierung. Die Vertreibungen der Juden aus Süddeutschland gingen nicht zuletzt auch auf sein Wirken zurück.

Nikolaus von Kues
Opuscula Theologica et Mathematica

Strasbourg, 1489
Print on paper
Universitätsbibliothek [University Library] Heidelberg, Q 1625-5 Quart INC

Nicholas of Cusa [Kues] (1401–1464), theologian, mathematician and church politician, is known as one of the first German humanists. His *Opuscula* contains the writing *De pace fidei*, *About the peace of faith*, in which he declares support for religious tolerance toward Judaism and Islam. In glaring contradiction to that was his fervent demand for compulsory labelling of Jews, the restriction of their trades, and separating them as a group socially and physically. The impact of his work also contributed to the expulsion of Jews from southern Germany.

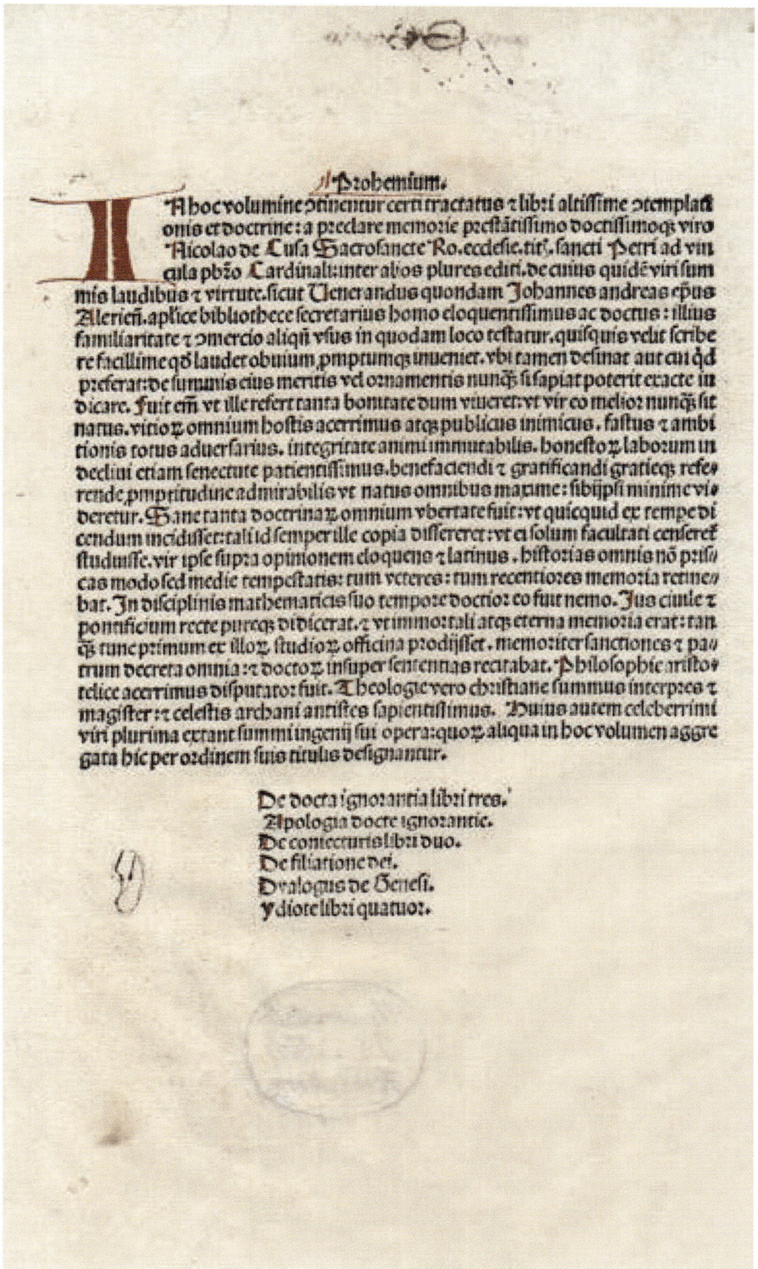

Prohemium.

De docta ignorantia libri tres.
Apologia docte ignorantie.
De coniecturis libri duo.
De filiatione dei.
Dyalogus de Genesi.
Ydiote libri quatuor.

Literatur

Michael Toch, Die Juden im mittelalterlichen Reich (Enzyklopädie deutscher Geschichte 44), 3. erw. Auflage, München 2013.

Johannes Heil, Nikolaus von Kues, in: Wolfgang Benz (Hg.), Handbuch des Antisemitismus. Judenfeindschaft in Geschichte und Gegenwart, Berlin 2009, 590.

Thomas M. Izbicki, Nicholas of Cusa and the Jews, in: Inigo Bocken (ed.), Conflict and Reconciliation: Perspectives on Nicholas of Cusa, Leiden 2004, 119-130.

Kurt Flasch, Nikolaus von Kues. Geschichte einer Entwicklung, Frankfurt/Main 1998.

Literature

Flasch, Kurt. *Nikolaus von Kues. Geschichte einer Entwicklung*. Frankfurt am Main: Klostermann, 1998.

Heil, Johannes. "Nikolaus von Kues." Page 590 in *Handbuch des Antisemitismus. Judenfeindschaft in Geschichte und Gegenwart*. Volume 2. Edited by Wolfgang Benz. Berlin: De Gruyter, 2009.

Izbicki, Thomas M. „Nicholas of Cusa and the Jews." Pages 119-130 in *Conflict and Reconciliation: Perspectives on Nicholas of Cusa*. Edited by Inigo Bocken. Leiden: E.J. Brill, 2004.

Toch, Michael. *Die Juden im mittelalterlichen Reich*. 3rd edition, expanded. Enzyklopädie deutscher Geschichte 44. München: Oldenbourg, 2013.

Martin Luther
Vom Schem Hamephoras

Wittenberg 1543
Druck auf Papier
Gross Family Collection, Tel Aviv, NHB.147

Zentrale Figur der Reformation war Martin Luther (1459-1530), dessen 95 Thesen zum Ablasshandel eine Bewegung auslösten, die letztlich zur Kirchenspaltung führte. Luthers Verhältnis zum Judentum war von tiefem Antijudaismus geprägt. Im „Schem Hamephoras" warf er den Juden Gotteslästerung vor, verspottete ihre Tradition und setzte sie mit Schweinen und dem Teufel gleich. Trotz des auf David und Abraham zurückgehenden Stammbaums Jesu wären die Juden von der Messianität Jesu nicht zu überzeugen.

Als Luther mit dem Bann belegt wurde, stieg seine Popularität. Die aufständischen Bauern verstanden seine theologische Schrift „Von der Freiheit eines Christenmenschen" als politische Kampfschrift. Luther aber schlug sich auf die Seite der Fürsten, stellte klar, dass es ihm nicht um die Reform weltlicher Herrschaftsstrukturen ging und wetterte „Wider die räuberischen und mörderischen Rotten der Bauern". In den Auseinandersetzungen zwischen Bürgertum und Adel suchte er vorsichtig nach Kompromissen, innerhalb derer es aber keinen Platz für die Juden gab. Nachdrücklich trat er daher für ihre Vertreibung ein und erklärte seiner Zuhörerschaft noch drei Tage vor seinem Tod eindringlich, sie würde sich ebenso schuldig machen wie die angeblich verbrecherischen Juden, wenn sie diese in der christlichen Gesellschaft dulde.

Literatur

Thomas Kaufmann, Luthers „Judenschriften", Tübingen 2011.

Michael Brenner, Kleine jüdische Geschichte, München 2008.

Dean Phillip Bell/Stephen G. Burnett, Jews, Judaism, and the Reformation in Sixteenth-Century Germany: Studies in Central European Histories, Leiden 2006.

Friedrich Battenberg, Die Juden in Deutschland vom 16. bis zum Ende des 18. Jahrhunderts, München 2001.

Martin Luther
Vom Schem Hamephoras

Wittenberg, 1543
Print on paper
Gross Family Collection, Tel Aviv, NHB.147

The central figure of the Reformation was Martin Luther (1459–1530). His *Ninety-Five Theses* about the trading of indulgences triggered a movement that eventually led to the church splitting. Luther's relationship to Judaism was characterized by deep-seated anti-Judaism. In his *Vom Shem Hamphoras* (*From Shem Hamphoras*), Luther accused the Jews of blasphemy. He mocked their tradition and equated them with pigs and the devil, arguing that, in spite of Jesus's family tree going back to David and Abraham, the Jews would not be convinced of the messiahship of Jesus.

When Luther was officially banned, his popularity grew. Rebellious farmers understood his theological treatise *On the Freedom of a Christian* as a political pamphlet calling to battle. Luther, however, sided with the rulers and declared that his intentions were not to reform secular power structures, and he ranted "against the predatory and murderous pack of farmers." Regarding the confrontation between the middle classes and the aristocracy, he searched carefully for compromises within which, nevertheless, there was no room for Jews. He emphatically supported their expulsion, and he fervently declared to his listeners, even three days before his death, that they would become just as guilty as the allegedly criminal Jews so long as they would tolerate them in a Christian society.

Literature

Battenberg, J. Friedrich. *Die Juden in Deutschland vom 16. bis zum Ende des 18. Jahrhunderts*. München: Oldenbourg, 2001.

Bell, Dean Phillip and Stephen G. Burnett. *Jews, Judaism, and the Reformation in Sixteenth-Century Germany: Studies in Central European Histories*. Leiden: E.J. Brill, 2006.

Brenner, Michael. *Kleine jüdische Geschichte*. München: C.H. Beck, 2008.

Kaufmann, Thomas. *Luthers „Judenschriften."* Tübingen: Mohr Siebeck, 2011.

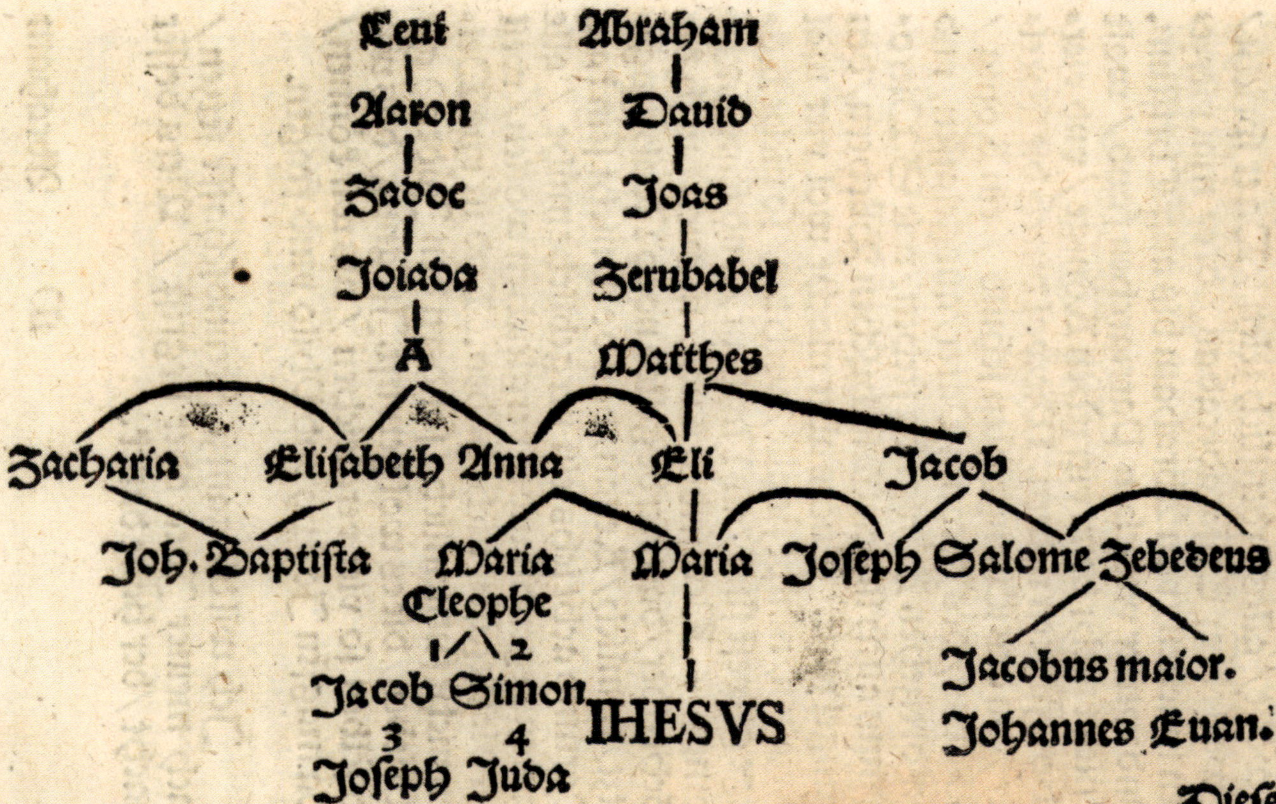
Leui
Aaron
Zadoc
Joiada
A
Abraham
Dauid
Joas
Zerubabel
Matthes
Zacharia
Eliſabeth
Anna
Eli
Jacob
Joh. Baptiſta
Maria Cleophe
Maria
Joſeph
Salome
Zebedeus
1
2
Jacob
Simon
3
4
Joſeph
Juda
IHESVS
Jacobus maior.
Johannes Euan.

Dieſe

Verheißungen ...

Zahlreiche Motive des Ersten Testaments wurden ins Zweite übernommen und christologisch umgedeutet, insbesondere Drohungen, aber auch Verheißungen und Heilsversprechen, wie sie hauptsächlich bei den Propheten und in den Psalmen zu finden sind. Die christozentrische Interpretation der jüdischen Bibel war über Jahrhunderte für die christliche Kirche Selbstverständlichkeit. Erst im 20. Jahrhundert – insbesondere im Rückblick auf ihre Haltung während des Holocaust – hat sie ernsthaft begonnen, sich mit ihren jüdischen Wurzeln zu konfrontieren und in einen produktiven, gleichberechtigten christlich-jüdischen Dialog einzutreten.

Promises ...

Numerous motifs of the First Testament had been assumed by the Second Testament and interpreted christologically, involving primarily the perils, but also the pledges and promises, of salvation that are found mostly in the books of the Prophets and the Psalms. For centuries, Christocentric interpretation of the Jewish Bible was a matter of course for the Christian church. Not until the 20th century – particularly in retrospect of its attitude during the Holocaust – did the church begin genuinely to confront its Jewish roots and to enter into a productive and equitable Christian-Jewish dialogue.

Grundsteinlegungsrelief des Ulmer Münsters

Ulm 1377
Sandstein
H: 79, B: 165 cm
Ulmer Museum, Dauerleihgabe der Evangelischen Münstergemeinde Ulm

Das Stiftungsrelief des Ulmer Münsters muss von zwei Seiten betrachtet werden. Eine Seite stellt die Übergabe des Kirchenmodells an die Titelheilige Maria dar. Die feierliche Grundsteinlegung erfolgte am 30. Juni 1377 unter dem Bürgermeister Lutz Krafft und dem Baumeister Heinrich II. Parler. Die zweite Seite des Steins weist ihn als jüdischen Grabstein für einen 1341 Verstorbenen aus. Vermutlich wurde er während des Pestpogroms in Ulm 1349 mit anderen Grabsteinen vom jüdischen Friedhof als Baumaterial entwendet.

Einer der wohlhabendsten Juden Ulms, Jäcklin, half, den Baubeginn des Münsters zu finanzieren. Er spielte eine zentrale Rolle im Schwäbischen Städtebund, dem Ulm an der Spitze stand, und unterstützte die Reichsstadt gegenüber Karl IV. Jäcklin mag als Beispiel für die Finanzkraft der Ulmer Juden stehen, die halfen, den Status Ulms als Reichsstadt zu behaupten, einerseits gegenüber dem Kaiser, der den Städten hohe Abgaben auferlegte anderseits dem Grafen von Württemberg gegenüber, dessen Aufgabe es war, ausstehende Zahlungen einzutreiben. Die unternehmerische Tätigkeit Jäcklins erstreckte sich von Ulm bis Konstanz, Nordlingen, Nürnberg, Rothenburg ob der Tauber, Zürich und Straßburg und weist damit nicht nur auf das innerjüdische Netzwerk sondern auch auf enge jüdisch-christliche Verbindungen hin.

Die hebräische Steininschrift lautet: „Dieser Stein steht zu Häupten des R. Mose, Sohn des R. Eleasar, der verschieden ist am ersten Tag im Kislew, 102 der kleinen Rechnung. Es ruhe seine Seele im Garten Eden mit den Gerechten in Ewigkeit. Amen. Amen. Amen. Selah." Der nach jüdischem Kalender angegebene Todestag war umgerechnet der 11. November 1341.

Literatur

Christian Scholl, Die Judengemeinde der Reichsstadt Ulm im späten Mittelalter: innerjüdische Verhältnisse und christlich-jüdische Beziehungen in süddeutschen Zusammenhängen, Hannover 2012.

Mordechai Breuer/Yacov Guggenheim/Arye Maimon (s. A.) (Hg.), Germania Judaica, 3 Teilbde., Bd. 3: 1350-1519, Teil 3: Gebietsartikel, Einleitungsartikel, Indices, Tübingen 1987-2003, 3: 1350-1519.

Gerd Mentgen, Studien zur Geschichte der Juden im mittelalterlichen Elsass (Forschungen zur Geschichte der Juden A 2), Hannover 1995.

Gerald Jasbar/Erwin Treu (Hg.), Bildhauerei und Malerei vom 13. Jahrhundert bis 1600, Kataloge des Ulmer Museums, Katalog I, 1981, Nr. 10.

Foundation stone relief of the Minster of Ulm

Ulm, 1377
Sandstone
Height: 31, width: 65 in
Ulmer Museum, permanent item on loan from the Evangelischen Münstergemeinde [Protestant Minster Congregation] Ulm

The foundation stone of the Minster of Ulm must be viewed from two sides. One side shows the transfer of the church model to its patron saint Mary. The festive laying of the foundation stone occurred on June 30, 1377, under the auspices of mayor Lutz Krafft and the master builder Heinrich II Parler. The other side of the stone distinguishes it as a Jewish gravestone for someone deceased in 1341. Apparently, the stone was taken from the Jewish cemetery, together with other gravestones, as building material during the plague pogrom in 1349 in Ulm.

One of the wealthiest Jews of Ulm, Jäcklin, helped finance the start of the minster's construction. He played a central role in the Swabian league of cities, which was led by Ulm. He supported the imperial city against the emperor Charles IV. Jäcklin may exemplify the financial clout of the Jews of Ulm, who helped establish Ulm's status as an imperial city; on the one hand, against the emperor who imposed high levies on cities, on the other hand, against the count of Württemberg whose task it was to collect outstanding payments. Jäcklin's entrepreneurial activities extended from Ulm to Constance, Nördlingen, Nuremberg, Rothenburg ob der Tauber, Zurich, and Strasbourg, thereby showing not only inner-Jewish networks, but also friendly Jewish-Christian connections.

The Hebrew inscription on the stone reads: "This stone stands in honor of R. Mose, son of R. Eleasar, who passed away on the first day of Kislev, 102 of the small account. May his soul rest in the Garden of Eden together with the righteous in eternity. Amen. Amen. Amen. Selah." According to the Jewish calendar, the indicated day of death was the 11th of November, 1341.

Literature

Breuer, Mordechai, Yacov Guggenheim, and Arye Maimon, eds. *Germania Judaica. Volume 3 1350-1519, Part 3: Gebietsartikel, Einleitungsartikel, Indices.* Tübingen: Mohr Siebeck, 1987-2003.

Jasbar, Gerald and Erwin Treu, eds. *Bildhauerei und Malerei vom 13. Jahrhundert bis 1600.* Kataloge des Ulmer Museums, Katalog I, No. 10. Ulm, 1981.

Mentgen, Gerd. *Studien zur Geschichte der Juden im mittelalterlichen Elsass.* Forschungen zur Geschichte der Juden A/2. Hannover: Hahnsche Buchhandlung, 1995.

Scholl, Christian. *Die Judengemeinde der Reichsstadt Ulm im späten Mittelalter: innerjüdische Verhältnisse und christlich-jüdische Beziehungen in süddeutschen Zusammenhängen.* Hannover: Hahnsche Buchhandlung, 2012.

Christus auf dem Palmesel

Hans Multscher, Werkstatt
Ulm 1464
Lindenholz mit farbiger Fassung
H: 247, B: 108, T: 212 cm
Ulmer Museum, Dauerleihgabe des Vereins für Kunst und Altertum in Ulm und Oberschwaben

Der Einzug Jesu in Jerusalem auf dem Palmesel ist ein beliebtes Motiv der christlichen Kunst. Seit dem 12. Jahrhundert gibt es auch vollplastische Palmeselgruppen, die während der Palmsonntagsprozessionen teilweise bis heute in Süddeutschland und Österreich mitgeführt werden. Das Motiv des in Jerusalem einreitenden Gottesmannes oder Königs ist eines von zahlreichen, die vom Ersten Testament ins Zweite übernommen und christologisch umgedeutet wurden.

Literatur

Klaus Beitl, Volksglaube. Zeugnisse religiöser Volkskunst, München 1983.

Gerald Jasbar/Erwin Treu (Hg.), Bildhauerei und Malerei vom 13. Jahrhundert bis 1600, Kataloge des Ulmer Museums, Katalog I, 1981, Nr. 36.

Christ on the (Palm Sunday) Donkey

Hans Multscher, workshop
Ulm, 1464
Limewood with colored casing
Height: 97 ¼, width: 42 ½, depth: 83 ½ in
Ulmer Museum, permanent item on loan from the Vereins für Kunst und Altertum in Ulm und Oberschwaben [Society for Art and Antiquities in Ulm and Upper Swabia]

The entrance of Jesus into Jerusalem on a donkey is a favorite motif of Christian art. Since the 12th century, groups of sculpted donkeys were taken along during the Palm Sunday processions, a tradition which has lasted even until today in parts of southern Germany and Austria. The motif of the "Man of God" or the "King entering Jerusalem" is one of many motifs that was adopted from the First by the Second Testament, and reinterpreted christologically.

Literature

Beitl, Klaus. *Volksglaube. Zeugnisse religiöser Volkskunst*. München: DTV, 1983.

Jasbar, Gerald and Erwin Treu, eds. *Bildhauerei und Malerei vom 13. Jahrhundert bis 1600*. Kataloge des Ulmer Museums, Katalog I, No. 36. Ulm, 1981.

Ofenkachel: Einzug Jesu in Jerusalem

Nürnberg Mitte 16. Jh.
Lehm gebrannt, bunt glasiert
H: 28,5, B: 29 cm
Germanisches Nationalmuseum, Nürnberg, A 941

„Gesegnet sei er, der kommt im Namen des Herrn" heißt es in Psalm 118,26. Nach Matthäus 21,9 habe das Volk mit denselben Worten Jesus bei seinem Einzug in Jerusalem begrüßt. Und in der Verheißung des Propheten Sacharja 9,9 heißt es: „Sieh, dein König kommt zu dir. Er ist gerecht und hilft; er ist demütig und reitet auf einem Esel, auf einem Fohlen, dem Jungen einer Eselin." Daran anlehnend heißt es von Jesus in Matthäus 21,7: „Sie brachten die Eselin und das Fohlen, legten ihre Kleider auf sie, und er setzte sich darauf...".

Literatur

Ferdinand Hahn, Die Verwurzelung des Christentums im Judentum, Neukirchen 1996.

Max Wingenroth, Ofenkacheln und Kachelöfen des 16., 17. und 18. Jh. im Germanischen Museum auf der Burg und in der Stadt Nürnberg, in: Mitteilungen aus dem GNM, 1899, 99.

Stove tile: Jesus Entering Jerusalem

Nuremberg, middle of the 16th century
Clay, fired, glazed with colors
Height: 11 ¼, width: 11 ½ in
Germanisches Nationalmuseum [Germanic National Museum], Nürnberg, A 941

Psalm 118:26 reads, "Blessed is the one who comes in the name of the LORD." Matthew 21:9, accordingly, describes the people greeting Jesus with the same words when he entered Jerusalem. The promise of the prophet in Zechariah 9:9 reads: "Rejoice greatly, O daughter Zion! Shout aloud, O daughter Jerusalem! Lo, your king comes to you; triumphant and victorious is he, humble and riding on a donkey, on a colt, the foal of a donkey." Following that description, Matthew 21:7 reports: "They brought the donkey and the colt, and put their cloaks on them, and he sat on them."

Literature

Hahn, Ferdinand, ed. *Die Verwurzelung des Christentums im Judentum*. Neukirchen: Neukirchener Verlag, 1996.

Wingenroth, Max. "Ofenkacheln und Kachelöfen" Page 99 in *Mitteilungen aus dem GNM*. Nürnberg: Germanisches Nationalmuseum, 1899.

Zweite Darmstädter Pessach Haggada

Deutschland 15. Jh.
Handschrift auf Pergament
H: 27,7, B: 19,7 cm
Universitäts- und Landesbibliothek Darmstadt,
Historische Sammlungen Cod. or. 28
(aufgeschlagen: fol. 13v)

Im unteren Seitenteil der Handschrift sieht man einen Mann auf einem Esel reiten. Das Bild ist die Fortsetzung von fol. 13r, wo die am Pessach-Tisch Versammelten erwartungsvoll auf die geöffnete Haustür blicken. Denn gemäß jüdischer Tradition wird die Ankunft des Messias in der Pessach-Nacht erwartet. Die hier visualisierte Vorstellung vom davidischen Messias geht auf Sacharja 9,9 zurück, die im Christentum auf Jesus uminterpretiert wird.

Die Erwartung des Messias in der Pessach-Nacht geht auf eine rabbinische Auslegungstradition des Psalmverses 43,3 zurück: „Sende dein Licht und deine Wahrheit, damit sie mich leiten; sie sollen mich führen zu deinem heiligen Berg und zu deiner Wohnung." Die Auslegung dazu lautet: „...wie es beim Auszug aus Ägypten heißt: ‚Du brachtest sie hin und pflanztest sie ein auf dem Berg deines Erbes' (Ex 15,17), so werden sie auch in Zukunft auf deinen heiligen Berg und zu deinen Wohnstätten kommen." (Midrash Tehillim 43, Teil 1) Wie Gott also die Israeliten aus der ägyptischen Knechtschaft befreit hat, so wird der Messias sie auch in der Zukunft befreien und in einem neuen Jerusalem um einen neuen Tempel versammeln. Der Esel, auf dem der Messias in Jerusalem einreiten wird, ist nach jüdischer Tradition derselbe, der Abraham und Isaak auf dem Weg zur Bindung des Isaak begleitete und ebenfalls derselbe, auf dem Mose seine Frau Zippora mit den Kindern aus Midian zurück nach Ägypten führte. Zur Zeit der mittelalterlichen Judenverfolgungen waren jüdische Heilserwartungen besonders virulent. Man hoffte auf ein Ende der Pogrome und sehnte eine Bestrafung der Verfolger herbei. In diesem Sinne ist der auf dieser Seite zitierte Vers Psalm 79,6 zu verstehen: „Gieß deinen Zorn aus über die Völker, die dich nicht kennen, über jedes Reich, das deinen Namen nicht anruft". Illustriert wird er mit den Händen der göttlichen Macht, die aus einem Gefäß Flammen auf eine bewaffnete Menge ausgießen. Es ist der visualisierte Wunsch nach Gerechtigkeit.

Second Pesach Haggadah in Darmstadt

Germany, 15th century
Manuscript on parchment
Height: 11, width: 7 ¾ in
Universitäts- und Landesbibliothek [University- and Regional Library]
Darmstadt, Historische Sammlungen [Historical Collection], Cod. or. 28
(opened at: fol. 13v)

The lower half of the manuscript's page shows a man sitting on a donkey. The image is a continuation of folio 13r, which shows persons sitting at the Pesach-table looking expectantly at the opened door. According to Jewish tradition, the arrival of the messiah is anticipated during the night of Pesach. The idea visualized here of the Davidic messiah goes back to Zechariah 9:9, which–in Christianity's reinterpretation–refers to Jesus.

The expectation of the messiah during the night of Pesach goes back to a rabbinical exegetical tradition of Psalm 43:3: "O send out your light and your truth; let them lead me; let them bring me to your holy hill and to your dwelling." The exegesis of this verse is "... as described during the exodus from Egypt: 'You brought them in and planted them on the mountain of your own possession' (Ex 15:17), so will they in the future also come to your holy mountain and to your dwelling" (*Midrash Tehillim* 43, Part 1). As God has freed the Israelites from Egyptian slavery, so will the messiah free them in the future and gather them in a New Jerusalem around a new Temple. The donkey on which the messiah will ride into Jerusalem is the same, according to Jewish tradition, which accompanied Abraham and Isaac on the way to the binding of Isaac, and the same on which Moses led his wife Zipporah with the children from Midian back to Egypt. At the time of the medieval persecutions of Jews, the Jewish expectations for salvation were particularly virulent. They hoped for the pogroms to end and for the persecutors to be punished. The verse of Psalm 79:6 –quoted on this page–is to be understood in this context: "Pour out your anger on the nations that do not know you, and on the kingdoms that do not call on your name." It is illustrated by the hands of divine power pouring out flames from a vessel onto an armed crowd. This is the wish for justice visualized.

Literatur

Katrin Kogman-Appel, Die Zweite Nürnberger und die Jehuda Haggada: Jüdische Künstler zwischen Tradition und Fortschritt, Frankfurt/Main et al. 1999.

Marc Michael Epstein, Dreams of Subversion in Medieval Jewish Art and Literature, University Park, PA 1997.

Ursula und Kurt Schubert, Jüdische Buchkunst, 2 Bde., I (Buchkunst im Wandel der Zeiten Band 3/I), Graz 1983.

Mendel Metzger, La Haggada Illuminé, Leiden 1973.

Bezalel Narkiss, Hebrew Illuminated Manuscripts, Jerusalem 1969.

Literature

Epstein, Marc Michael. *Dreams of Subversion in Medieval Jewish Art and Literature*. University Park: Pennsylvania State University Press, 1997.

Kogman-Appel, Katrin. *Die Zweite Nürnberger und die Jehuda Haggada: Jüdische Künstler zwischen Tradition und Fortschritt*. Frankfurt am Main: Peter Lang, 1999.

Metzger, Mendel. *La Haggada Enluminé*. Leiden: E.J. Brill, 1973.

Narkiss, Bezalel. *Hebrew Illuminated Manuscripts*. Jerusalem: Macmillan, 1969.

Schubert, Kurt and Ursula. *Jüdische Buchkunst*. *2* Vols. Buchkunst im Wandel der Zeiten 3/1. Graz: Akademische Druck- und Verlagsanstalt, 1983.

ויברך על מרור ויאכלנו בלא טבול ובלא ברכה ויעשו זכר
למקדש כהלל: ויש אוכלין ג' בחרוסת כריכה
זו ואוכלין ט סעודתם ואח"כ יאכלו כל אחד ואחד
בהסיבה כזית מן האפיקומן ולא יאכלו ולא ישתו
כלום אחריו ויטלו המסבי ידיהן בלא ברכה ונוהגין
שהמסדר מברך ברכת המזון ואח"כ שותין כלם בהסיבה
ואין צריך לברך אחריו וחוזרין ומוזגין כוס רביעי
ואומר עליו:

שפוך

חמתך אל הגוים אשר לא ידעוך ועל
הממלכות אשר בשמך לא קראו:

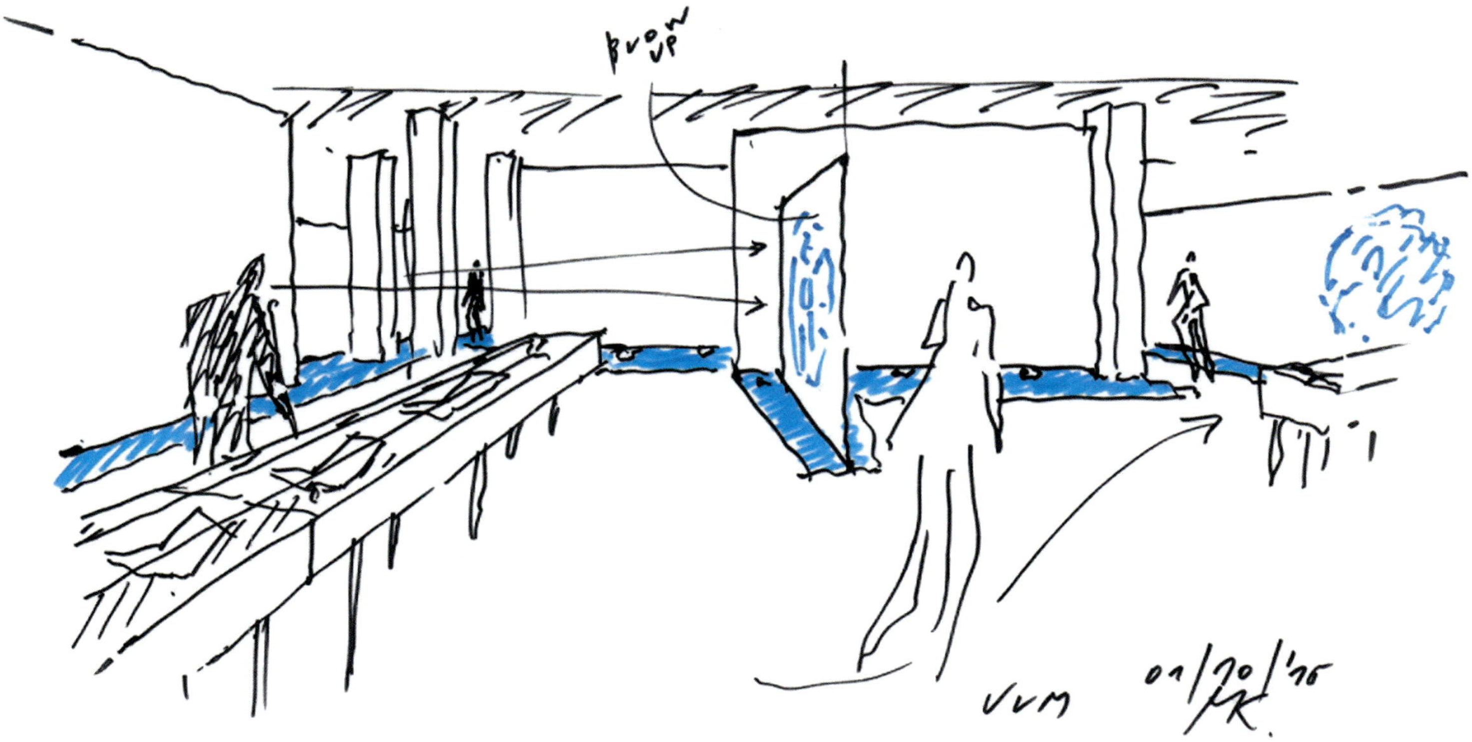

Zur Gestaltung

Meine Absicht war es, mit übergeordneten gestalterischen Elementen die reizvollen, aber sehr unterschiedlichen räumlichen Situationen im Ulmer Museum zu einem Ganzen zusammen zu fassen und dem Ausstellungs-Parcour eine gemeinsame Identität zu gegeben. Raumübergreifende textile Flächenvorhänge definieren eine Sequenz von zwölf Räumen ergänzt durch Prolog und Epilog. Blaue Bodenfriese entlang der Wände bilden eine durch alle Räume laufende Klammer.

Für jeden Raum wird ein signifikantes Sujet als grafisches „Blow up" den Besuchern als Icon näher gebracht. In speziell für diese Ausstellung entwickelten raumgreifenden Buchvitrinen werden die künstlerisch herausragenden Handschriften und Exponate in Beziehung gesetzt.

Mitgetragen wird die so geschaffene räumliche Atmosphäre durch den gezielten Einsatz von Musik und Musikvideos zeitgenössischer transkultureller Ensembles und Bands.

Martin Kohlbauer

Regarding the Design

By applying overarching design elements, I intended to merge the appealing, yet diverging, spaces of the Ulmer Museum into a whole, conveying a shared identity within the exhibition layout. Textile backdrops across the rooms define a sequence of twelve areas, supplemented by the Prologue and the Epilogue. Blue floor cornices along the walls signify an enclosure running through all of the rooms.

For each room, a significant subject is brought to visitors through blown-up icons. Expansive showcases for books, specially designed for this exhibition, establish associations between the artistically prominent manuscripts and showpieces.

The ambient space created is augmented by the purposeful application of music and music videos performed by contemporary transcultural ensembles and bands.

Martin Kohlbauer

Dank an Thanks to

Jochen Ansel
Daniel Arnold
Reinhard Lambert Auer
Klaus-Peter Baur
Izabela Beeken
Steven P. Bickley
Rachel Boertjens
Prisca Bruelisauer
Petra Buchschuster
Norm Conrad
Michel David-Weill
Kinga Dévényi
Stefanie Diwischek
Stacey L. Douglas
Claude Dürr
Burak Eker
Andrea El-Danasouri
Marianne Erath
Claudia Fabian
Michaela Feurstein-Prasser
Andreas Fingernagel
Maria-Anna Friedl
Rieke Friese
Tabea Frey
Ernst-Wilhelm Gohl
Ivo Gönner
Wolfgang Göldi
Isabel Greschat
William L. Gross
Matthias Hambücher
Ulrike Häufele
Christian Heitzmann
Sabine Heym
Michael Hilbert
Rudolf Jelinek
Alfred Katz
Ágnes Kelecsényi
Stefanie Knöll
Martin Kohlbauer
Rezia Krauer
Stefan Krauter
Thorsten Krieger
Sarah Krix
Maria Kröpfl
Anja Löchner
Birgit Maas
Michaela Meiser
Angelika Miller
Alexander Niemetz
Jacek Partyka
Zdzisław Pietrzyk
Corinna Ricasoli
Grazia Maria De Rubeis
Dietmar Rudolf
Dorit Schäfer
Adelbert Schloz-Dürr
Daniela Schmid
Christian Scholl
Benigna Schönhagen
Emile G. L. Schrijver
Ralf Schürer
Oliver Schütz
Hanne Schweiger
Christine Söffing
Thomas Stang
Bernhard Tönnies
Stephen Trobisch
Silvia Uhlemann
Michiel Verweij
Roland Werner
Klaus Weschenfelder
Karen S. York

Leihgeber List of Lenders

Bayerische Staatsbibliothek München

Bayerische Verwaltung der staatlichen Schlösser, Gärten und Seen, Residenz München, Schatzkammer

Biblioteca Palatina, Parma

Die Lübecker Museen – St. Annen-Museum Lübeck

Evang.-Luth. Kirchengemeinde Nürnberg – St. Sebald

Evangelische Münstergemeinde Ulm

Germanisches Nationalmuseum Nürnberg

Gross Family Collection, Tel Aviv

Herzog August Bibliothek Wolfenbüttel

Jagiellonian Library, Krakow

Kantonsbibliothek Vadiana St. Gallen

Katholische Kirchengemeinde St. Michael zu den Wengen, Ulm

Kunstsammlungen der Veste Coburg

Museum of the Bible, Washington, D.C.

Oriental Collection. Library and Information Centre of the Hungarian Academy of Sciences, Budapest

Österreichische Nationalbibliothek Wien

Royal Library of Belgium, Brussels

Staatliche Kunsthalle Karlsruhe

Stiftsbibliothek St. Gallen

The Metropolitan Museum of Art, New York

Ulmer Museum, Ulm

Universitätsbibliothek Heidelberg

Universitäts- und Landesbibliothek Darmstadt

Universitätsbibliothek Frankfurt am Main

University Library (UvA), Special Collections, Amsterdam, The Netherlands

Verein für Kunst und Altertum in Ulm und Oberschwaben

Fotonachweis Photo credits

Seite Page 97: © Bayerische Schlösserverwaltung, Maria Scherf, München
Seite Pages 21, 23, 45, 83, 85, 143: © URN des Digitalisats
Seite Pages 35, 67, 103, 105, 107, 109, 110, 113, 114/115, 119, 125, 130/131, 153: © William L. Gross
Seite Page 127: © Bibliothèque royale de Belgique
Seite Pages 39, 40, 41, 94, 159: © Germanisches Nationalmuseum, M. Runge, Nürnberg
Seite Page 87: © Kunstsammlungen Der Veste Coburg
Seite Pages 20, 123: © Biblioteca Palatina, Parma
Seite Page 91: © Oriental Collection. Library and Information Centre of the Hungarian Academy of Sciences, Klára Láng, Budapest
Seite Pages 17, 55, 57, 59, 61, 68, 69, 71, 72, 129: © Museum of the Bible, Washington, DC
Seite Page 147: © Dr. Otto-Schäfer-Stiftung e.V., Schweinfurt
Seite Pages 37, 80/81: © University Library (UvA) Special Collections, Amsterdam, The Netherlands
Seite Pages 25, 49, 51, 77, 79, 93: © Wien, Österreichische Nationalbibliothek, Sammlung von Handschriften und Drucken
Seite Page 141: © bpk / Staatliche Kunsthalle Karlsruhe / Annette Fischer / Heike Kohler
Seite Page 31: © bpk / The Metropolitan Museum of Art
Seite Page 65: © Stiftsbibliothek St. Gallen
Seite Page 99: © Katholische Kirchengemeinde St. Michael zu den Wengen, Oleg Kuchar, Ulm
Seite Page 95: © Ulmer Museum
Seite Page 149: © Ulmer Museum, Ingeborg Schmatz, Ulm
Seite Pages 157, 158: © Ulmer Museum, Oleg Kuchar, Ulm
Seite Pages 135, 137: © Evangelische Münstergemeinde Ulm; Studio Rex, Vöhringen
Seite Page 139: © Ulmer Museum, Studio Rex, Vöhringen
Seite Page 27: © Kantonsbibliothek St. Gallen
Seite Pages 47, 151: © Universitätsbibliothek Heidelberg
Seite Page 161: © Universitäts- und Landesbibliothek Darmstadt; Historische Sammlungen

Impressum Imprint

Dieser Katalog erschien anlässlich der Ausstellung
This catalog has been published on the occasion of the exhibition
Glaubensfragen. Chatrooms auf dem Weg in die Neuzeit
Questions of Faith: Chatrooms at the Dawn of the Modern Era
Ulmer Museum, 28. Februar – 3. Juli 2016 28 February – 3 July 2016

Schirmherr Under the patronage of
Ivo Gönner, Oberbürgermeister der Stadt Ulm Lord Mayor of the City of Ulm

Ausstellung Exhibition

Ulmer Museum, Ulm / www.museum.ulm.de
Museum of the Bible, Washington, D.C. / www.museumoftheBible.org

Kuratorin Curator
Felicitas Heimann-Jelinek

Gestaltung Design
Martin Kohlbauer / martinkohlbauer.com

Ausstellungsaufbau Exhibition construction
Museom / www.museom.at
Burak Eker, Jürgen Oehme, Helge Schmid, Manfred Paller, Münsterbauhütte, Ulm

Registrar
Esther Siegmund-Heineke

Restauratorische Betreuung Restorative maintenance
Evamaria Popp, Stefanie Bosch, Petra Buchschuster

Kommunikation und PR Communications and public relations
Angelika Miller; ARTPRESS – Ute Weingarten, Berlin

Begleitprogramm Accompanying program
Catarina Stönner

Katalog Catalogue

Ausstellungskatalog des Ulmer Museums und des Museum of the Bible
Exhibition Catalogue of Ulmer Museum and Museum of the Bible

Mit einem Vorwort von With a Preface by
Gabriele Holthuis, Ulmer Museum und and David Trobisch, Museum of the Bible

Lektorat Copy Editing
Rudolf Jelinek, Daniela Schmid

Übersetzungen Translations
Steven P. Bickley, Stacey L. Douglas, Stephen Trobisch, Jared N. Wolfe

Grafische Gestaltung Graphic Design
Maria-Anna Friedl, Wien Vienna

Reproduktionen Reproductions
Pixelstorm, Wien Vienna

Schrift Type
Blur, Solex

Papier Paper
Luxosamt art 170g

Druck und Bindung Printing and Binding
Kessler Druck + Medien GmbH & Co. KG
Michael-Schäffer-Straße 1, D-86399 Bobingen

Gedruckt auf alterungsbeständigem Papier
Printed on paper resistant to ageing

Umschlag Cover
Nach einem Motiv aus Based on a motive from Bibliotheca Rosenthaliana, Amsterdam, Hs. Ros. 609, fol. 42v

Erschienen im Published by

Vandenhoeck & Ruprecht GmbH & Co. KG
Theaterstraße 13, D-37073 Göttingen
Vandenhoeck & Ruprecht LLC, Bristol, CT, U.S.A.

www.v-r.de

Bibliografische Information der Deutschen Nationalbibliothek
Die Deutsche Nationalbibliothek verzeichnet diese Publikation in der Deutschen Nationalbibliografie; detaillierte bibliografische Daten sind im Internet über http://dnb.d-nb.de abrufbar.
Weitere Ausgaben und Online-Angebote sind erhältlich unter: www.v-r.de
Bibliographic information published by the Deutsche Nationalbibliothek
The Deutsche Nationalbibliothek lists this publication in the Deutsche Nationalbibliografie; detailed bibliographic data available online: http://dnb.d-nb.de.
You can find alternative editions of this book and additional material on our Website: www.v-r.de

ISBN 978-3-525-55246-9

Printed in Germany

museum of the Bible

Stadt Ulm
Ulmer Museum
ulm

V&R